ANA MARIA TRINCONI BORGATTO

Licenciada em Letras pela Universidade de São Paulo (USP).
Mestra em Letras pela USP.
Pós-graduada em Estudos Comparados de Literaturas de Língua Portuguesa pela USP.
Pedagoga graduada pela USP.
Professora universitária.
Professora de Língua Portuguesa dos Ensinos Fundamental e Médio.

TEREZINHA COSTA HASHIMOTO BERTIN

Licenciada em Letras pela USP.
Mestra em Ciências da Comunicação pela USP.
Pós-graduada em Comunicação e Semiótica pela Pontifícia Universidade Católica de São Paulo (PUC-SP).
Professora universitária.
Professora de Língua Portuguesa dos Ensinos Fundamental e Médio.

VERA LÚCIA DE CARVALHO MARCHEZI

Licenciada em Letras pela Universidade Estadual Paulista "Júlio de Mesquita Filho" (Unesp-SP, *campus* Araraquara).
Mestra em Letras pela USP.
Pós-graduada em Estudos Comparados de Literaturas de Língua Portuguesa pela USP.
Professora universitária.
Professora de Língua Portuguesa dos Ensinos Fundamental e Médio.

LÍNGUA PORTUGUESA

5º ANO
Ensino Fundamental

editora ática

editora ática

Presidência: Mario Ghio Júnior
Direção de Soluções Educacionais: Camila Montero Vaz Cardoso
Direção editorial: Lidiane Vivaldini Olo
Gerência editorial: Viviane Carpegiani
Gestão de área: Tatiany Renó
Edição: Luciana Nicoleti (coord.), Carlos Eduardo de Oliveira, Patrícia Rocco S. Renda, Simone de Souza Poiani e Solange de Oliveira
Planejamento e controle de produção: Flávio Matuguma, Juliana Batista, Felipe Nogueira e Juliana Gonçalves
Revisão: Kátia Scaff Marques (coord.), Brenda T. M. Morais, Claudia Virgilio, Daniela Lima, Malvina Tomáz e Ricardo Miyake
Arte: André Gomes Vitale (ger.), Catherine Saori Ishihara (coord.) e Lívia Vitta Ribeiro (edição de arte)
Iconografia e tratamento de imagem: André Gomes Vitale (ger.), Claudia Bertolazzi e Denise Kremer (coord.), Cristina Akisino (pesquisa iconográfica) e Fernanda Crevin (tratamento de imagens)
Licenciamento de conteúdos de terceiros: Roberta Bento (gerente), Jenis Oh (coord.), Liliane Rodrigues, Flávia Zambon e Raísa Maris Reina (analistas de licenciamento)
Ilustrações: Alberto De Stefano; Camila de Godoy; Giz de Cera; Marciano Palácio; Marcos Guilherme; Psonha; Silvana Rando; Suryara Bernardi; Tom Bernardes e Vicente Mendonça
Cartografia: Eric Fuzii (coord.) e Robson Rosendo da Rocha
Design: Erik Taketa (coord.) e Talita Guedes da Silva (proj. gráfico e capa)
Ilustração de capa: Barlavento Estúdio
Logotipo: Saulo Dorico

Todos os direitos reservados por Somos Sistemas de Ensino S.A.
Avenida Paulista, 901, 6º andar – Bela Vista
São Paulo – SP – CEP 01310-200
http://www.somoseducacao.com.br

Dados Internacionais de Catalogação na Publicação (CIP)

```
Borgatto, Ana Maria Trinconi
   Projeto Ápis : Língua portuguesa : 1º ao 5º ano/ Ana
Maria Trinconi Borgatto, Terezinha Costa Hashimoto
Bertin, Vera Lúcia de Carvalho Marchezi. -- 4. ed. --
São Paulo : Ática, 2020.
   (Projeto Ápis ; vol. 1 ao 5)

   Bibliografia

   1. Língua portuguesa (Ensino fundamental) Anos iniciais
I. Título II. Bertin, Terezinha Costa Hashimoto III.
Marchezi, Vera Lúcia de Carvalho IV. Série

20-1346                                    CDD 372.6
```

Angélica Ilacqua - Bibliotecária - CRB-8/7057

2022
Código da obra CL 750398
CAE 721230 (AL) / 721232 (PR)
ISBN 9788508195367 (AL)
ISBN 9788508195374 (PR)
4ª edição
4ª impressão
De acordo com a BNCC.

Impressão e acabamento: Bercrom Gráfica e Editora

Uma publicação

Apresentação

Caro aluno,

Nós, autoras desta coleção, esperamos que os momentos de aprendizagem da leitura e da escrita propostos neste livro contribuam para marcar de maneira prazerosa sua trajetória na escola.

Temos um encontro em cada um dos desafios e em cada uma das conquistas que, com certeza, farão parte de seu percurso este ano.

Vamos começar?

As autoras

Psonha/Arquivo da editora

Conheça seu livro

Um livro é como uma casa: apresenta diferentes partes que formam o todo. Este livro também é assim.

A seguir, você vai conhecer algumas dessas partes. E o melhor: todas elas são bem definidas, para você se localizar e não se perder. Vamos começar?

Abertura de unidade
O livro é dividido em unidades. Na abertura de cada uma delas você encontra pistas do que vai estudar na unidade.

Introdução
É um convite para as descobertas que você fará ao longo do livro.

Para iniciar
Nesta seção você encontra desafios e brincadeiras para iniciar seus estudos.

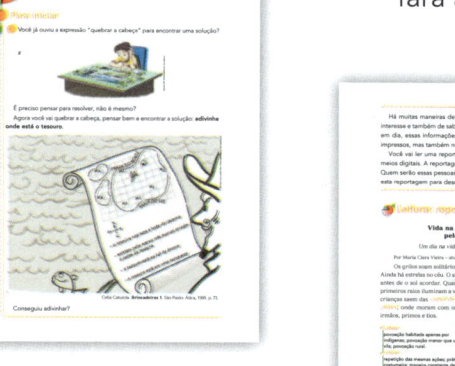

Leitura
Os textos desta seção são o ponto de partida para o que você vai descobrir na unidade.

Interpretação do texto
As atividades orais e escritas são para você entender melhor os textos lidos.

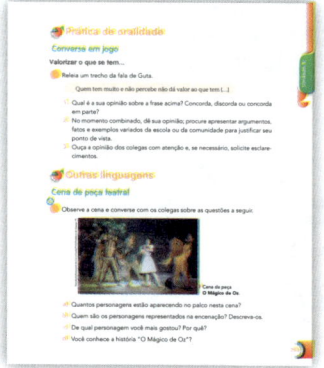

Prática de oralidade
Nesta seção você vai conversar, trocar ideias, dar opinião, declamar e também vai ouvir com atenção. Tudo de modo organizado.

Aí vem...
Nesta seção há sempre um texto a mais para ler.

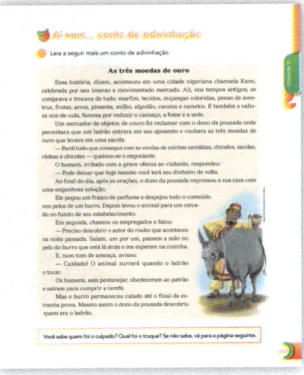

Produção de texto
Momento em que você vai produzir textos orais e escritos.

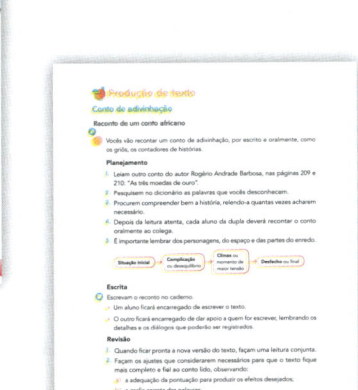

Língua: usos e reflexão
Este é o momento para o estudo da língua e de aprender como ela é usada em cada situação.

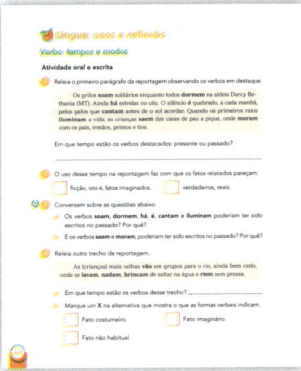

Palavras em jogo
Você aprende a escrita das palavras com atividades interessantes e, muitas vezes, divertidas.

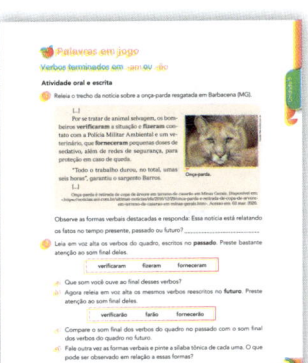

Tecendo saberes
Este é o momento de você ampliar conhecimentos e fazer a ligação do que está estudando com outro assunto.

Assim também aprendo
É o momento de se divertir um pouco mais!

O que estudamos
É o momento de refletir sobre o que você estudou.

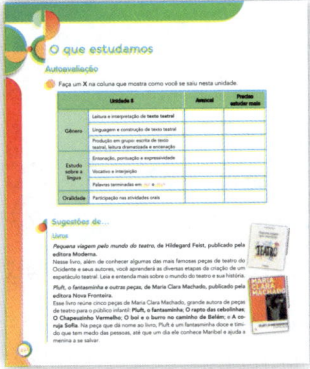

Projeto de leitura
Um projeto que vai tornar a leitura ainda mais prazerosa.

Uso de dicionário e enciclopédia
Você vai aprender o que precisa saber para usar bem o dicionário e a enciclopédia.

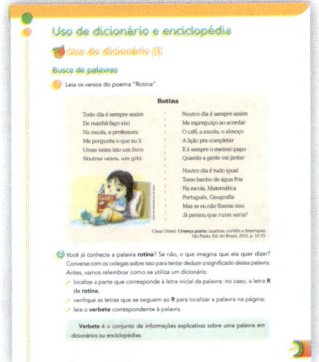

Acompanha o Livro do Aluno:

Caderno de Atividades
Atividades para você praticar o que aprendeu em cada unidade.

Ícones

Atividade em grupo

Atividade em dupla

Atividade no caderno

Sumário

Introdução: Ler e escrever é uma descoberta sem fim! 10

UNIDADE 1 — Poema 14

Para iniciar 16
Leitura: 1: **A lesma**, Leo Cunha 17
Interpretação do texto 18
    Compreensão do texto 18
    Linguagem e construção do texto 19
Leitura 2: **Voo**, Nye Ribeiro 20
Interpretação do texto 22
    Compreensão do texto 22
        Declamação e jogral 22
    Linguagem e construção do texto 23
Prática de oralidade 26
    Conversa em jogo 26
        A arte e a imaginação em nossa vida 26
    Sarau: declamação de poemas 27
Tecendo saberes 27
Outras linguagens 28
    Ciberpoema 28
    Pintura e poema 29
Língua: usos e reflexão 29
    Sentido real e sentido figurado das palavras 29
    Sinais de pontuação, entonação e expressividade 33
Produção de texto 36
    Poema 36
Aí vem... poema 38
Palavras em jogo 39
    Tonicidade das palavras 39
Assim também aprendo 42
O que estudamos 43

UNIDADE 2 — Resenha crítica 44

Para iniciar 46
Leitura: **Já pensou em conversar com o monstro que vive no seu armário?**, Bruno Molinero 47
Interpretação do texto 48
    Compreensão do texto 48
    Linguagem e construção do texto 50
Prática de oralidade 53
    Conversa em jogo 53
        Medo e intolerância 53
    Resenhas em *vlogs* 53
Produção de texto 54
    Resenha crítica para *vlog* 54
Outras linguagens 56
    Tirinha 56

Tecendo saberes 57
Aí vem... resenha crítica 58
Língua: usos e reflexão 60
    Concordância nominal: o substantivo
    e as palavras que o acompanham 60
    Substantivos 62
    Artigo, adjetivo e locução adjetiva: palavras
    que podem acompanhar os substantivos 64
        Artigo: usos 64
        Adjetivo e locução adjetiva 66
Palavras em jogo 73
    Um pouco mais de tonicidade das palavras 73
Assim também aprendo 76
O que estudamos 77

UNIDADE 3 — Texto informativo 78

Para iniciar 80
Leitura: **Um gigante que tem medo de abelha!**, Christiane Oliveira 81
Interpretação do texto 83
    Compreensão do texto 83
    Linguagem e construção dos textos 87
        Comparando textos informativos 87
Prática de oralidade 91
    Conversa em jogo 91
        Comparando fontes de pesquisa 91
    Exposição oral 91
Outras linguagens 92
    Ilustrações científicas 92
Tecendo saberes 94
Língua: usos e reflexão 96
    Concordância nominal 96
    Comparar para caracterizar 100
    Numerais: usos 103
        Algarismos romanos: usos 105
Produção de texto 106
    Texto informativo 106
    Exposição oral 109

Aí vem... texto informativo 110
Palavras em jogo 111
    Acentuação 111
Assim também aprendo 114
O que estudamos 115

UNIDADE 4 — Artigo de opinião 116

Para iniciar 118
Leitura 1: cartum 119
Interpretação do texto 120
    Compreensão do texto 120
Leitura 2: **Pré-adolescente é criança?**, Rosely Sayão 121
Interpretação do texto 122
    Compreensão do texto 122
    Linguagem e construção do texto 125
        Assunto e partes do artigo de opinião 125
Prática de oralidade 128
    Conversa em jogo 128
        Debate regrado 128
Outras linguagens 130
    Tiras 130
Tecendo saberes 131
Aí vem... artigo de opinião 132

Produção de texto 132
   Parágrafo opinativo 132
Língua: usos e reflexão 134
   Palavras de ligação e partes do texto 134
   Verbo: uma forma de marcar o tempo 138
   Concordância verbal 140
   Uso de **tu** e **vós** 140
Palavras em jogo 143
   Formação de palavras 143
      Palavras simples e palavras compostas 143
      Palavras primitivas e palavras derivadas 143
      Família de palavras 146
Assim também aprendo 146
O que estudamos 147

UNIDADE 5 — Reportagem 148

Para iniciar 150
Leitura: **Vida na aldeia: a rotina dos indígenas pelo olhar da cidade grande**, Maria Clara Vieira 151
Interpretação do texto 154
   Compreensão do texto 154
   Linguagem e construção do texto 157
      Recursos empregados na reportagem 157
Prática de oralidade 160
   Conversa em jogo 160
      Diferentes fontes de informação 160
   Entrevista e relato oral 161
Outras linguagens 162
   Fotojornalismo 162
Tecendo saberes 163
Língua: usos e reflexão 164
   Verbo: tempos e modos 164
   Outras formas de marcar o tempo e o espaço nos textos: advérbios e locuções adverbiais 169
Produção de texto 174
   Reportagem 174
Aí vem... reportagem 176

Palavras em jogo 177
   Verbos terminados em **-am** ou **-ão** 177
   Vendesse ou **vende-se**? 179
Assim também aprendo 180
O que estudamos 181

UNIDADE 6 — Conto de adivinhação 182

Para iniciar 184
Leitura: **Três mercadorias muito estranhas**, Rogério Andrade Barbosa 185
Interpretação do texto 187
   Compreensão do texto 187
   Linguagem e construção do texto 189
      Elementos e momentos da narrativa 189
Prática de oralidade 191
   Conversa em jogo 191
      Respeito aos idosos 191
   Roda de provérbios 191
Com a palavra 192
Outras linguagens 193
   Ilustração e fotografia 193
Tecendo saberes 194
Produção de texto 196
   Conto de adivinhação 196
      Reconto de um conto africano 196
Língua: usos e reflexão 198
   Um pouco mais sobre advérbios e locuções adverbiais 198
   Outras palavras de ligação 204

Aí vem... conto de adivinhação 209
Palavras em jogo 210
   Sons nasais 210
   Letra **M** antes de **P** e de **B** 212
Assim também aprendo 214
O que estudamos 215

UNIDADE 7 — Texto instrucional 216

Para iniciar 218
Leitura: **Encaçapando bolinhas de gude** 219
Interpretação do texto 220
   Compreensão do texto 220
   Linguagem e construção do texto 220
Prática de oralidade 224
   Conversa em jogo 224
      Brincar em grupos: conviver com outros 224
   Texto instrucional em vídeo 224
Outras linguagens 225
Tecendo saberes 226
Língua: usos e reflexão 228
   Usos do verbo no imperativo 228
   Concordância verbal 233
   Pronomes pessoais 234
Produção de texto 238
   Texto instrucional 238
Palavras em jogo 239
   Acentuação de palavras paroxítonas 239
Assim também aprendo 240
O que estudamos 241

UNIDADE 8 — Texto teatral 242

Para iniciar 244
Leitura: **O Rei de Quase-Tudo**, José Luiz Ribeiro 245
Interpretação do texto 249
   Compreensão do texto 249
   Linguagem e construção do texto 251
      Elementos e indicações do texto teatral 251
Prática de oralidade 253
   Conversa em jogo 253
      Valorizar o que se tem... 253
Outras linguagens 253
   Cena de peça teatral 253
Tecendo saberes 254
Língua: usos e reflexão 255
   Pontuação, entonação e expressividade 255
      Vírgula e ponto e vírgula 257
      Aspas, parênteses e reticências 259
   Interjeição 261
Produção de texto 263
   Texto teatral 263
      Produção escrita 264
      Encenação 265
Aí vem... texto teatral 266
Palavras em jogo 269
   Palavras terminadas em **-ice** ou **-isse** 269
Assim também aprendo 273
O que estudamos 274

Uso de dicionário e enciclopédia 275

Projeto de leitura 287

Bibliografia 304

Introdução

Ler e escrever é uma descoberta sem fim!

Ler e escrever é um modo de saber, de descobrir e de registrar o que vemos e o que aprendemos. É sentir o sabor da novidade e sair em busca de informações. E uma informação leva a outra, um conhecimento pede outro, que pede mais um… Ler e escrever é uma descoberta sem fim!

Ler pode nos divertir.

Ziraldo. **As melhores tiradas do Menino Maluquinho**. São Paulo: Melhoramentos, 2000. p. 57.

Ler pode nos emocionar.

Ziraldo. **As melhores tiradas do Menino Maluquinho**. São Paulo: Melhoramentos, 2000. p. 22.

De diferentes modos, a leitura pode trazer soluções para nossas dúvidas. Por exemplo, o que significa a palavra **amizade**?

Em um **dicionário**, é assim que essa palavra é definida:

Amizade substantivo feminino

sentimento de afeto, simpatia e solidariedade que pode existir entre duas ou mais pessoas.

Nelly Novaes Coelho. **Primeiro Dicionário Escolar**. São Paulo: Cia. Editora Nacional, 2008. p. 22.

Em um **livro de literatura**, amizade é definida deste modo:

Amizade é quando você não faz questão de você e se empresta pros outros.

Adriana Falcão. **Mania de explicação**. São Paulo: Moderna, 2001. p. 38.

A curiosidade é uma das qualidades de quem gosta de aprender. Perguntar e buscar respostas é um bom exercício quando se quer saber ou ampliar o conhecimento. Vamos ser curiosos e buscar respostas?

- Você sabe como as pessoas escovavam os dentes há 4 mil anos? Leia para saber.

Como os antigos escovavam os dentes?

Os egípcios, há 4 mil anos, já sabiam que escovar os dentes era importante. Para fazer uma boa limpeza, esfregavam os dentes com uma mistura de pó de pedra-pomes e vinagre. No lugar de escova, usavam um ramo de árvore. Já os romanos, no século 1, colocaram na pasta um ingrediente bem esquisito: xixi! Eles achavam que o líquido clareava os dentes. Ainda bem que hoje existe creme dental.

Fernanda Santos (Org.). Livro **Curiosidades Recreio**. São Paulo: Abril, 2012. p. 109.

- Você sabe o que é *dabucuri*? E *moitará*? O texto a seguir explica!

D

DABUCURI

Ritual de troca de presentes (em geral, alimentos ou objetos) praticado entre os povos do Alto Rio Negro. A entrega é feita em meio a danças e cantos que contam como os criadores do Universo colocaram os recursos naturais e o conhecimento à disposição dos humanos. Os grupos alto-xinguanos têm ritual semelhante, o *moitará*. Embora sejam executados de modo bem distinto, os rituais têm propósitos parecidos. Nos dois casos, a troca não é feita com base no valor comercial das coisas (como acontece com nossos produtos), e sim no valor de uso para quem delas necessita.

Marina Kahn. **ABC dos povos indígenas no Brasil**. São Paulo: Edições SM, 2014. p. 10.

- Você sabe que é possível combinar formas geométricas para pintar pessoas? Na pintura a seguir, o artista espanhol Pablo Picasso representou uma menina. Observe a obra e encontre as figuras geométricas.

Maya com barco, de Pablo Picasso, 1938. Óleo sobre tela.

- Você sabe o que todo mundo quer? Leia a letra de canção a seguir para descobrir. Se puder, ouça a canção e cante-a com os colegas.

Toda criança quer

Toda criança quer
Toda criança quer
Toda criança quer crescer
Toda criança quer ser um adulto
E todo adulto quer
E todo adulto quer crescer
Para vencer e ter acesso ao mundo
E todo mundo quer
E todo mundo quer saber
De onde vem
Pra onde vai
Como é que entra
Como é que sai
Por que é que sobe
Por que é que cai
Pois todo mundo quer...

Sandra Peres e Paulo Tatit. **Pé com pé**. São Paulo: MDC, 2005.

Gostou?

Leia o poema a seguir e observe como um poeta também combina as palavras de um jeito diferente para dar a elas um sentido inesperado.

Tudo

Todas as coisas
do mundo não
cabem numa
ideia. Mas tudo
cabe numa
palavra, nesta
palavra tudo.

Arnaldo Antunes. **As coisas**. São Paulo: Iluminuras, 1992. p. 24.

Na realidade ou na imaginação, ler e escrever é uma descoberta sem fim! Vamos começar?

Unidade

1 Poema

VARAL DE POEMAS

Nesta unidade você vai...

- ler e interpretar poemas em linguagem verbal e não verbal;
- produzir um poema;
- declamar poemas com expressividade;
- estudar os sentidos das palavras: real e figurado;
- estudar a pontuação, a entonação e a expressividade de um texto;
- participar de atividades orais.

- Observe a cena e responda: O que você acha que as crianças estão fazendo?
- Você já tentou brincar com palavras? Como foi?
- Você já leu algum texto que brinca com palavras? Qual?

Para iniciar

Palavras divertidas

- Observe as letras embaralhadas.

a) Forme a maior quantidade de palavras que conseguir com essas letras.

_____
_____
_____
_____

b) Escreva um ou dois versos com algumas das palavras que você formou.

_____
_____
_____
_____

c) Quando for chamado, fale suas palavras. Em seguida, leia os versos que você escreveu.

Dá para imaginar tudo o que se pode criar com palavras? É possível até desenhar com palavras!

Vamos ver como isso pode acontecer...

Observem a forma deste poema, leiam as palavras escritas.

Em duplas, ensaiem como poderiam ler este poema de Leo Cunha, em voz alta.

Leitura 1: poema

A lesma

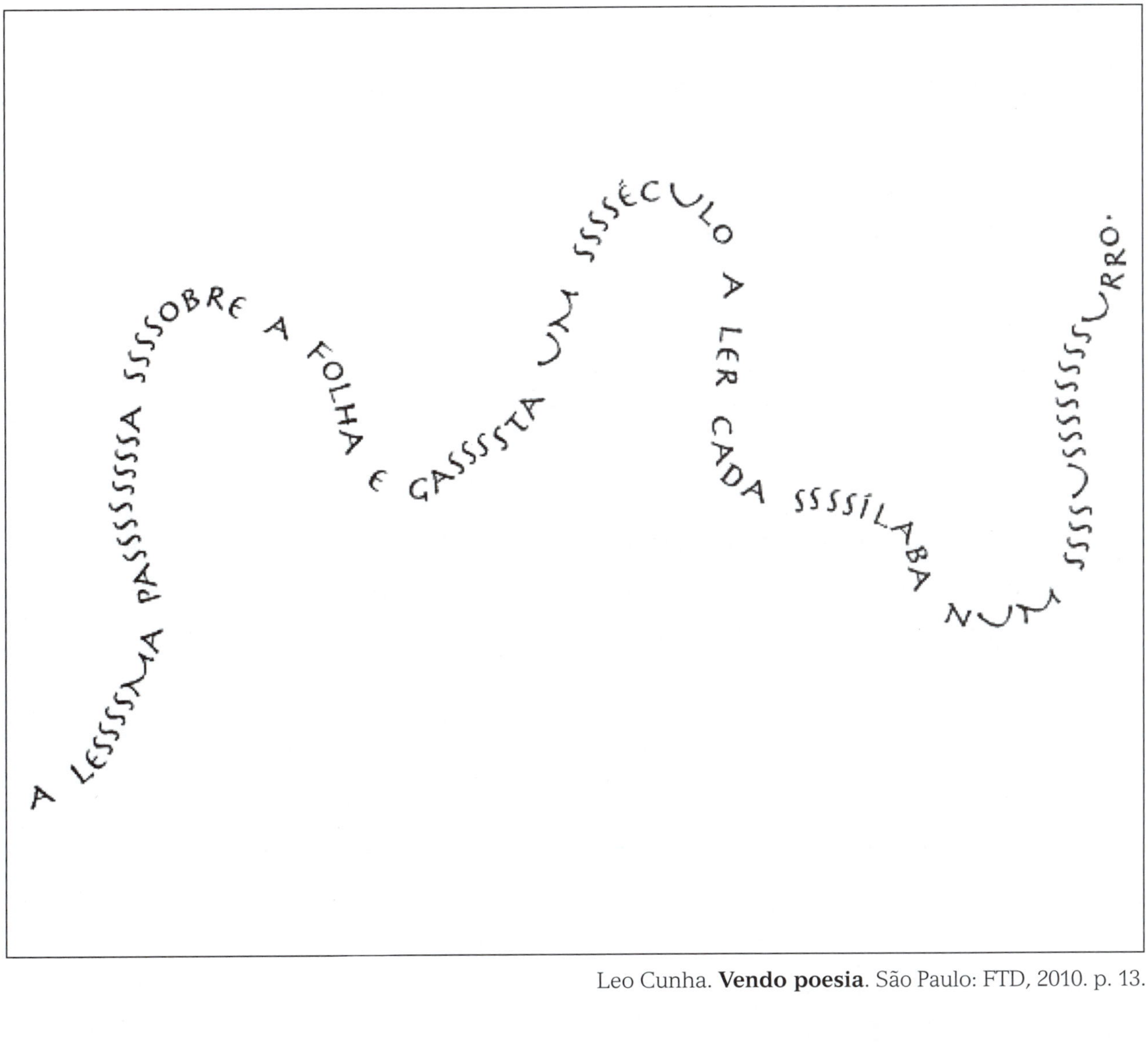
A LESSSSMA PASSSSSSSSA SSSSOBRE A FOLHA E GASSSSSTA UM SSSSÉCULO A LER CADA SSSSSÍLABA NUM SSSSUSSSSSSSSSURRO.

Leo Cunha/Acervo do poeta

Leo Cunha. **Vendo poesia**. São Paulo: FTD, 2010. p. 13.

Sobre o autor

Leo Cunha nasceu em 1966, em Bocaiúva, Minas Gerais. É escritor, tradutor, jornalista e professor universitário. Já escreveu livros de literatura infantojuvenil, crônicas, contos e poesia, além de peças de teatro infantis. Recebeu vários prêmios literários importantes, entre eles o Jabuti e os da Fundação Nacional do Livro Infantil e Juvenil (FNLIJ).

Interpretação do texto

Compreensão do texto

Atividade oral e escrita

1. Cada dupla apresentará, em voz alta, a leitura que preparou do poema de Leo Cunha.

   Prestem atenção ao som e ao movimento presentes no poema e aos sentidos que são produzidos. Apresentem o poema expressando os significados que perceberam.

2. Depois da apresentação, conversem sobre o que acharam desse poema. Ouçam com atenção a opinião dos colegas, principalmente as ideias diferentes das suas.

3. O poema que vocês leram na página anterior tem uma forma diferente. Ele foi escrito em uma linha sinuosa e ondulante, e não em versos. Qual é o sentido mais provável que essa forma produziu?

   _____
   _____
   _____
   _____

4 Qual letra e que som ajudam a dar a ideia de um caminhar sinuoso, ondulante?
_____

5 Quais sentidos a palavra **folha** pode ter no poema?
_____
_____
_____

Linguagem e construção do texto

Atividade oral e escrita

1 Qual recurso mais chamou sua atenção nesse poema? Explique o porquê.
_____
_____
_____

2 Esse poema é chamado de **poema visual**. Escreva uma provável razão para que ele receba esse nome.
_____
_____

3 Que outro animal poderia ser representado com um movimento semelhante ao da lesma nesse poema?
_____
_____

Vamos ler outro poema. Será que ele também produz sentidos com imagens?

🍊 Leitura 2: poema

VOO

Voa, Voa
　　　passarinho...

Voa, Voa
　　　pro seu ninho...

Antes que o dia acabe,
antes que o sol se esconda,
antes que o mar se assanhe,
antes que vire onda...
~~~~~~~~~~~~~~~

28

Antes que a noite chegue
enrolada no seu véu.
Antes que as estrelinhas
se espalhem pelo céu.
****

Antes que os grilos cantem
formando um grande coral.
Antes que as formiguinhas
se espalhem no quintal.
,,,,,,,,,,,,,,,,,,,,,,,,,,,,

Antes que a D. Aranha
se enrole em sua teia.
Antes que a lua nova
se transforme em lua cheia.
ooooooooooooooooo

Voa, Voa
passarinho...

Voa, Voa
pro seu ninho...
Tá na hora de nanar!

Sonha sonhos
de outros voos,
de lugares encantados...
Sonha sonhos
cor de aurora,
sonha sonhos de luar!

Nye Ribeiro. **Roda de letrinhas**. Ilustrações de Elma. Campinas: Roda & Cia, 2004. p. 28-29.

Sobre a autora

Nye Ribeiro nasceu em 1950, em Boa Esperança, Minas Gerais. Durante a infância, tinha bastante contato com a natureza. Adulta, estudou Jornalismo, escreveu para jornais e revistas de educação e fez roteiros de vídeos. Tem mais de sessenta livros publicados.

 Interpretação do texto

Compreensão do texto

Declamação e jogral

Atividade oral e escrita

Uma das formas mais gostosas de saborear um poema é declamando seus versos. Ao declamar, percebemos a musicalidade e os efeitos que a combinação das palavras produz.

Vamos organizar um jogral: declamar o poema em coro. Aguarde as instruções do professor para a distribuição das vozes.

> **Declamar** é recitar um poema em voz alta.
>
> **Jogral** é a declamação de um poema em coro, alternando partes individuais e partes coletivas, em que se combinam várias vozes.

Você e os colegas gostaram de ler o poema dessa forma?

1 Agora que você já leu o poema, responda: Quantas estrofes ele tem?

---

2 Releia as duas primeiras estrofes.

> Voa,
>   Voa
>   passarinho...
> Voa,
>   Voa
>   pro seu ninho...

© Nye Ribeiro/© Elma/Acervo das escritoras

Podemos dizer que essas estrofes:

☐ contam o que o passarinho está fazendo.

☐ fazem um pedido ao passarinho.

☐ dão uma ordem firme ao passarinho.

3 A repetição da expressão "Antes que" no poema pode dar a ideia de que o passarinho precisa:

☐ ser muito rápido para escapar dos perigos da noite.

☐ se apressar porque o tempo passa muito depressa.

☐ chegar ao ninho para dormir antes de a noite chegar.

Copie um verso do poema que explique a escolha que você fez.

_____

_____

Linguagem e construção do texto

Atividade oral e escrita

1 Observe os sinais após a última linha da terceira estrofe.

Sinal usado na estrofe →

Antes que o dia acabe,
antes que o sol se esconda,
antes que o mar se assanhe,
antes que vire onda...
~~~~~~~~~~~~~~~

© Nye Ribeiro/© Erma/Acervo das escritoras

a) Esse recurso visual está relacionado a que palavra dessa estrofe? Qual ideia ele expressa?

_____

_____

b) Observe os recursos apontados nestas outras estrofes.

Sinal usado na **quarta estrofe**

> Antes que a noite chegue
> enrolada no seu véu.
> Antes que as estrelinhas
> se espalhem pelo céu.
> ******************

Sinal usado na **quinta estrofe**

> Antes que os grilos cantem
> formando um grande coral.
> Antes que as formiguinhas
> se espalhem no quintal.
> ,,,,,,,,,,,,,,,,,,,,,,,,,,,,

Sinal usado na **sexta estrofe**

> Antes que a D. Aranha
> se enrole em sua teia.
> Antes que a lua nova
> se transforme em lua cheia.
> ooooooooooooooooo

Fotos: © Nye Ribeiro/© Elma/ Acervo das escritoras

c) Indique o que os recursos visuais expressam em cada estrofe.

quarta estrofe:	quinta estrofe:	sexta estrofe:
_____	_____	_____

2 Além desses recursos, há um recurso na escrita que foi empregado para representar visualmente o passarinho. Qual é ele? _____

3 Releia estes versos e observe os trechos em destaque.

> antes que **o sol se esconda**,
> antes que **o mar se assanhe**,

Marque um **X** nas frases que melhor expressam as ideias destacadas.

☐ Dão características de ser vivo para o Sol e o mar.

☐ Indicam que o Sol e o mar nada têm a ver com as pessoas.

☐ Sugerem que o Sol e o mar são como seres humanos.

☐ Indicam que o Sol e o mar dependem da vontade das pessoas.

4 Releia a estrofe.

> Antes que a noite chegue
> enrolada no seu véu.
> Antes que as estrelinhas
> se espalhem pelo céu.

Há nessa estrofe um termo que é comparado a um ser vivo. Qual é ele?

_____

5 Releia a última estrofe. Depois, complete a frase.

> Sonha sonhos
> de outros voos,
> de lugares encantados...
> Sonha sonhos
> cor de aurora,
> sonha sonhos de luar!

© Nye Ribeiro/© Elma/ Acervo das escritoras

a) O passarinho deve voltar ao ninho e dormir para _____.

b) Nesses versos há sons que se repetem nas palavras, principalmente o /s/. Que efeito essa repetição traz para o poema? Explique.

_____
_____

6 Foi dado o título "Voo" ao poema. Qual pode ter sido o motivo? Explique.

_____
_____

7 Com base na leitura do poema, descreva aos colegas como você imagina a chegada da noite. Depois, leia para eles o verso que melhor expressa o que você descreveu.

8 De qual dos dois poemas você mais gostou? Por quê? Apresente sua escolha para os colegas e ouça o que eles têm a dizer. Lembre-se de ouvir com respeito opiniões diferentes da sua.

Hora de organizar o que estudamos

Leiam juntos o esquema.

Pensem no tipo de leitor que gosta de poemas e completem o quadro correspondente. Se necessário, registrem a resposta no caderno.

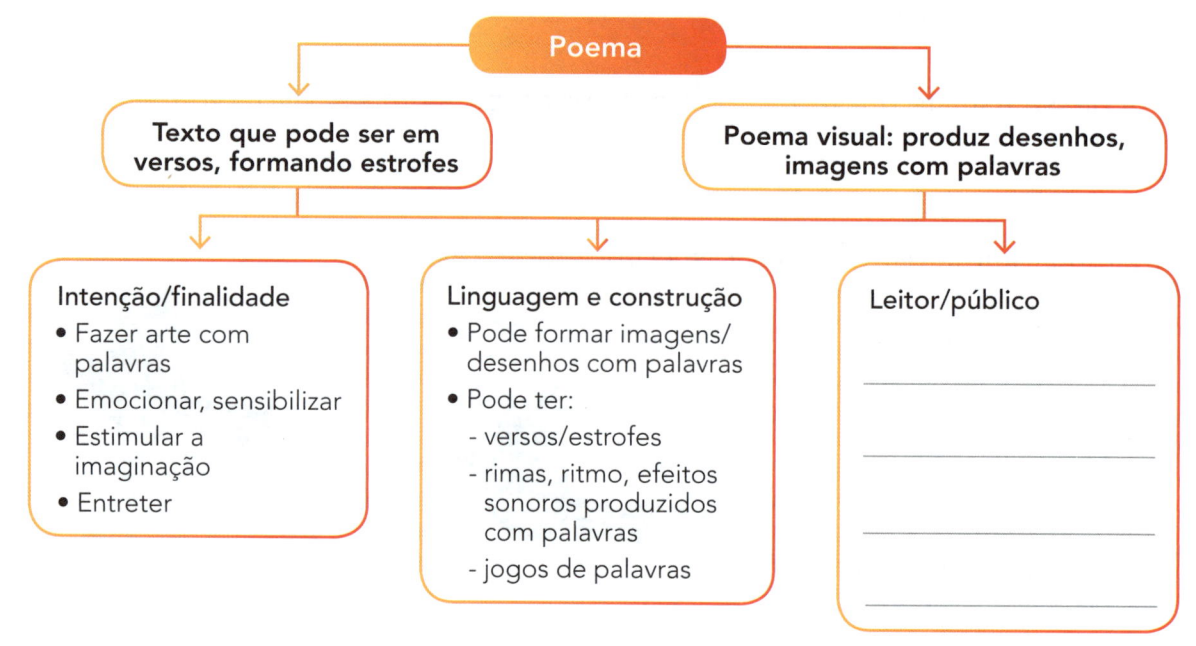

Prática de oralidade

Conversa em jogo

A arte e a imaginação em nossa vida

O poema é uma forma de arte com palavras.

1. Converse com os colegas sobre alguma forma de arte que tenha feito você imaginar coisas diferentes do seu dia a dia.

2. Lembre-se de outras formas de fazer arte: filme, livro, pintura, peça teatral, *show*, e assim por diante.

3. Se possível, traga para a sala de aula e mostre aos colegas uma forma de arte que tenha impressionado você.

   Não se esqueça de: preparar o que você quer apresentar; ensaiar a leitura com clareza e expressividade; se for ler algo, falar devagar e ouvir com atenção a apresentação dos colegas.

4. Agora, converse com os colegas e procure tirar conclusões sobre o tema a seguir: **A imaginação é importante em nossa vida? Por quê?**

Sarau: declamação de poemas

Você e os colegas do grupo vão escolher poemas para declamar no sarau.

1. Selecionem poemas em livros da biblioteca, do cantinho de leitura da sala de aula ou da escola ou na internet.

2. Antes da apresentação, falem para os colegas o motivo de sua escolha.

3. Preparem-se e treinem a leitura para apresentá-los, sozinhos ou em grupo.

4. No dia marcado, se quiserem:
   - tragam música para servir de fundo enquanto declamam o poema;
   - pensem em como se caracterizar (roupa, maquiagem, etc.), de acordo com o poema;
   - preparem uma lista das apresentações e escolham um apresentador.

5. Se acharem conveniente, apresentem o sarau para outras turmas da escola.

6. Conversem sobre o que acharam desta atividade.

Tecendo saberes

Você já deve ter escutado ou usado a palavra **poesia**. Nesta unidade, você leu várias vezes a palavra **poema**.

Muitas pessoas usam os dois termos como sinônimos, mas há algumas diferenças. **Poemas** são textos escritos em versos e estrofes que geralmente **têm poesia**. Mas poesia vai muito além de poemas. Quando dizemos que alguma coisa é poética, é porque nos sensibilizou, nos fez sentir diferentes emoções: alegria, tristeza, saudade, revolta, amor... Podemos encontrar poesia em variadas expressões artísticas, como desenhos, pinturas, fotografias, vídeos, entre outras.

1. Agora, observem esta foto. O que foi retratado?

2. É possível falar que essa foto é uma imagem poética, isto é, que ela tem poesia? Conversem sobre isso.

Outras linguagens

Ciberpoema

Você sabia que pode compor um poema brincando com palavras, sons e imagens na tela do computador?

Um poema produzido assim, de modo digital, com animação, interativo e disponibilizado na internet, é chamado de **ciberpoema**.

- Observem a reprodução de um *ciberpoema*.

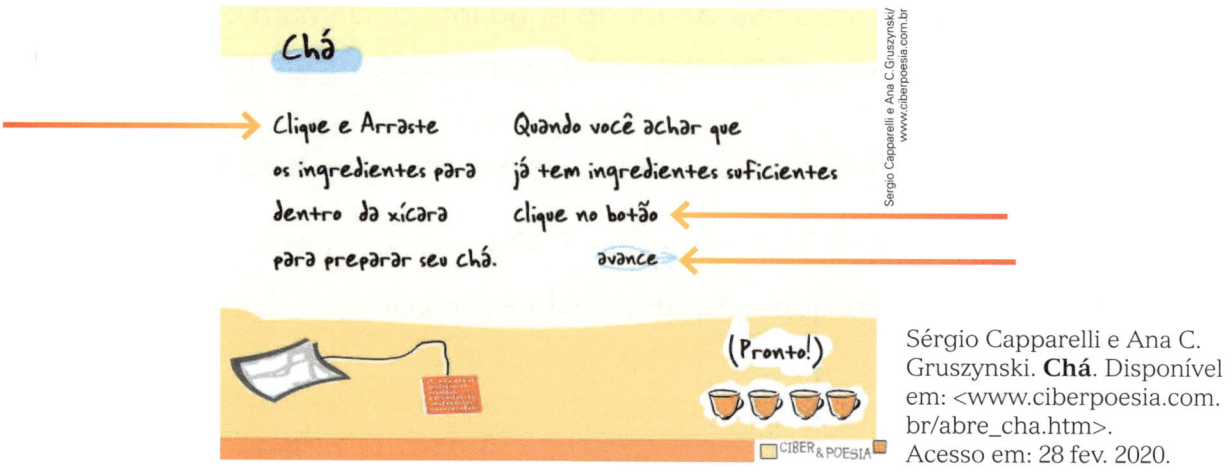

Sérgio Capparelli e Ana C. Gruszynski. **Chá**. Disponível em: <www.ciberpoesia.com.br/abre_cha.htm>. Acesso em: 28 fev. 2020.

O leitor interage com o poema, clicando em partes dele e fazendo algumas ações na tela do computador: basta arrastar ou clicar em elementos da tela, escolhendo a sequência. Então, o leitor poderá observar, como resultado, sons, movimento, cores, palavras.

- Vejam na página do *site* como é sugerida a leitura de outros *ciberpoemas*: o leitor escolhe o que quer ler.

Disponível em: <www.ciberpoesia.com.br>. Acesso em: 13 abr. 2020.

- Conversem sobre o que vocês acham dessa forma de produção eletrônica de poemas.

Pintura e poema

Vejam como a artista Estela Bonini se inspirou em uma pintura para escrever um haicai.

Tarde de verão.
O sol artista nato
Coloriu o chão...

Estela Bonini. **Haikai para Van Gogh**. São Paulo: Massao Ohno/Aliança Cultural Brasil-Japão, 1992.

Tarde de verão em Arles, de Vincent van Gogh, 1888. Óleo sobre tela, 74 cm × 91 cm.

Conversem sobre o que acharam dessa combinação de linguagens: pintura e poema.

Língua: usos e reflexão

Sentido real e sentido figurado das palavras

Atividade oral e escrita

   Releiam alguns versos do poema "Voo" e comparem com o texto reescrito.

A – Trechos do poema

antes que o mar **se assanhe**,
Antes que a noite chegue
enrolada no seu véu.

B – Trechos reescritos

antes que o mar fique agitado,
Antes que a noite chegue
com a escuridão.

a) Os versos reescritos com outras palavras têm o mesmo efeito dos que estão no poema? Conversem sobre o que perceberam.

b) Vocês acham que o efeito é mais poético no trecho **A** ou no trecho **B**?

Quando nos expressamos, podemos escolher entre o **sentido real** e o **sentido figurado** das palavras, de acordo com a situação ou nossa intenção.

> **Sentido real**: é o sentido próprio das palavras.
>
> **Sentido figurado**: é outro sentido que as palavras podem assumir, diferente do seu sentido próprio. O sentido figurado ajuda a criar imagens diferentes daquelas com que estamos acostumados na realidade.

2 Releia estes versos.

> Sonha sonhos
> cor de aurora,
> sonha sonhos de luar!

Explique como você entende as ideias a seguir.

a) Sonhos cor de aurora:

_____

_____

_____

b) Sonhos de luar:

_____

_____

_____

3 Você sabe o significado da palavra **rio**.
Leia estas frases com atenção ao emprego dessa palavra.

- Carlos ganhou **rios** de dinheiro em seus negócios.
- O **rio** São Francisco nasce na serra da Canastra, em Minas Gerais.

a) Em qual das frases a palavra **rio** está no seu **sentido real**, de um curso de água natural? Explique.

_____

_____

_____

b) Qual é o significado da palavra **rio** empregada em **sentido figurado**?

_____

_____

_____

4 Leia os quadrinhos e responda ao que se pede.

Leandro Robles. **Folha de S.Paulo**, São Paulo, 29 nov. 2003. Folhinha, p. F8.

A expressão "o bicho está pegando" foi empregada tanto no sentido real quanto no sentido figurado. Explique os dois sentidos.

Sentido real: _____

_____

Sentido figurado: _____

_____

5 Leia os trechos de poemas e veja como o poeta empregou a linguagem figurada.

a)
no prédio onde moro
moram outros meninos
loucos da vida
de estarem sozinhos
como eu, que até hoje
não apertei a campainha
do vizinho.

Ulisses Tavares. Edifício solidão. *In*: **Viva a poesia viva**. São Paulo: Saraiva, 2002. p. 15.

b)
cheguei em casa com a cabeça
cheia de grilos.
mas não deu no jornal nacional
e a família não ficou sabendo.

Ulisses Tavares. Plim-plim. *In*: **Viva a poesia viva**. São Paulo: Saraiva, 2002. p. 17.

c) Escreva significados possíveis para cada expressão.

- Loucos da vida: _____

- Com a cabeça cheia de grilos: _____

d) Escreva versos ou frases usando uma dessas expressões no sentido figurado.

_____

_____

Hora de organizar o que estudamos

Leia o esquema com os colegas e, juntos, conversem sobre o que entenderam.

Sentidos das palavras

Sentido real
É o sentido próprio ou comum da palavra.

Sentido figurado
É o sentido que altera o significado próprio da palavra e cria outros significados, outras imagens.

Sinais de pontuação, entonação e expressividade

Atividade oral e escrita

Na leitura de todos os poemas menciona-se muito a **expressividade**.

Na fala, podemos modular a voz, isto é, mudar a voz para dar mais significados ao que falamos. Essa modulação, uma espécie de musicalidade, é chamada de **entonação**.

Em situações diferentes, dependendo de nossas intenções ao falar, a entonação que damos a uma frase pode se alterar.

1 Leiam em voz alta os quadrinhos a seguir.

Mauricio de Sousa. **Mônica**. Barueri: Panini Comics, n. 19, nov. 2016.

Agora, conversem e respondam às questões.

a) O que expressam os sinais de pontuação **?!** juntos no primeiro quadrinho?

_____

b) No segundo quadrinho há um ponto de interrogação. Que efeito de sentido a expressão facial de Mônica e essa pontuação podem expressar?

_____

_____

c) No último quadrinho, a pontuação empregada e a expressão no rosto de Cebolinha indicam que sentimentos?

_____

_____

_____

2 Leiam este trecho do poema "Voo" em voz alta.

Conversem sobre a entonação diante do uso das reticências e sobre qual sentido esses sinais podem expressar nesses versos.

3 Leiam um trecho de um texto informativo.

Pombo-correio

O pombo-correio quase sempre volta ao ninho. Como ele consegue fazer isso? Mistério! A ave é submetida a um treinamento durante o qual ela é solta cada vez mais longe do ninho, amarrando-se, em um de seus pés, uma mensagem que ela levará até "sua casa".

Na Antiguidade, os egípcios já utilizavam os pombos-correios. Até hoje em Paris (na França) eles transportam amostras de sangue que chegariam atrasadas por causa do trânsito. Dessa forma, no momento em que a ambulância chega com o ferido ao hospital, já se sabe o grupo sanguíneo do paciente.

Charles Léourier. **O segredo das pedras gravadas**: escrever e comunicar. São Paulo: Scipione, 2004. p. 38. (Coleção Radar). (Adaptado.)

a) Observem os sinais de pontuação destacados.

" " aspas   ( ) parênteses

Conversem: Para que esses sinais foram usados no texto?

b) Treinem a leitura do texto em voz alta. Escolham a expressividade a ser dada. Agora, leiam juntos o quadro abaixo.

Aspas: podem ser usadas para indicar o emprego de uma palavra de forma diferente do usual.

Parênteses: são usados, geralmente, para acrescentar uma explicação ou comentário a um termo da frase.

Agora você

No texto a seguir estão faltando os sinais de pontuação. Leia-o em voz alta para perceber o sinal de pontuação mais adequado em cada caso.

> **Quem criou o biscoito**
>
> Os egípcios um povo da Antiguidade fizeram os primeiros biscoitos com trigo e mel Eles tinham a forma de animais e de pessoas e eram oferecidos aos deuses em dias de chuva Séculos depois os franceses aperfeiçoaram a técnica Descobriram que assando a massa duas vezes reduziam a umidade e o produto durava mais tempo Por isso a palavra biscoito vem do francês *biscuit* que significa assado duas vezes
>
> Fernanda Santos (Org.). **Especial Recreio:** Curiosidades. São Paulo: Abril, 2012. v. 2. p. 6. (Adaptado.)

Reescreva o texto, colocando os sinais de pontuação adequados para que o sentido fique claro para o leitor. Empregue **parênteses** para explicar um termo e **aspas** para indicar uso ou sentido especial de uma palavra.

_____
_____
_____
_____
_____
_____
_____

Hora de organizar o que estudamos

Leiam juntos o esquema e conversem sobre o que cada quadro quer dizer.

Pontuação

- Pode marcar o final das frases ! . ? ...
- Ajuda a organizar as ideias e as informações do texto
- Ajuda a indicar a expressividade e a entonação, deixando mais claras as intenções que um texto pode ter

Produção de texto

Poema

Agora é a vez de vocês criarem um poema.

Leiam a letra da canção "Quero", de Thomas Roth.

Quero ver o sol atrás do muro
Quero um refúgio que seja seguro
Uma nuvem branca sem pó, nem fumaça
Quero um mundo feito sem porta ou vidraça
Quero uma estrada que leve à verdade
Quero a floresta em lugar da cidade
Uma estrela pura de ar respirável
Quero um lago limpo de água potável

Quero voar de mãos dadas com você
Ganhar o espaço em bolhas de sabão
escorregar pelas cachoeiras
pintar o mundo de arco-íris

Quero rodar nas asas do girassol
Fazer cristais com gotas de orvalho
Cobrir de flores campos de aço
Beijar de leve a face da lua

Thomas Roth. Quero. **MPBNET**. Disponível em: <www.mpbnet.com.br/musicos/simone.guimaraes/letras/quero.htm>. Acesso em: 28 fev. 2020.

Planejamento

1. Com as palavras o compositor criou imagens. Procure imaginar o que ele quis dizer com expressões como: "nuvem branca sem pó, nem fumaça", "asas do girassol", "campos de aço", "beijar de leve a face da lua", etc.
Qual terá sido a intenção nesses versos: apenas divertir e entreter, sensibilizar e emocionar, brincar com palavras e sons?

2. O poema que vocês vão escrever deve começar com **Quero...**.

3. Façam uma pequena lista do que vocês vão colocar para completar a ideia de **Quero...**.

4. O que vocês querem para vocês ou para o mundo em que vivem? Esse será o assunto de seu poema. Podem ser seus sonhos, coisas que existem apenas na imaginação – como nas histórias fantásticas –, objetos e seres de um mundo maluco, ideias para um mundo melhor, etc.

5. Conversem sobre a intenção de vocês: brincar com palavras; desenhar imagens com palavras, como nos poemas visuais que vocês viram; emocionar quem ler o poema; fazer rir e divertir; ou qualquer outra intenção.

6. Para quem vocês querem escrever: apenas para os colegas ou para outras pessoas, de várias idades?

Escrita

1. Como escrever? Façam os arranjos para expressar de forma bem diferente e criativa o que vocês colocaram na lista. Lembrem-se de que no poema pode haver: versos, estrofes, rimas, ritmo, combinação de palavras de forma criativa, entre outros recursos.

2. Não se esqueçam de que podem empregar a **linguagem figurada**.

Revisão e reescrita

1. Releiam o que escreveram.

2. Verifiquem a ortografia e usem uma pontuação expressiva.

3. Vejam se as ideias ficaram claras, se vocês colocaram tudo o que queriam e se acham que o poema atende à intenção que vocês tiveram.

Apresentação: Varal de poemas e sarau

1. Escrevam e ilustrem o poema em uma folha de papel sulfite.

2. Pendurem os poemas em um varal e façam um sarau de leitura do que vocês produziram.

3. Se quiserem, podem apresentar os poemas no formato digital, isto é, associando recursos eletrônicos ao texto, como vocês viram nos *ciberpoemas*.

4. Convidem outras pessoas para assistir ao sarau.

5. Para o sarau, treinem: a entonação, a altura da voz e a pronúncia das palavras; a forma de se expressar (inclusive com gestos).

6. Ouçam a apresentação dos colegas sempre com atenção e respeito.

Aí vem... poema

1 Observe os dois poemas abaixo. De qual deles você acha que vai gostar mais? Leia-os, compare-os e veja se muda de opinião.

De cabeça para baixo

Agora então me responda,
você, que sabe o que diz:
chuva virada ao contrário
se transforma em chafariz?

Então agora me diga,
pra não haver engano:
céu de cabeça pra baixo
se transforma em oceano?
[...]

Marta Lagarta. **Abraço de pelúcia e mais poemas**. Belo Horizonte: Autêntica, 2010. p. 7.

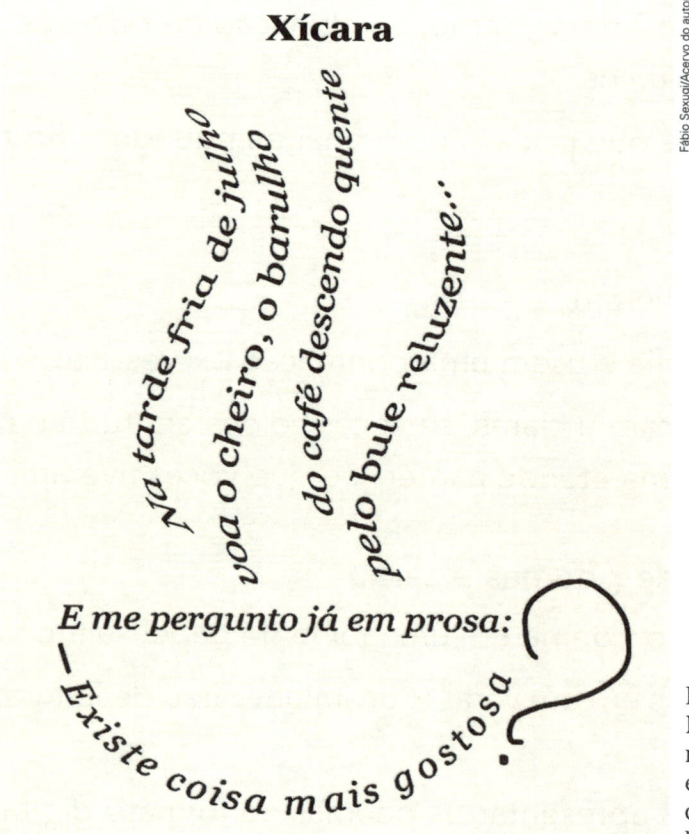

Xícara

Na tarde fria de julho
voa o cheiro, o barulho
do café descendo quente
pelo bule reluzente...
E me pergunto já em prosa:
— Existe coisa mais gostosa?

Fábio Sexugi. Xícara. *In*: **El Peabiruta**: Pensamento e rabiscos a esmo. Disponível em: <http://peabiruta.blogspot.com.br/2010/08/xicara-na-sala.html>. Acesso em: 28 fev. 2020.

2 Você leu poemas, participou de um sarau e treinou para declamar versos. Pesquise mais um poema na biblioteca da escola ou na sala de aula. Prepare a leitura e, se possível, memorize-o para falar com bastante expressividade, clareza e ritmo. Você pode levar mais poesia à vida de muitas pessoas que o ouvirem!

Palavras em jogo

Tonicidade das palavras

Atividade oral e escrita

1 Leia e, se for possível, cante a canção com os colegas.

Cavalo Piancó

Ora, o meu cavalo é Piancó...
Bonito pra vadiar, cavaleiro troca o par
Ele corre, corre elegante
Na estrada de Amarante.
Ele corre, corre ligeirinho
No caminho da veredinha.
Ele corre, corre, bate o pé
Vai parar no Canindé.
Ele corre, corre numa perna só
Vai parar lá no Mimbó.
Ora, upa, upa cavalinho
Continua a galopar.

Domínio público. Cantiga popular reproduzida em: Palavra Cantada. **Canções do Brasil:** o Brasil cantado por suas crianças. São Paulo: Palavra Cantada, 2001. 1 CD. Faixa 22.

Na letra de uma canção, o ritmo é produzido pelas rimas e pela sonoridade das palavras. Escreva as palavras da letra dessa canção que rimam com:

a) Piancó: _____

b) vadiar: _____

c) elegante: _____

d) ligeirinho: _____

e) pé: _____

2 Leiam os pares de palavras.

Piancó ⟷ manco   vadiar ⟷ César

Por que esses pares não formaram rimas embora tenham as mesmas letras finais? Conversem sobre o que observaram.

3 Releiam em voz alta estes versos, falando com mais força as sílabas sublinhadas.

> Ora, u<u>pa</u>, u<u>pa</u> cava<u>li</u>nho...
> Conti<u>nu</u>a a galo<u>par</u>

As sílabas marcadas são mais fortes e ajudam a dar ritmo aos versos. Elas são as **sílabas tônicas** dessas palavras.

> **Sílaba tônica** é a sílaba pronunciada com mais intensidade em uma palavra.

4 Pronunciem em voz alta e com naturalidade cada palavra a seguir. Sublinhem a sílaba tônica, isto é, a que é **pronunciada** com mais intensidade.

> cavalo   Piancó   bonito   simpático   cavaleiro   elegante
> estrada   Amarante   Canindé   Mimbó   pântano   cavalinho

Vamos relembrar. Dependendo da posição da **sílaba tônica**, a palavra recebe uma classificação.

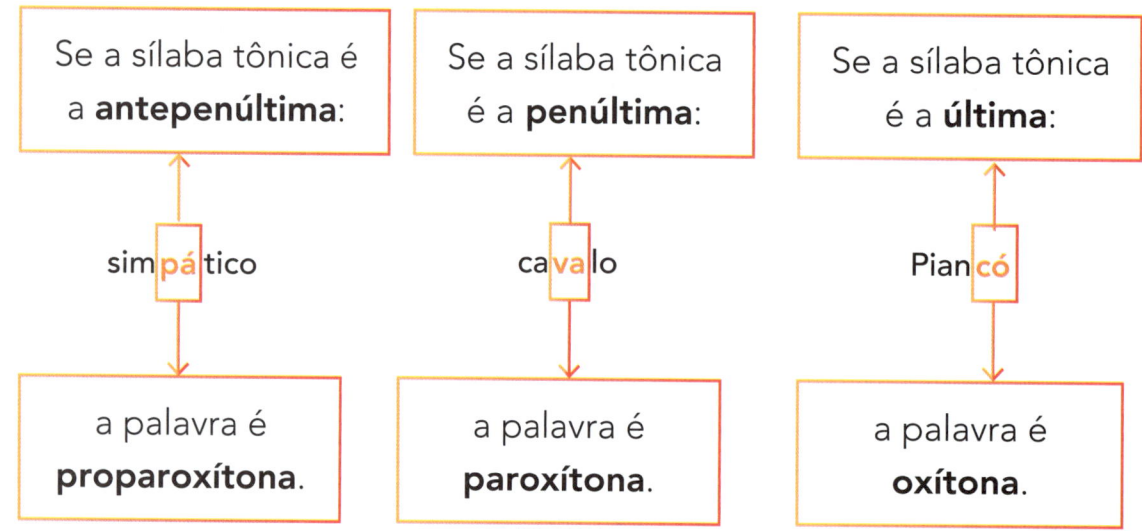

5 Falem com naturalidade estas palavras.

> parar   próximo   veredinha   galopar
>
> cavalinho   Canindé   líquido

Completem o quadro abaixo com as palavras que faltam, separando as sílabas. Comecem sempre pela última sílaba. Em seguida, pintem o quadro em que se encontra a sílaba mais forte de cada palavra com a cor correspondente, conforme os exemplos.

proparoxítonas		paroxítonas			oxítonas	
					pa	rar
				pró	xi	mo
			ve	re	di	nha

6 Marque um **X** no que podemos concluir desse quadro.

☐ As sílabas mais fortes estão sempre na mesma posição.

☐ As sílabas mais fortes podem aparecer em diferentes posições.

☐ Há palavras com mais de uma sílaba tônica.

☐ A sílaba mais forte só pode aparecer em uma das últimas três sílabas de qualquer palavra.

Hora de organizar o que estudamos

- Leia o esquema com os colegas.

```
Sílaba tônica
    ↓
Sílaba pronunciada com mais intensidade na palavra
    ↓
Classificação das palavras de acordo com a posição da sílaba tônica
```

Proparoxítona
A sílaba tônica é a antepenúltima sílaba

Paroxítona
A sílaba tônica é a penúltima sílaba

Oxítona
A sílaba tônica é a última sílaba

Assim também aprendo

- Você estudou poemas que combinam imagens e texto para expressar uma ideia. Observe como o cartunista Caulos combinou imagens e palavras de sentido oposto para representar o preço de alimentos.

CAULOS. **Só dói quando eu respiro**. Porto Alegre: L&PM, 2001. p. 57.

O que estudamos

Autoavaliação

- Faça um **X** na coluna que mostra como você se saiu nesta unidade.

	Unidade 1	Avancei	Preciso estudar mais
Gênero	Leitura e interpretação de **poemas** em linguagem verbal e de **poemas visuais**		
	Recursos do poema: verso, estrofe, sonoridade (rimas, jogos sonoros, jogos de palavras), linguagem figurada		
	Produção de poema		
Estudo sobre a língua	Sentido real e sentido figurado das palavras		
	Sinais de pontuação, entonação e expressividade		
	Tonicidade das palavras: oxítonas, paroxítonas e proparoxítonas		
Oralidade	Participação nas atividades orais		

Sugestões de...

Livros

Antologia ilustrada da poesia brasileira, de Adriana Calcanhotto, publicado pela editora Casa da Palavra.
Este livro é uma coletânea de poemas organizada por Adriana Calcanhotto, feita especialmente para crianças de qualquer idade.
Há poemas de poetas de outros séculos. A arte de se expressar por palavras nunca se perde com o tempo. Confira!

Berimbau e outros poemas, de Manuel Bandeira, publicado pela editora Nova Fronteira.
Livro de poemas de um dos poetas mais famosos da literatura brasileira.

Unidade 2
Resenha crítica

Nesta unidade você vai...

- ler e interpretar resenha crítica;
- estudar partes da resenha;
- identificar argumentos em uma resenha crítica;
- produzir resenha para *vlog*;
- estudar a tonicidade das palavras;
- identificar a posição da sílaba tônica em palavras;
- estudar concordância nominal;
- estudar o substantivo e as palavras que o acompanham;
- identificar usos do artigo, do adjetivo e das locuções adjetivas;
- participar de debates e atividades orais.

- Observe a cena e responda: Onde ela se passa? O que as crianças estão fazendo?
- Você costuma frequentar ambientes como o retratado na cena?
- Você costuma ler textos que trazem opinião sobre livros?

Para iniciar

Você já brincou de mímica? E de adivinhação?

Neste jogo de adivinhação, é preciso prestar atenção nas dicas para descobrir o que está atrás das portas do armário de cada colega. Siga as dicas.

Você vai precisar de:

- folhas de papel colorido
- tesoura de pontas arredondadas
- cola
- revistas velhas para serem recortadas

Passo 1 – Montando as portas do armário

1. Pegue uma folha colorida. Dobre na metade para fazer uma marca.

2. Dobre os lados de cima e de baixo, alinhando-os ao centro.

3. Escolha uma imagem da revista e recorte-a.

4. Abra os dois lados dobrados e, na parte central, cole a imagem que você recortou.

5. Feche as portas de seu armário para que os colegas não vejam a imagem que foi colada.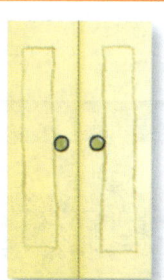

6. Decore as portas do armário como quiser.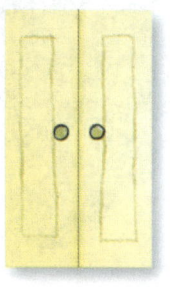

Ilustrações: Alberto De Stefano/Arquivo da editora

Passo 2 – Jogo da adivinhação

Um aluno por vez vai dar dicas para que os colegas tentem adivinhar o que está atrás das portas do armário, mas não é para facilitar! Exemplo:

Girassol: Atrás das portas do meu armário tem algo que se usa para enfeitar a casa. Ele pode também estar no jardim, mas não é uma árvore.

Agora tente adivinhar o que está atrás das portas dos colegas!

Como você escolhe um livro para ler? Pela capa, pelo tamanho, pelo autor, pelas ilustrações ou por indicação de alguém?

Um modo de escolher um livro é ler uma resenha com informações e críticas sobre ele. Será que esta resenha vai despertar seu interesse em ler o livro?

Leitura: resenha crítica

14.set.2018 às 10h48

Já pensou em conversar com o monstro que vive no seu armário?

O que esconde a porta do seu armário? Um punhado de cabides, uns livros guardados nos cantos, uma gaveta de meias?

E o que guarda a porta do armário no meio da noite, quando toda a casa já veste pijama? Uma bruxa verruguenta, um vampiro sedento, um lobo faminto, um gorila raivoso?

É do medo do desconhecido, tão próprio da infância e tão presente na vida adulta, que o autor e ilustrador Alexandre Rampazo faz brotar seu novo livro, "Se Eu Abrir Esta Porta Agora...", lançado pela editora Sesi-SP.

Não que explorar esse frio na barriga seja algo **inédito**. É só lembrar que **Pandora**, cheia de curiosidade, abriu a tal caixa proibida e **liberou** todos os males do mundo – não era um armário, ok, mas vá lá. [...]

Mesmo assim, Rampazo consegue trazer frescor ao tema e criar um livro que **aguça** não apenas a imaginação, mas a inteligência. "Se Eu Abrir Esta Porta Agora..." tem formato sanfonado, o que faz a narrativa ser dividida em duas partes, cada uma com um ponto de vista diferente.

De um lado, o menino tem a expectativa de abrir a porta e encontrar um monstro. Do outro, são as próprias criaturas que vivem a ansiedade de **topar** com um menino do outro lado.

Com uma diferença básica. A criança morre de medo do bicho terrível que pode aparecer, certamente pronto para puxar o seu pé, ficar com seus brinquedos, mostrar as presas. Já os monstros... Bom, não vou contar para não estragar a brincadeira.

inédito: novo, original, que nunca foi apresentado.

Pandora: na mitologia grega, teria sido a primeira mulher, criada por ordem de Zeus. Recebeu uma caixa proibida de ser aberta.

liberou: tornou livre, soltou, libertou.

aguça: estimula, desperta.

topar: encontrar.

A **potência** da narrativa surge da **interação** entre o texto, as ilustrações e o próprio objeto-livro, que permite ao leitor "abrir" uma porta de armário em seguida da outra – ato que pode gerar risadas por causa da **interatividade**, mas que também mostra **sutilmente** que o medo e a intolerância surgem do desconhecimento.

E taí uma lição que muito adulto ainda não aprendeu.

"Se Eu Abrir Esta Porta Agora..."
Autor e ilustrador Alexandre Rampazo
Editora Sesi – SP
(2018, 56 páginas)

- **potência:** força, poder.
- **interação:** troca, diálogo, contato.
- **interatividade:** comunicação, troca de informações e dados.
- **sutilmente:** delicadamente, suavemente.

Bruno Molinero. Disponível em: <https://eraoutravez.blogfolha.uol.com.br/tag/alexandre-rampazo/>. Acesso em: 28 fev. 2020.

Sobre o autor

Bruno Molinero é jornalista. Faz cobertura de literatura infantojuvenil e coordenou o *blog* "Era outra vez", do jornal **Folha de S.Paulo**, de 2016 a 2019.

Interpretação do texto

Compreensão do texto

Atividade oral e escrita

1. O que mais chamou sua atenção nessa resenha? Converse com os colegas.

2. Você leu uma resenha que apresenta informações e uma apreciação, uma opinião sobre um livro. Agora, copie o quadro no caderno e complete-o com as informações solicitadas.

Resenha	Autor	Título	Data de publicação	Onde foi publicada
Livro	Autor	Título	Data de publicação	Onde foi publicado

3 Quando um livro é lançado, é comum a publicação de resenhas sobre ele. Qual informação mostra que a resenha foi publicada por ocasião do lançamento do livro?

_____

4 Complete as informações sobre o livro escolhido para a resenha.

a) Assunto: _____

_____

b) Características especiais: _____

_____

5 Tanto no título como nos dois primeiros parágrafos da resenha há uma série de perguntas. Releia-os e responda:

a) Qual teria sido a intenção do autor em começar a resenha com essas perguntas?

_____

_____

b) É possível afirmar que essas perguntas foram usadas para dar um tom de conversa. Justifique com um exemplo da resenha.

_____

_____

6 Em sua opinião, quem escreveu a resenha fez uma apreciação negativa ou positiva do livro? Por quê?

7 A resenha termina assim: "E taí uma lição que muito adulto ainda não aprendeu." Que lição é essa?

8 Depois da leitura da resenha, você ficou interessado em ler o livro? Por quê? Comente com os colegas.

Linguagem e construção do texto

1 A resenha que você leu foi publicada em um *blog* chamado "Era outra vez". Qual seria o provável leitor do *blog*?

_____

_____

2 Foram utilizadas imagens do livro para ilustrar a resenha. Veja:

Faça um **X** nas alternativas que indicam a intenção do resenhista ao empregar esse recurso.

☐ Deixar o texto mais fácil de ser lido.

☐ Preencher o espaço da resenha.

☐ Despertar o interesse em conhecer o livro.

☐ Completar as informações sobre o livro.

3 Geralmente, as resenhas apresentam algumas partes em comum. Observe como os parágrafos ajudam a organizar as partes do texto.

> O que esconde a porta do seu armário? Um punhado de cabides, uns livros guardados nos cantos, uma gaveta de meias?
>
> E o que guarda a porta do armário no meio da noite, quando toda a casa já veste pijama? Uma bruxa verruguenta, um vampiro sedento, um lobo faminto, um gorila raivoso?
>
> É do medo do desconhecido, tão próprio da infância e tão presente na vida adulta, que o autor e ilustrador Alexandre Rampazo faz brotar seu novo livro, "Se Eu Abrir Esta Porta Agora…", lançado pela editora Sesi-SP. } Introdução
>
> Não que explorar esse frio na barriga seja algo inédito. É só lembrar que Pandora, cheia de curiosidade, abriu a tal caixa proibida e liberou todos os males do mundo – não era um armário, ok, mas vá lá. […]
>
> Mesmo assim, Rampazo consegue trazer frescor ao tema e criar um livro que aguça não apenas a imaginação, mas a inteligência. "Se Eu Abrir Esta Porta Agora…" tem formato sanfonado, o que faz a narrativa ser dividida em duas partes, cada uma com um ponto de vista diferente. } Posição crítica

De um lado, o menino tem a expectativa de abrir a porta e encontrar um monstro. Do outro, são as próprias criaturas que vivem a ansiedade de topar com um menino do outro lado.

Com uma diferença básica. A criança morre de medo do bicho terrível que pode aparecer, certamente pronto para puxar o seu pé, ficar com seus brinquedos, mostrar as presas. Já os monstros... Bom, não vou contar para não estragar a brincadeira.

{Resumo}

A potência da narrativa surge da interação entre o texto, as ilustrações e o próprio objeto-livro, que permite ao leitor "abrir" uma porta de armário em seguida da outra – ato que pode gerar risadas por causa da interatividade, mas que também mostra sutilmente que o medo e a intolerância surgem do desconhecimento.

E taí uma lição que muito adulto ainda não aprendeu.

{Conclusão}

Numere os parágrafos. De acordo com a organização dos parágrafos, complete o quadro abaixo.

	Parágrafos	Parte
O leitor conhece a história.		
Apresentação da opinião do resenhista.		
Apresentação do assunto do livro.		
Retomada da opinião.		

4 Releia este trecho: "... consegue trazer **frescor** ao tema..." .

Frescor significa brilho, jovialidade. Essa palavra foi escolhida para atrair o leitor. Transcreva outra palavra ou expressão usada para também atrair o leitor.

_____

5 Podemos dizer que a linguagem empregada nessa resenha é mais informal.

a) Transcreva da resenha um exemplo dessa linguagem mais informal.

_____

b) Qual teria sido a provável intenção do resenhista ao empregar esse tipo de linguagem?

_____

6 Qual teria sido o motivo do autor da resenha ao usar esta frase: "Bom, não vou contar para não estragar a brincadeira"?

_____

_____

7 Assinale as alternativas que indicam as prováveis intenções do resenhista.

☐ Apresentar o livro aos leitores.

☐ Explicar tudo sobre o medo de monstros.

☐ Orientar a escolha dos leitores.

☐ Avaliar e dar sua opinião sobre o livro.

☐ Divulgar o livro para a venda.

8 Assinale o que é necessário para produzir uma resenha.

☐ Ter lido o livro.

☐ Conhecer pessoalmente o autor do livro.

☐ Usar argumentos para convencer quem lê a resenha.

☐ Contar um pouco da história do livro.

☐ Contar o final da história.

☐ Usar palavras que convidem a ler o livro.

☐ Não antecipar toda a história.

Hora de organizar o que estudamos

Resenha

Texto curto que traz informações e uma apreciação, uma opinião sobre livro, peça de teatro, filme, etc.

Intenção/finalidade
- Orientar o leitor em sua escolha
- Avaliar e dar opinião
- Divulgar

Linguagem e construção do texto
- Partes da resenha: introdução (com apresentação da obra), resumo, opinião ou apreciação, conclusão
- Uso de argumentos a favor ou contra a obra
- Uso de imagens
- Linguagem formal ou informal, conforme o público a que se destina

Leitor/público
- Pessoas interessadas em obter informações que as ajudem em suas escolhas

Prática de oralidade

Conversa em jogo

Medo e intolerância

Releia a frase que está no final da resenha: "o medo e a intolerância surgem do desconhecimento".

É natural sentir medo de perigos que podemos correr. Outras vezes, podemos sentir medo sem saber exatamente do quê ou por desconhecimento.

O desconhecimento também pode causar intolerância. Caçoar de uma pessoa ou praticar *bullying* porque ela sente medo de alguma coisa, sem conhecer os motivos desse temor, é uma forma de intolerância.

1. Você já sentiu medo de algo que não conhecia? Conte sua experiência aos colegas.

2. Você já presenciou alguma atitude de *bullying* relacionada ao medo que alguém sentia? Conte aos colegas e ouça o que eles têm a dizer.

Resenhas em *vlogs*

Blog é uma página da internet que pode conter um diário pessoal ou informações a respeito de um assunto. São **textos** atualizados regularmente, com a intenção de que muitas pessoas os leiam.

E o que é um **vlog**? É um tipo de *blog* em formato de **vídeo**, postado na internet para ser compartilhado.

Vlog: vídeo + *blog*.

Vlogger: aquele que apresenta o *vlog*.

Que tal ser um *vlogger* e produzir um vídeo com a resenha de um livro de que você tenha gostado para convidar outras pessoas a lerem esse livro também? Isso será feito na seção **Produção de texto**.

Aguarde para assistir a um *vlog* semelhante ao que você vai produzir.

1. Assista ao vídeo com atenção.

2. Observe a posição do *vlogger* ao apresentar sua resenha, o local onde se encontra, seus gestos, as expressões de seu rosto, a escolha da linguagem.

3. Preste atenção aos argumentos usados para convencer quem assiste a ler o livro. Observe se são apresentadas informações sobre ele e uma avaliação.

Produção de texto

Resenha crítica para *vlog*

Agora é sua vez de escrever uma resenha – um texto curto com informações e uma apreciação crítica sobre um livro.

Preparação

1. Selecione um livro da biblioteca ou do cantinho de leitura da sala de aula que possa interessar aos colegas.
2. Observe a capa, leia os dados do autor, veja as ilustrações e verifique se há alguma característica especial que chame a atenção.
3. Faça uma leitura atenta do livro.
4. Pense em sua avaliação:
   a) gostou ou não gostou;
   b) quais são os destaques;
   c) o que mais chamou sua atenção.

Escrita

1. Prepare a ficha do livro para colocar em sua resenha.

Autor	Título	Data de publicação	Onde foi publicado

2. Faça um registro inicial de sua resenha, lembrando de organizar seu texto em parágrafos, como segue:
   a) dados e informações sobre o livro;
   b) um pequeno resumo da história do livro, sem antecipar o final;
   c) sua avaliação sobre o livro com os argumentos que você considera importantes para convencer quem lê sua resenha;
   d) uma conclusão, usando palavras que estimulem o leitor a ler o livro.
3. Nesse registro é preciso lembrar-se de que:
   a) o leitor da resenha será um colega de sua idade;
   b) a linguagem pode ser mais informal, mais espontânea;
   c) sua intenção é apresentar o livro que você leu e dar sua opinião sobre ele para orientar a escolha;
   d) você pode escolher diferentes palavras para sua avaliação, destacando qualidades ou defeitos, como: **comovente**, **triste**, **engraçado**, etc.

Revisão e reescrita

1. Leia sua resenha para um colega e ouça a leitura que ele fará da resenha que ele escreveu.
2. Conversem sobre o que pode ser melhorado em cada resenha.
3. Avaliem se as resenhas despertam a curiosidade em ler os livros.
4. Verifiquem se vocês usaram bons argumentos.
5. Reescrevam as resenhas com as mudanças necessárias.

Edição e divulgação

1. Chegou o momento de produção do *vlog*, com um vídeo sobre uma das resenhas produzidas. Escolham qual das duas resenhas vocês acham mais interessante compartilhar. Se preciso, peçam ajuda à professora para decidir.
2. Lembrem-se de que, como *vloggers*, vocês devem apresentar-se e expor os dados principais do livro (capa, título, autor, ilustrador, editora, ano e local de publicação). Também precisam conhecer bem a história do livro e apresentar a resenha.
3. Releiam a resenha escrita várias vezes. Ela servirá de roteiro para as falas.
4. Treinem para falar com naturalidade, procurando não ler.
5. Escolham algumas páginas interessantes do livro para mostrar no vídeo.
6. Escolham quem apresentará a resenha e ensaiem como se estivessem gravando, usando uma linguagem espontânea e informal, dirigida a estudantes como vocês.
7. Articulem bem as palavras e usem gestos e expressões que ajudem a dar sentido ao que vocês estiverem falando. Ensaiem várias vezes.
8. O vídeo não deverá ser longo para não cansar quem assiste a ele.

Gravação e edição

1. Verifiquem se o áudio e a câmera estão funcionando bem.
2. No local indicado pela professora, façam a gravação conforme os ensaios.
3. Aguardem as instruções para salvar o vídeo, colocar um título e fazer a postagem. Se a escola tiver um *blog*, o vídeo de vocês poderá ser postado lá, com um *link* para ser acessado.
4. Convidem os colegas a assistir aos *vlogs* de sua turma.

Outras linguagens

Tirinha

Há muitas formas de opinar, argumentar e fazer críticas, mesmo nas situações mais simples do dia a dia. Leia uma tirinha e observe como a mãe usa argumentos para convencer o filho a mudar de ideia.

Bill Watterson. **Calvin e Haroldo**: e foi assim que tudo começou. 2. ed. São Paulo: Conrad Editora do Brasil, 2010. p. 122.

1 O que o filho deseja?

2 A mãe não autoriza o menino a brincar na chuva. Qual argumento ela usa para convencê-lo?

3 Com qual argumento o menino defende seu desejo? A mãe aceita o argumento do filho?

4 Quais argumentos a mãe usa para convencê-lo?

5 Observe a expressão do menino e a fala do tigre. Eles foram convencidos a não brincar na chuva? Por quê? Converse com os colegas.

Tecendo saberes

Nesta unidade você leu uma resenha crítica de um livro.

Um livro bem avaliado pelo público pode ter sua história adaptada para o cinema e o teatro. Pode também inspirar a criação de jogos, brinquedos e roupas.

A seguir, veja alguns produtos inspirados em um livro.

Cena do filme **Onde vivem os monstros**, 2009.

Ópera **Onde vivem os monstros**, 2017.

Capa do livro, edição de 2014.

Videogame, 2009.

Brinquedos.

Todos esses produtos têm farta publicidade em jornais, revistas, na televisão e na internet, com a intenção de estimular seu consumo.

1. Vocês conhecem algum livro que também foi adaptado para o cinema ou para o teatro? Qual?

2. Vocês já adquiriram algum produto inspirado em um livro ou filme? Qual?

Aí vem... resenha crítica

1 Leia a resenha crítica.

5.fev.2018

Cores e formas guiam livro infantil que é puro design

Cleusa é uma menina que é carne e unha com o garoto Clóvis. Os dois não se desgrudam na escola e adoram brincar juntos. Até que surge na história Catarina, a nova aluna do colégio.

Na verdade, não é bem assim. Cleusa é um triângulo que é papel e dobradura com o quadrado Clóvis. Os dois não se desgrudam na escola e adoram brincar juntos. Até que surge na história Catarina, o novo círculo do colégio.

Ou melhor dizendo. Cleusa é um amarelo que é composição e mistura com o azul Clóvis. Os dois não se desgrudam na escola e adoram brincar juntos. Até que surge na história Catarina, o novo rosa do colégio.

No livro **"Claro, Cleusa. Claro, Clóvis"**, da autora, ilustradora e *designer* Raquel Matsushita, a narrativa é uma – mas pode ser várias.

O roteiro simples já apareceu em diferentes livros e filmes para crianças: dois amigos são inseparáveis, até que surge uma nova personagem que desestabiliza essa relação. No caso da obra, os colegas são Cleusa e Clóvis, que veem Catarina pisar pela primeira vez na escola.

A diferença está na maneira como a trama é apresentada ao leitor – cada personagem é apresentado com uma forma geométrica e uma cor próprias. O livro é *design* puro. Cleusa é um triângulo, Clóvis tem os lados de um quadrado e Catarina surge como um círculo, o que gera um estranhamento no início, mas logo enche de ideias e possibilidades a cabeça de quem está lendo.

Como se fossem papeizinhos de dobradura, os amigos se unem e se transformam em suas brincadeiras. Às vezes, lembram uma casa. Depois, um barquinho e uma tartaruga. Ou então um cachorro, um sorvete e um soldado.

Ou não será nada disso?

Como as formas são abstratas, encontrar contornos nelas é quase como brincar de ver desenhos em nuvens. Não há respostas certas nem erradas.

A brincadeira só poderia ficar mais interessante se a edição trouxesse papéis de dobradura para que crianças e adultos pudessem dobrar, desdobrar e redobrar os personagens.

"Claro, Cleusa. Claro, Clóvis"

Autora e ilustradora Raquel Matsushita

Editora Editora do Brasil

(2017, 40 páginas)

Bruno Molinero. Disponível em: <https://eraoutravez.blogfolha.uol.com.br/2018/02/05/cores-e-formas-guiam-livro-infantil-que-e-puro-design/>. Acesso em: 2 mar. 2020.

2. Você leu resenhas críticas, além de assistir e produzir *vlog* de resenha crítica. Com a professora e os colegas, pesquise e assista a *vlogs* que analisem e comentem o mesmo livro do qual essa resenha crítica trata. Comparem a forma como o livro é apresentado e os argumentos que são utilizados em cada um.

3. Pesquise resenhas críticas de livros de que você gosta. Selecione uma delas e traga à sala de aula para mostrar aos colegas. Conte onde foi publicada, a forma como a obra foi apresentada, os argumentos utilizados e a razão de você ter escolhido essa resenha crítica.

Língua: usos e reflexão

Concordância nominal: o substantivo e as palavras que o acompanham

Frases, escritas e faladas, precisam sempre de uma organização para serem compreendidas. Um dos modos de organizar a frase é fazendo a concordância entre as palavras.

Releia este trecho da resenha do livro **Se eu abrir esta porta agora...**

> "E o que guarda a porta do armário no meio da noite, quando toda a casa já veste pijama? Uma bruxa verruguenta, um vampiro sedento, um lobo faminto, um gorila raivoso?"

Observe:

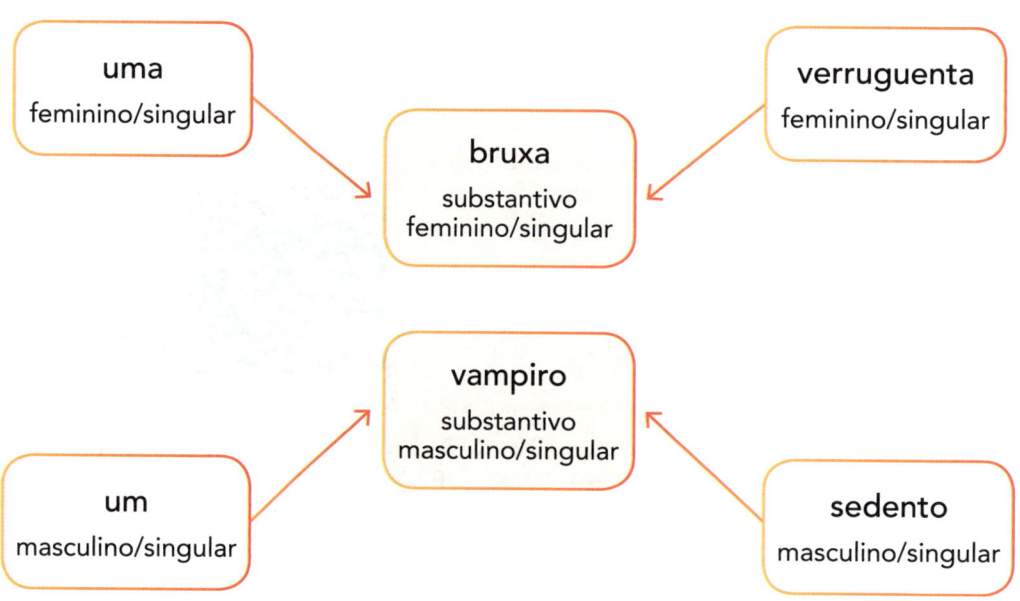

As palavras "combinaram" quanto à indicação de:

- **gênero**: masculino e feminino;
- **número**: singular e plural.

Quem determinou essa combinação foram os substantivos **bruxa** e **vampiro**.

Quando as palavras combinam em gênero e número com o substantivo, dizemos que houve **concordância** entre o substantivo e as palavras que o acompanham.

Agora você

1 Complete o esquema com as palavras do trecho da resenha que acompanham e **concordam** com os substantivos indicados nos quadros.

2 Releia:

> "E o que guarda a porta do armário no meio da noite, quando toda a casa já veste pijama? **Uma bruxa verruguenta, um vampiro sedento, um lobo faminto, um gorila raivoso?**"

Reescreva a parte destacada imaginando que dentro do armário há vários seres. Faça a concordância entre os termos.

E o que guarda a porta do armário no meio da noite, quando toda a casa já veste pijama? _____ bruxas _____, _____ vampiros _____, _____ lobos _____, _____ gorilas _____ ?

3 Releia o trecho e observe as expressões destacadas.

> "O que esconde a **porta** do seu armário? Um **punhado** de cabides, uns **livros** guardados nos cantos [...]"

a) Reescreva o trecho substituindo as palavras destacadas como indicado a seguir:

- **porta** por **gaveteiro**
- **punhado** por **porção**
- **livros** por **caixas**

_____
_____

b) Ao trocar as palavras, o que foi preciso fazer?

_____

Substantivos

Para melhor compreender como a concordância pode ocorrer entre o substantivo e as palavras que o acompanham, vamos rever alguns aspectos, começando pelos substantivos.

Os substantivos são as palavras que determinam a concordância. Relembre:

> **Substantivos** são palavras que dão nome a algo: coisas, pessoas, lugares, sentimentos, seres reais e imaginados, etc.

E essas palavras podem se referir a seres do gênero masculino ou do gênero feminino. Vamos rever.

1. Substantivos masculinos ou femininos?

a) Leiam os substantivos do quadro e completem corretamente a tabela.

| menino | menina | garoto | garota |
| rato | rata | porco | porca |

Femininos	Masculinos

- O que nos ajuda a determinar se as palavras são femininas ou masculinas?

_____

_____

b) Sublinhem os substantivos masculinos e circulem os femininos.

| sol | cachorro | moço | mulher | terra | conversa | mesa |
| espaço | chuva | furacão | ideia | porta | amor | saudade |

c) Todos esses substantivos referem-se a seres que têm sexo?

☐ Sim   ☐ Não

d) O que vocês consideraram para determinar se esses substantivos são masculinos ou femininos? Conversem sobre isso.

e) O que vocês observaram? Marquem um **X**.

☐ Os substantivos podem ser masculinos ou femininos e só nomeiam seres que têm sexo: o macho ou a fêmea.

☐ Os substantivos podem ser masculinos ou femininos, mas nem sempre os seres nomeados por eles têm sexo.

2 Leiam o quadro de palavras a seguir.

| fonte | cofre | dente | lente | gente | pente |

Respondam oralmente: O que vocês podem fazer para saber se essas palavras pertencem ao gênero masculino ou ao gênero feminino?

3 Façam um registro coletivo com as conclusões de vocês sobre como descobrir os gêneros dos substantivos. Depois, resumam suas observações aqui.

_____

_____

_____

Podemos concluir:

> Todo substantivo pertence a um **gênero** – masculino ou feminino –, mesmo que se refira a algo que não seja do sexo masculino ou feminino.

A colocação dos artigos **a/as**, **o/os**, **um/uns**, **uma/umas** ajuda a determinar o gênero do substantivo, mesmo que ele não indique seres que têm sexo. Veja.

- **As** antenas; **uma** ventania ⟶ gênero feminino
- **Um** furacão; **os** trabalhos ⟶ gênero masculino

Artigo, adjetivo e locução adjetiva: palavras que podem acompanhar os substantivos

Artigo: usos

Vimos que os artigos são palavras que ajudam a identificar o gênero do substantivo. Observe.

- **O armário** → **Os armários**
  - O: masculino singular
  - armário: masculino singular
  - Os: masculino plural
  - armários: masculino plural

- **A gaveta** → **As gavetas**
  - A: feminino singular
  - gaveta: feminino singular
  - As: feminino plural
  - gavetas: feminino plural

- **Um cabide** → **Uns cabides**
  - Um: masculino singular
  - cabide: masculino singular
  - Uns: masculino plural
  - cabides: masculino plural

- **Uma porta** → **Umas portas**
  - Uma: feminino singular
  - porta: feminino singular
  - Umas: feminino plural
  - portas: feminino plural

As palavras **o/a**, **os/as**, **um/uma**, **uns/umas** que acompanham o substantivo são **artigos**.

Há **concordância** entre o artigo e o substantivo quanto ao gênero – **masculino** e **feminino** – e quanto ao número – **singular** e **plural**.

Observe como o artigo pode ser importante quando o substantivo tem apenas uma forma para o singular e para o plural.

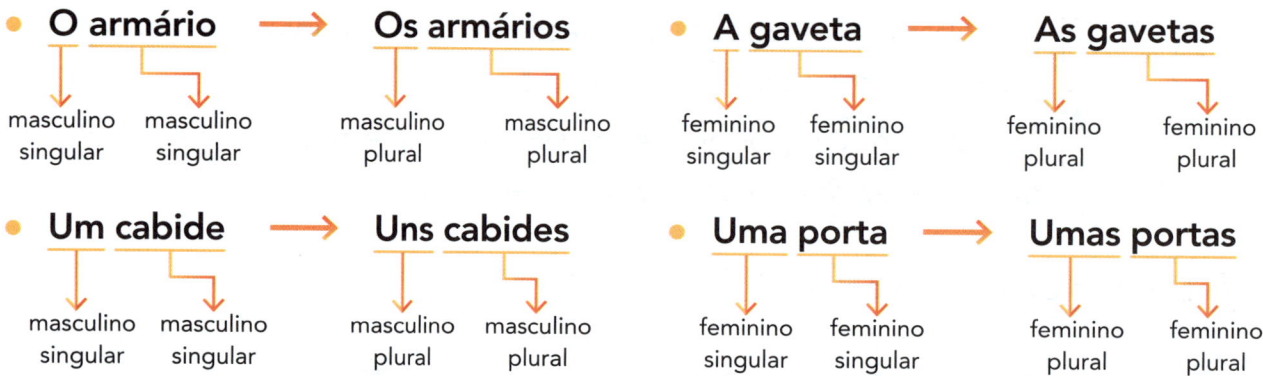

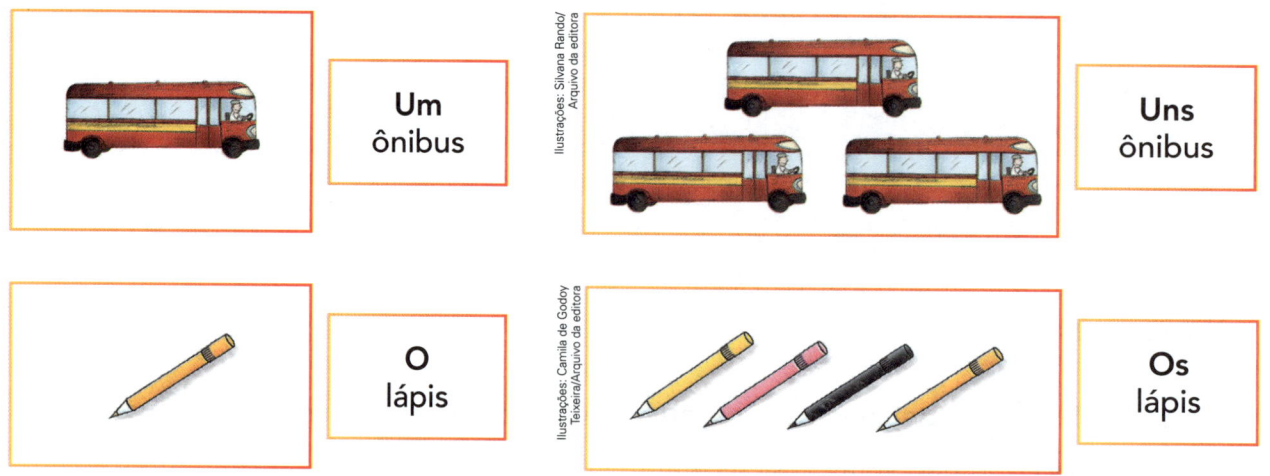

Vamos ler juntos:

> **Artigos** são palavras empregadas antes do substantivo e que ajudam a indicar o gênero e o número do ser ou objeto nomeado por esse substantivo. O artigo concorda com o substantivo que acompanha.

Os artigos podem ser:

- **definidos** – individualizam, definem o substantivo: **o/os, a/as**

  "O que esconde **a** porta do seu armário?"
  → não se trata de uma porta qualquer, mas da porta específica do armário

  Exemplos: **o** barulho, **os** desenhos, **a** fumaça, **as** chaminés.

- **indefinidos** – generalizam, deixam indefinido o substantivo: **um/uns, uma/umas**

  "[...] a ansiedade de topar com **um** menino do outro lado."
  → a ansiedade é de topar com qualquer menino, nenhum em especial

  Exemplos: **um** alfinete, **uns** detalhes, **uma** antena, **umas** casinhas.

Completem cada frase a seguir com o artigo adequado. Façam a concordância necessária com os substantivos.

Observem se, para o sentido do texto, é melhor empregar o artigo definido ou o artigo indefinido.

a) _____ morcego é _____ animal mamífero e tem _____ asas formadas pela própria pele. Ele tem _____ dedos longos, que sustentam _____ asas.

b) _____ borboletas fêmeas põem _____ ovos em plantas que possam ser comidas pelas lagartas, antes que estas se transformem em borboletas.

c) _____ ursos-polares não precisam beber água. Eles retiram _____ líquido de que precisam dos alimentos que comem.

d) _____ tartarugas, na época da desova, procuram terras mais quentes e fofas para botar _____ ovos.

Adjetivo e locução adjetiva

1 Releia o trecho da resenha.

> "O que esconde a porta do seu armário? [...] **uma gaveta de meias**?"

Observe a expressão destacada e complete o esquema a seguir com a palavra adequada.

As palavras que acompanham o substantivo **gaveta** indicam suas características e o gênero a que pertence, isto é, essas palavras **determinam** o substantivo.

2 Se o resenhista substituísse **uma gaveta de meias** por **uma enorme e assustadora gaveta de madeira**, como ficaria o esquema a seguir? Complete.

Observe que as características da gaveta foram expressas por:
- palavras simples: **enorme** e **assustadora** – são **adjetivos**.
- uma expressão formada por mais de uma palavra: **de madeira** – é uma **locução adjetiva**.

> **Adjetivo** e **locução adjetiva**: palavras ou expressões que indicam a característica, a qualidade, o estado ou a aparência de seres nomeados pelos substantivos.

A locução adjetiva é uma expressão formada sempre por mais de uma palavra. Algumas locuções adjetivas podem ser substituídas por adjetivos simples.

3 Ligue cada adjetivo destacado à locução adjetiva que pode substituí-lo.

livros juvenis	de porco
carne suína	para jovens
estrada férrea	de irmão
amor maternal	de ferro
carinho fraterno	de mãe
caminhada matinal	de noite
aula vespertina	de manhã
atividade noturna	de tarde

Hora de organizar o que estudamos

Complete o esquema a seguir e reveja o que aprendeu.

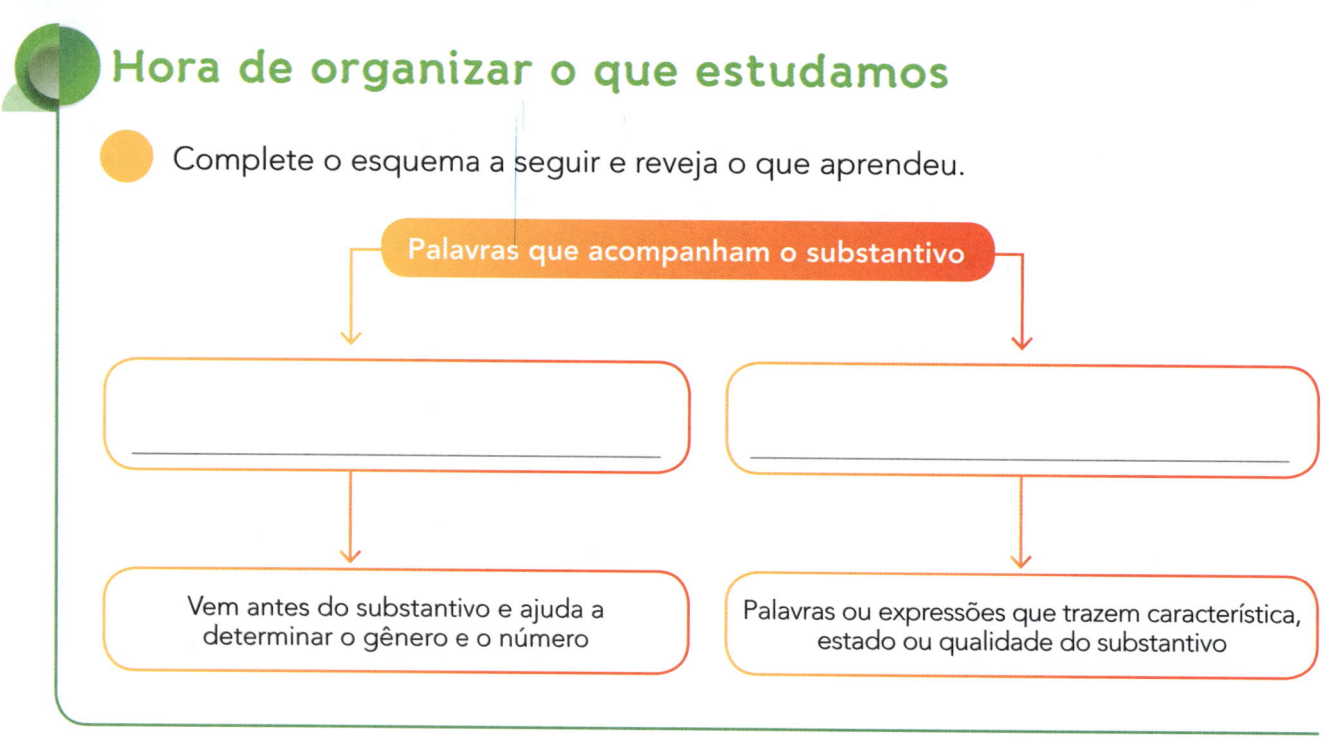

1. Reescreva as frases, fazendo a concordância adequada às alterações propostas.

   a) Ouvi **uma conversa** muito confusa no metrô.

   Ouvi **umas** _____.

   b) O homem queria **uma coisa** simples, conhecidíssima.

   O homem queria **umas** _____.

   c) Dei **um telefonema** rápido.

   Dei **alguns** _____.

   d) **Este foi o último jogo** de futebol do campeonato.

   Estes foram _____.

2. Observe as palavras da atividade anterior que não variaram para concordar com os substantivos. Depois, copie:

   a) um adjetivo que não variou para concordar com o substantivo.

   _____

   b) as locuções adjetivas que não variaram para concordar com o substantivo.

   _____

3 John é norte-americano e está aprendendo português. Ajude-o a organizar a lista de objetos que pode comprar na livraria.

a) Relacione corretamente os **substantivos** com os **artigos** e os **adjetivos** adequados, colorindo-os com a mesma cor. Veja o exemplo.

o	régua	os	dicionário	livros	borracha
as	uma	uns	lápis	canetas	bilíngue	uma
esferográficas	ilustrados	macia	coloridos	de madeira

b) O que você observou para organizar a lista?

_____
_____

4 Para caracterizar, ou seja, descrever o que pode guardar a porta do armário, o resenhista usou adjetivos e locuções adjetivas: lobo **faminto**, gorila **raivoso**, gaveta **de meias**.
Escreva três adjetivos ou locuções adjetivas que possam caracterizar:

a) tempestade: _____

b) frio: _____

c) leão: _____

d) flores: _____

5 Escreva as locuções adjetivas correspondentes aos adjetivos destacados.

a) guarda-**florestal** ⟶ _____

b) clima **primaveril** ⟶ _____

6. Leia os quadrinhos e veja o que Maluquinho aprontou com Julieta e Carolina.

Ziraldo. **Julieta, a Menina Maluquinha.**
Rio de Janeiro: Globo, 2007. p. 10-11.

a) Quais características Maluquinho destacou sobre aquilo que trazia dentro da panela?

_____
_____
_____

b) Nas características, Maluquinho deu alguma pista sobre o **gênero masculino** ou **feminino**? _____

c) Escreva nomes de coisas que poderiam se encaixar nas características descritas por Maluquinho.

_____
_____
_____

7 Leia o final da história.

Ziraldo. **Julieta, a Menina Maluquinha**. Rio de Janeiro: Globo, 2007. p. 13.

a) As meninas acharam que Maluquinho trazia uma cobra dentro da panela. Na sua opinião, que pistas dadas por Maluquinho fizeram com que as meninas achassem que havia uma cobra dentro da panela?

b) Se você fosse o Maluquinho, que características destacaria como pistas para que as meninas descobrissem Filomena? Converse com os colegas.

Palavras em jogo

Um pouco mais de tonicidade das palavras

Na unidade anterior, você estudou que as palavras podem ser classificadas em três grupos quanto à posição da sílaba tônica.

1 Escreva três exemplos para cada grupo.

Oxítonas	Paroxítonas	Proparoxítonas

2 Há palavras que têm a mesma grafia, mas cujos significados se alteram em razão da posição da sílaba tônica.

- Ele trabalhava em uma **fábrica** de peças para carros.
- Não se **fabrica** mais esse modelo de carro.

Complete as frases da próxima página com as palavras entre parênteses. Note que a posição da sílaba tônica é diferente nessas palavras.

Alberto De Stefano/Arquivo da editora

a) Ela tem uma _____ quanto a que roupa usar na festa.

Ela _____ que ele vá à festa.
(duvida – dúvida)

b) Eu me _____ todos os dias pela manhã.

As tropas do _____ auxiliaram no resgate dos refugiados.
(exercito – exército)

c) Eu queria ser atendido pelo _____ de plantão.

Quando eu me _____, corro o risco de intoxicação.
(medico – médico)

d) O _____ nesta parte da cidade é muito intenso.

Eu nunca _____ por esse caminho por temer um assalto.
(transito – trânsito)

e) O _____ estava bem animado quando aquela escola de samba passou na avenida.

Eu sempre _____ o resultado das competições do campeonato escolar de futebol.
(publico – público)

f) Todo mês, quando eu _____ minhas contas, fico tão aliviado que nem me importo de ter ficado com tão pouco dinheiro para gastar.

Ao tentar pegar o suco, a criança derramou todo o _____ do copo.
(liquido – líquido)

Ilustrações: Alberto De Stefano/Arquivo da editora

3) Leia em voz alta as palavras a seguir.

a) Algumas palavras estão pintadas conforme a classificação que recebem de acordo com a posição da sílaba tônica. Continue pintando as palavras conforme a legenda a seguir.

proparoxítonas   paroxítonas   oxítonas

b) Observando a quantidade de nomes que você pintou de cada cor, a que conclusão é possível chegar quanto à posição da sílaba tônica nas palavras da língua portuguesa? Converse com os colegas.

Hora de organizar o que estudamos

Observe o esquema a seguir e complete com um exemplo para cada tipo de palavra.

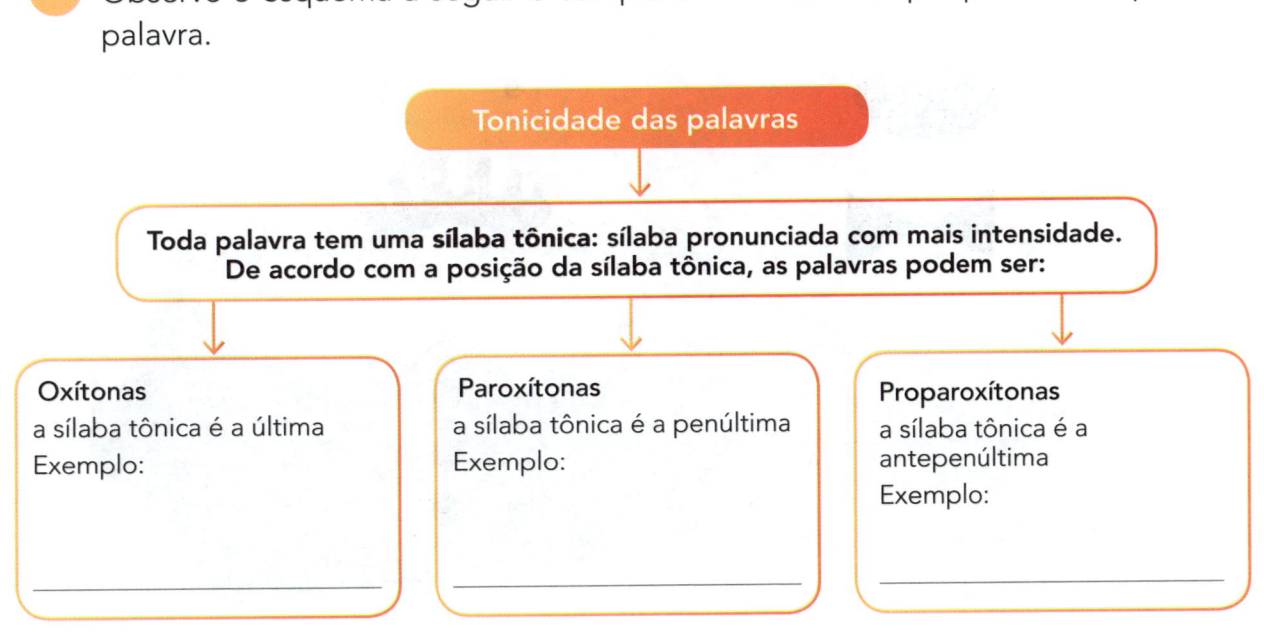

Assim também aprendo

- Para se divertir um pouco, que tal montar um monstrinho?

    1. Use uma caixa vazia de sabão em pó ou de cereais.

    2. Encape a caixa com papel pardo.

    3. Desenhe uma boca grande em papel vermelho, recorte e cole na caixa.

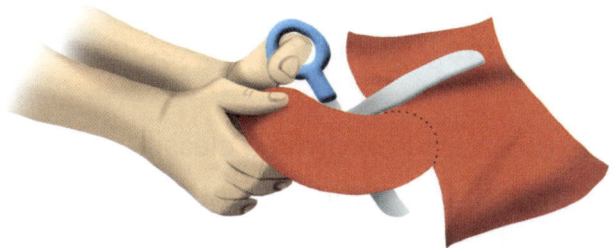

    4. Pinte o interior da boca de preto.

    5. Recorte dentes em papel sulfite e cole na boca.

    6. Faça os olhos e, se quiser, cole braços de cartolina e divirta-se!

O que estudamos

Autoavaliação

● Faça um **X** na coluna que mostra como você se saiu nesta unidade.

	Unidade 2	Avancei	Preciso estudar mais
Gênero	Leitura e interpretação de **resenha crítica**		
	Elementos e partes da resenha crítica		
	Uso de argumentos; de imagens; da linguagem formal ou informal na resenha crítica		
	Produção de texto: resenha crítica para *vlog*		
Estudo sobre a língua	Concordância entre substantivo e artigos, adjetivos e locuções adjetivas		
	Revisão – tonicidade das palavras: oxítonas, paroxítonas e proparoxítonas		
Oralidade	Participação nas atividades orais		

Sugestões de...

Site

<https://leiturinha.com.br/blog/livros-para-criancas-de-10-anos/>
O leitor encontra cinco resenhas de livros infantis. Acesso em: 15 abr. 2020.

Unidade

3 Texto informativo

Nesta unidade você vai...

- ler e interpretar textos informativos;
- pesquisar e produzir texto informativo;
- fazer exposição oral de trabalho;
- estudar adjetivos e locuções adjetivas;
- estudar comparação de palavras;
- rever numerais;
- estudar acentuação;
- participar de atividades orais.

- Observe a imagem. O que as pessoas estão fazendo na cena?
- Qual será o objetivo delas?
- Onde você procura informações quando quer saber algo que desconhece?

Para iniciar

Como está seu conhecimento sobre animais? Faça um **X** na alternativa correta. Depois, confira se você é fera em assuntos sobre o mundo animal.

1 Quantos anos vive um cavalo, aproximadamente?

☐ 20 anos ☐ 30 anos ☐ 40 anos ☐ 50 anos

2 Qual é o animal terrestre mais rápido do mundo?

☐ cavalo ☐ leão ☐ tigre ☐ guepardo

3 Qual é o animal terrestre mais alto do mundo?

☐ girafa ☐ elefante ☐ zebra ☐ avestruz

4 Qual pássaro consegue parar no ar?

☐ pardal ☐ beija-flor ☐ tico-tico ☐ andorinha

5 Qual é o peixe mais voraz, isto é, que devora tudo rápido?

☐ lambari ☐ tilápia ☐ piranha ☐ carpa

6 Qual destes animais produz leite?

☐ cabra ☐ peixe
☐ galinha ☐ minhoca

7 Qual animal é o mais lento?

☐ tartaruga ☐ formiga
☐ cobra ☐ lesma

8 Qual é o animal terrestre mais pesado do mundo?

☐ hipopótamo ☐ elefante
☐ rinoceronte ☐ leão

RESULTADO

De 1 a 3 pontos – Você precisa se informar mais!

De 4 a 6 pontos – Você já tem bastante informação!

De 7 a 8 pontos – Parabéns! Você é muito bem informado!

Alberto De Stefano/Arquivo da editora

Podemos buscar informações sobre algo que desconhecemos em livros, jornais, revistas, dicionários, na internet, etc.

Leia o texto informativo a seguir. Comece pelo título. Depois, conheça um pouco mais sobre esse gigante. Por que será que ele tem medo de abelha?

Leitura: texto informativo

Um gigante que tem medo de abelha!

Maior mamífero terrestre, o elefante passa cerca de 16 horas por dia mastigando!

Ele também é bom de memória e foge de abelhas (não de ratos). Quer saber mais? A gente conta!

Vamos ler juntos cada boxe de informação.

GPS embutido

A boa memória dos elefantes começa na relação entre fêmeas e filhotes. Elas ensinam aos jovens os caminhos para lugares com água e alimento. Eles aprendem e nunca mais esquecem.

Alberto De Stefano/Arquivo da editora

Bons de natação

Esses mamíferos adoram tomar banho com água (para refrescar) e com lama (que forma uma camada protetora na pele enrugada contra carrapatos e parasitas).

Dormem em pé

Cerca de quatro horas de sono por noite são o suficiente para os elefantes. Eles não se deitam para dormir, porque conseguem relaxar apoiados nas pernas e nos pés fortes. Só os filhotes se espalham pelo chão.

É muito cocô!

Elefantes fazem cerca de 90 quilos de cocô por dia! Tanta porcaria vem de tudo o que eles comem: entre 150 e 200 quilos de vegetais, como capim, folhas, casca de árvore e raízes.

Medo de quê?

Por saberem que a picada da abelha é dolorida, os elefantes evitam o inseto. Quando há abelhas por perto, eles emitem um som, avisando aos outros — um grande enxame pode matar filhotes!

Dumbo?

O tamanho das orelhas tem uma razão: refrescar o corpo. Ao abaná-las, o bicho abaixa a temperatura naquela região (cheia de veias), e o sangue resfriado circula.

Você sabia que...

... quando encontram ossos de antepassados, os elefantes emitem um som baixinho, como se estivessem chorando?

Alberto De Stefano/Arquivo da editora

Christiane Oliveira. Um gigante que tem medo de abelha! **Recreio**. São Paulo: Abril, n. 733, 2014. p. 20-21.

Interpretação do texto

Compreensão do texto

Atividade oral e escrita

1 De acordo com o texto informativo, por que os elefantes têm medo de abelhas?

_____

_____

2 Responda de acordo com o texto: Por que o elefante...

a) ... tem boa memória?

_____

_____

_____

b) ... dorme em pé?

_____

_____

c) ... abana as orelhas?

_____

d) ... toma banho com lama?

_____

_____

3 O elefante é um animal **herbívoro**. Do que ele se alimenta?

_____

_____

4. Cada um dos boxes do texto informativo que você leu vem com um título. Observe este título.

GPS embutido

[...] Elas ensinam aos jovens os caminhos para lugares com água e alimento. Eles aprendem e nunca mais esquecem.

O **GPS** (do inglês *Global Positioning System*) é um sistema de posicionamento que utiliza satélites para enviar informações sobre localização.

O autor escolheu o título "GPS embutido" para esse boxe, provavelmente, porque os elefantes:

☐ têm um aparelho embutido no corpo.

☐ têm boa memória para guardar caminhos.

☐ aprendem o caminho e não o esquecem.

☐ dependem das mães para lembrar o caminho.

5. Abaixo do título "Um gigante que tem medo de abelha!" há esta informação:

[...] o elefante passa cerca de 16 horas por dia mastigando!

Você descobriu por que o elefante passa tanto tempo mastigando? Explique.

_____
_____
_____

6. De acordo com o texto informativo, em que momento os elefantes emitem sons que lembram um choro?

_____
_____

7 Leia o cartaz de um filme em que o protagonista é um elefante.

Dumbo é o personagem de uma história infantil: um elefante que tinha orelhas tão grandes que lhe permitiam voar.

Por que foi dado o título "Dumbo?" a um dos boxes do texto informativo?

Dumbo?

O tamanho das orelhas tem uma razão: refrescar o corpo. Ao abaná-las, o bicho abaixa a temperatura naquela região (cheia de veias), e o sangue resfriado circula.

_____
_____
_____
_____
_____
_____
_____

8 Por que o título "Um gigante que tem medo de abelha!" foi dado ao texto informativo?

_____
_____
_____
_____
_____

9 Volte às páginas 81 e 82 e reveja todos os boxes de informação sobre elefantes.

a) Você conhecia alguma das informações lidas no texto? Quais?

_____

b) Qual foi a informação que mais chamou a sua atenção nesses boxes? Por quê?

_____

_____

_____

c) Escreva com suas palavras um novo boxe para comunicar a informação que mais chamou a sua atenção. Faça um desenho para acompanhar seu texto e não se esqueça de dar um título ao boxe.

Linguagem e construção dos textos

Comparando textos informativos

As informações que você leu foram encontradas em uma revista. Veja agora as informações sobre o elefante encontradas em um **verbete** de dicionário.

> **verbete:** conjunto de significados e explicações referentes a uma palavra. Os verbetes são organizados em ordem alfabética.

1 Observe como o **verbete** e suas partes aparecem neste dicionário.

- palavra de entrada
- separação silábica
- classe gramatical

elefante (e-le-fan-te) *substantivo*
Mamífero quadrúpede de grande porte e pele áspera. Tem orelhas grandes e moles, patas grossas, cauda fina e presas de marfim. O elefante tem também uma grande tromba, que usa para pegar qualquer coisa. Com ela pode levantar objetos muito pesados. É o maior animal terrestre, com até três metros de altura e até 5.000 quilos. Vive na Ásia e na África. Alimenta-se de vegetais. Na Ásia, o elefante é utilizado como meio de transporte. [Feminino: *elefanta*.]

Aurélio B. H. Ferreira. **Aurelinho** – Dicionário infantil ilustrado da língua portuguesa. Curitiba: Positivo, 2008. p. 117.

a) Considerando as informações desse verbete, marque aquelas que você já tinha lido no texto informativo da revista **Recreio**.

- [ ] É um mamífero.
- [ ] Vive na Ásia e na África.
- [ ] Tem orelhas grandes.
- [ ] É quadrúpede.
- [ ] Tem presas de marfim.
- [ ] Alimenta-se de vegetais.

b) Agora, escreva uma informação que o verbete apresenta, mas que não está presente no texto da revista.

_____

_____

2 **Internet.** Veja um trecho de outro texto informativo sobre elefantes. Ele foi escrito pela bióloga Mara C. Marques e publicado em um *site*.

Saiba tudo sobre o elefante

Mara C. Marques, bióloga do setor de mamíferos do Zoológico de SP

Nome popular: Elefante

Nome científico: O elefante africano é *Loxodonta africana* e o elefante asiático é *Elephas maximus*.

***Habitat* natural**: De acordo com a subespécie, pode ocorrer uma variação de *habitats*, como florestas, campos, savanas, regiões montanhosas e desertos.

Hábitos alimentares: Três quartos da vida do elefante são devotados à procura por recursos de comida e água, a dieta é estritamente herbívora. A maior parte dos elefantes consome entre 70 e 150 quilos de comida e 80 a 100 litros de água por dia. As acácias estão entre as folhagens e frutas mais consumidas e favoritas dos elefantes.

Tamanho: O elefante africano é o maior deles, medindo entre 7 e 8 metros de cabeça e corpo e 4 metros de altura. As orelhas são enormes e podem alcançar metade da altura do indivíduo.

Peso: Chega a pesar 7 toneladas. A longa e flexível tromba apresenta dois "dedos" na ponta e pode pesar até 200 kg.

Coloração: Cinza-claro. Pode variar para marrom avermelhado, dependendo da cor do solo.

Filhotes: [...] Os filhotes podem pesar até 115 kg e medir 100 cm de altura. Toda a manada é cuidadosa com os filhotes: várias "babás" podem cuidar dos filhotes do grupo. A longevidade é de 70 anos. [...]

Mara C. Marques. Saiba tudo sobre o elefante. **Portal Terra**, 30 jul. 2003.
Disponível em: <www.terra.com.br/criancas/bichos/elefante.htm>. Acesso em: 29 fev. 2020.

a) Escreva duas informações que você só encontrou no texto escrito pela bióloga.

_____

_____

_____

b) Leiam juntos o quadro com as informações encontradas nos textos da revista, do dicionário e da internet.

Nome popular	Elefante
Nome científico	*Loxodonta africana*
Tamanho	3 a 4 metros de altura
Peso	5 a 7 mil quilogramas (5 a 7 toneladas)
Alimentação	herbívoro: folhagens, vegetais, frutas
Habitat (onde vive)	África e Ásia
Características	Tromba comprida, orelhas grandes, pele enrugada, pernas e pés fortes, presas de marfim
Hábitos	Dorme em pé, toma banho de lama, abana-se com as grandes orelhas, faz cerca de 90 quilogramas de cocô por dia.

c) Assinalem de onde veio cada uma das informações.

	Revista	Dicionário	Internet
Tamanho			
Peso			
Alimentação			
Habitat (onde vive)			
Características			
Hábitos			

3 Observem os **nomes científicos** do elefante: *Loxodonta africana* e *Elephas maximus*.

Conversem sobre a forma como esses nomes estão escritos.

4 Embora os textos lidos tenham sido retirados de fontes diferentes, eles têm características em comum. Marque as afirmações corretas sobre esses textos.

☐ Apresentam descrições.

☐ Os textos destinam-se ao público infantojuvenil.

☐ As informações não podem ser comprovadas.

☐ Os dados podem ser comprovados.

☐ A linguagem é planejada para ser mais objetiva.

☐ Exploram a linguagem figurada.

5 As características dos elefantes foram apresentadas de formas diferentes em cada um dos textos que você leu. Leia as descrições abaixo e complete-as com as expressões do quadro.

> texto informativo de revista • verbete de dicionário • texto informativo de *site*

a) Informações organizadas para explicar uma palavra. Encontradas no _____.

b) Informações científicas dadas por especialista. Encontradas no _____.

c) Informações organizadas com quadros e ilustrações para chamar a atenção do público infantojuvenil. Encontradas no _____.

6 Qual é a intenção predominante desses textos?

☐ Divertir o leitor.

☐ Informar sobre um assunto.

☐ Contar fatos imaginados.

☐ Fazer um relato pessoal.

Hora de organizar o que estudamos

Leia com os colegas o esquema a seguir.

```
Texto informativo
        ↓
Textos que apresentam dados, descrições e detalhes
baseados em estudos e pesquisas científicas
```

Intenção
- Informar, apresentando dados e explicações
- Transmitir saberes de forma organizada

Linguagem e construção
- Linguagem geralmente mais planejada e formal, dependendo do público a que se destina
- Linguagem objetiva, clara e precisa
- Uso de termos científicos, descrições, imagens para tornar a informação mais precisa

Leitor
Interessado em:
- ampliar seus conhecimentos
- estudar
- fazer pesquisas

Prática de oralidade

Conversa em jogo

Comparando fontes de pesquisa

Nesta unidade você leu três textos voltados ao público infantojuvenil sobre o elefante: um texto informativo com boxes, publicado em uma revista, um verbete de dicionário e um texto informativo publicado na internet, produzido por uma especialista (bióloga).

Conversem sobre as questões a seguir.

a) Se tivesse de fazer uma pesquisa sobre o assunto **elefante**, qual dos três textos você escolheria como fonte de pesquisa? Explique sua escolha.

b) Na sua opinião, qualquer texto encontrado na internet pode ser confiável para uma pesquisa? Dê sua opinião e ouça a opinião dos colegas. Ouça também o que a professora tem a dizer sobre o assunto.

Exposição oral

Esta atividade será feita depois da seção **Produção de texto**, na página 106, onde você encontrará todas as orientações para expor uma pesquisa. Aguarde!

Outras linguagens

Ilustrações científicas

Muitas vezes, o texto informativo pode trazer ilustrações mais técnicas, científicas. As ilustrações científicas também têm o objetivo de divulgar conhecimentos das ciências. Elas representam o que está sendo estudado: uma planta, um animal, etc.

1 Veja a seguir duas ilustrações científicas feitas por artistas brasileiros e elaboradas com duas técnicas diferentes.

Nanquim sobre papel

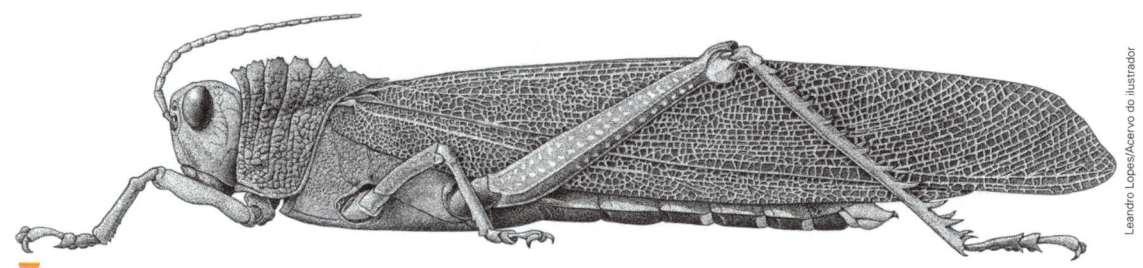

Gafanhoto, de Leandro Lopes, 2007. Nanquim sobre papel.

Aquarela

Arara, de Isaurina Sarika, sem data. Ilustração técnica em aquarela.

a) O que você achou das ilustrações? Qual chamou mais a sua atenção?

b) Em sua opinião, que habilidades ou qualidades um ilustrador científico precisa ter?

Agora, você vai observar outra técnica de ilustração, a **xilogravura**.

Xilogravura é a técnica de entalhar a imagem em um bloco de madeira, passar tinta no bloco e, então, usá-lo como um carimbo para imprimir a imagem.

2 Observe uma ilustração de 1515, feita com a técnica da xilogravura. Esta foi a principal ilustração de rinoceronte durante muito tempo.

Xilogravura de rinoceronte, de Albrecht Dürer. 23,5 cm × 29,8 cm. In: **Meu livro de artes**: animais, de Lindersley. São Paulo: Publifolha, 2012.

3 Agora, compare a xilografia com esta fotografia de um rinoceronte.

Rinoceronte-branco no Parque Nacional Real de Hlane, na Suazilândia, África.

Encontrou semelhanças entre a xilogravura e a fotografia? Quais? Comente com os colegas.

Tecendo saberes

Elefantes na África e na Índia

O gigante que tem medo de abelhas geralmente vive na floresta, que é seu *habitat* natural. Será que, além das florestas e dos zoológicos, ele pode ser visto em outros locais? Leia para saber.

Nos diversos países da África em que é encontrado, o elefante costuma viver nas florestas.

Mas, em alguns países asiáticos, como a Índia, os elefantes – considerados animais sagrados – são encontrados em vilas e cidades, onde é possível vê-los em festas públicas para chamar a atenção de turistas.

Elefante e seu cuidador decorados no Festival do Elefante em Jaipur, Índia, 2009.

Hoje, os verdadeiros reis são os turistas e, por isso, no Festival do Elefante em Jaipur, no Rajastão, a pompa tradicional dá lugar a jogos de polo com elefantes, provas de força entre paquidermes e concursos de beleza elefantinos. Os participantes neste festival são animais de trabalho, que passam a maior parte dos dias içando turistas até ao Palácio Âmbar, um lugar histórico numa colina que atrai visitantes de todo o mundo. [...]

Rachel Hartigan Shea. O festival dos elefantes pintados na Índia. **National Geographic Portugal**. Disponível em: <https://nationalgeographic.sapo.pt/historia/actualidade/1047-elefantes-pintados-set2013>. Acesso em: 29 fev. 2020.

Novo santuário recebe os primeiros elefantes na Chapada dos Guimarães

15/10/2016

[...] Inaugurado oficialmente na quarta-feira (12), após a chegada dos primeiros hóspedes, as elefantas Maia e Guida, o Santuário de Elefantes Brasil, na Chapada dos Guimarães (a 65 km de Cuiabá), é o primeiro em toda a América Latina voltado para a conservação desses animais.

Em uma área equivalente a 1 540 campos de futebol, repleta de morros e nascentes, o espaço tem capacidade para receber até 50 elefantes [...].

Helson França. Disponível em: <www1.folha.uol.com.br/cotidiano/2016/10/1823047-novo-santuario-recebe-os-primeiros-elefantes-na-chapada-dos-guimaraes.shtml>. Acesso em: 29 fev. 2020.

Infográfico

Infográfico é um gráfico que fornece informações por meio de imagens e textos.

Há infográficos sobre diferentes assuntos. Veja o infográfico **Grandes e pequenos**, que apresenta informações sobre o ser humano e outros animais, inclusive o elefante.

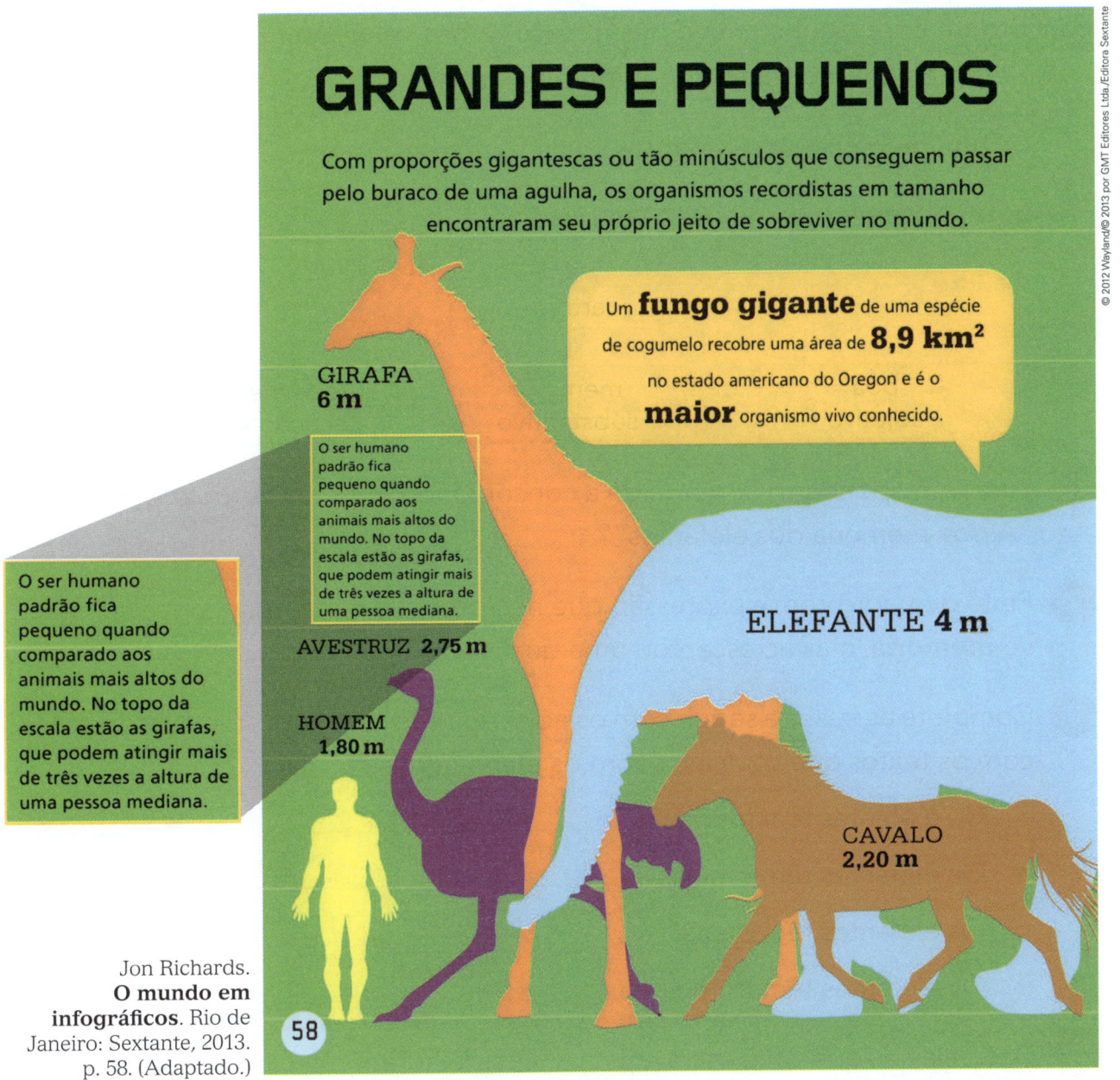

O ser humano padrão fica pequeno quando comparado aos animais mais altos do mundo. No topo da escala estão as girafas, que podem atingir mais de três vezes a altura de uma pessoa mediana.

Jon Richards. **O mundo em infográficos**. Rio de Janeiro: Sextante, 2013. p. 58. (Adaptado.)

Além de imagens e textos, os números, conteúdo da disciplina de Matemática, também nos ajudam a comparar os elementos presentes em um infográfico. Observe os números e outras informações no infográfico acima e compare o tamanho da figura do ser humano com o tamanho da figura dos outros animais. Converse com os colegas sobre as conclusões.

Língua: usos e reflexão

Concordância nominal

Na unidade anterior, estudamos que artigos, adjetivos e locuções adjetivas concordam com o substantivo nas frases. Vamos relembrar.

Releia o trecho do texto informativo na revista.

"**A boa memória dos elefantes** começa na relação entre fêmeas e filhotes."

Agora, observe o esquema a seguir.

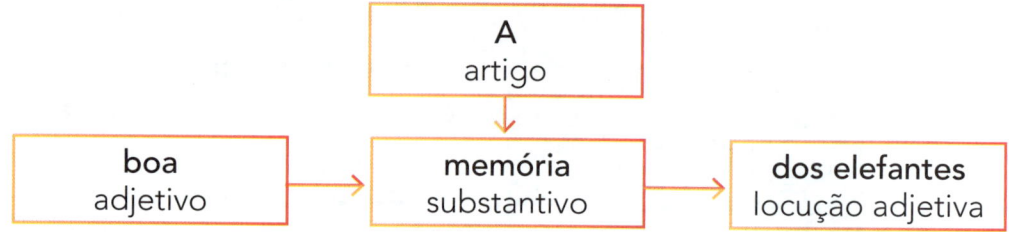

1. Juntos, respondam: Como se dá a concordância entre os termos da expressão "A boa memória dos elefantes"?

2. Pinte o quadro com a expressão que não precisou concordar com o substantivo **memória**, mas acrescentou uma qualidade à palavra.

3. Complete as frases a seguir com os adjetivos e as locuções adjetivas de acordo com os textos que você leu sobre os elefantes.

   a) Os elefantes têm memória _____.

   b) Os elefantes têm orelhas _____.

   c) Os elefantes têm presas _____.

   d) Os elefantes têm tromba _____.

4. Das palavras que você escreveu na atividade anterior, quais concordam com o substantivo em gênero e número? Pinte-as.

5. Circule os adjetivos ou locuções adjetivas que podem ser empregados tanto no feminino quanto no masculino.

> **Lembrete: adjetivos** e **locuções adjetivas** são palavras ou expressões usadas para caracterizar os nomes, isto é, os substantivos.

Hora de organizar o que estudamos

- Procure no texto "Um gigante que tem medo de abelha!" exemplos de substantivos acompanhados de adjetivos ou locuções adjetivas e complete o quadro.

> **Adjetivos e locuções adjetivas**
> ↓
> Palavras e expressões que caracterizam o substantivo
> ↓
> Exemplo:
> _____
> _____

6 Leia os quadrinhos.

Mauricio de Sousa. **Almanaque historinhas de uma página:** Turma da Mônica. n. 6. Barueri: Panini Comics, 2011. p. 28.

a) No terceiro quadrinho, a palavra **vulcãozinho** pode expressar:

☐ carinho.   ☐ ternura.   ☐ ironia.

☐ revolta.   ☐ tamanho.   ☐ desprezo.

b) Releia o quarto quadrinho. Nele, a palavra **monstrengos** indica monstros:

☐ grandes.   ☐ desajeitados.   ☐ cruéis.

c) Com base no desenho do quarto quadrinho, pode-se deduzir que a intenção de Horácio ao usar a palavra **monstrengos** é expressar:

☐ carinho.   ☐ o tamanho dos monstros.   ☐ raiva.

☐ ternura.   ☐ desânimo.   ☐ desalento.

7 Releia este trecho de uma das falas de Horácio.

> É ser perseguido por gases venenosos em cada **cantinho** em que eu me esconda!

Que sentimentos Horácio expressa com o diminutivo **cantinho**?

_____

_____

_____

8 Releia a frase:

> O chato [...] é ser bombardeado, sem mais avisos, por qualquer vulcãozinho enfurecido!

Marque a alternativa que melhor expressa como Horácio poderia se referir ao vulcão mantendo a mesma ideia.

☐ por vulcões pequenos   ☐ por vulcões minúsculos

☐ por vulcões sem importância   ☐ por vulcões com raiva

9 Releia o último quadrinho.

Que resposta você daria a Horácio?

_____
_____
_____
_____

10 Releia algumas expressões presentes nas falas de Horácio.

a) mundo selvagem

b) monstrengos assustados

c) vulcãozinho enfurecido

d) gases venenosos

Agora, transcreva apenas os adjetivos.

a) _____

b) _____

c) _____

d) _____

11 Marque um **X** nas frases em que as palavras destacadas expressam ironia, desprezo ou crítica.

☐ Que **menininho** irritante! Não para de fazer manha!

☐ Era um **menininho** frágil, mas muito corajoso.

☐ **Garotão**, você não acha que está exagerando na falta de educação?

☐ **Garotão**, você foi *show* de bola!!1

Comparar para caracterizar

1 Leia as frases. Escreva **A**, **B** ou **C** nos quadrinhos, fazendo a relação correta com as frases da esquerda.

a) O elefante africano é **mais** pesado **do que** o elefante asiático.

b) Rinocerontes podem ser **menos** pesados **do que** hipopótamosa

c) Há girafas **tão** pesadas **quanto** búfalosb

☐ Ideia de **igualdade** entre duas coisas.

☐ Ideia de **superioridade** de uma coisa em relação a outra.

☐ Ideia de **inferioridade** de uma coisa em relação a outra.

> Esta é outra forma de mostrar características de alguma coisa: **comparando** com outro elemento.

2 Construa uma frase para fazer a comparação entre o tamanho do lagarto e o da moeda desta foto.

Uma das menores espécies de lagarto do mundo encontrada por pesquisadores da Universidade Federal de Sergipe, em 2013.

_____

_____

_____

3 Empregue o substantivo **lagarto** e um adjetivo para construir três frases, comparando-o com outro animal, de acordo com a ideia indicada.
Observe se está fazendo a concordância adequada entre o substantivo e o adjetivo.

a) Ideia de igualdade: _____

_____.

b) Ideia de superioridade: _____

_____.

c) Ideia de inferioridade: _____

_____.

4 Para mostrar mais intensidade, podemos apresentar características assim:

- O elefante é **muito, muito pesado**.
  É **pesadíssimo**!

- A sucuri é **extremamente silenciosa** quando se aproxima de suas presas.
  É **silenciosíssima**.

Substitua cada expressão destacada por uma única palavra que expresse a ideia com a mesma intensidade.

a) Vi um pôr do sol **lindo, lindo**! _____

_____

b) O leão é **extremamente bravo**. _____

_____

c) O jacaré tem uma mordida **muito forte**. _____

_____

d) A teia da aranha é feita com um fio **extremamente fino**. _____

_____

Agora você

1 Veja as fotografias de dois animais ferozes e igualmente perigosos.

As imagens não estão representadas em proporção.

Sucuri.

Dragão-de-komodo.

Escreva uma frase que expresse essa igualdade entre os dois animais.

_____

_____

2 Escreva uma palavra que pode substituir cada expressão destacada, mantendo a ideia de intensidade.

a) O peixe-de-briga é **muito belo**.

É _____!

b) Ele é um menino **extremamente inteligente**.

É _____!

c) O presente que ganhei foi **muito caro**.

Foi _____!

Numerais: usos

1 Leia as curiosidades a seguir.

Você sabia que...

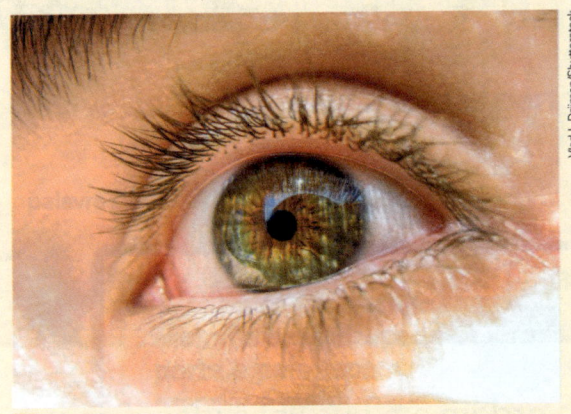 

Os cílios ajudam a proteger os olhos contra poeira, insetos, suor e outros problemas que podem machucar a região ocular.

O porco-espinho alimenta-se basicamente de vegetais. Quando se sente ameaçado, ele arrepia e agita os espinhos, que podem se soltar e ferir seriamente o inimigo.

... um cílio dura de **90** a **150 dias** e, então, cai?

... um porco-espinho tem, em média, **30 mil** espinhos e é um excelente nadador porque os espinhos ajudam a flutuar?

Revista **Recreio**. São Paulo: Abril, ano 1, n. 15, p. 5, 22 jun. 2000.

Responda às questões escrevendo os números por extenso.

a) Quanto tempo dura um cílio?

_____

_____

b) Quantos espinhos um porco-espinho tem, em média?

_____

> Palavras que indicam quantidade determinada e expressam um número pertencem a uma classe de palavras chamada **numeral**.
>
> Para indicar **quantidade exata**, usamos numerais **cardinais**: **cinco, dez, oitenta e nove**, etc.

2 Observe a cena. Há dez coisas estranhas nela!

Agora anote as suas descobertas na **ordem** em que você identificou.

1ª: _____ 6ª: _____

2ª: _____ 7ª: _____

3ª: _____ 8ª: _____

4ª: _____ 9ª: _____

5ª: _____ 10ª: _____

Além de quantidades, alguns numerais podem indicar a **ordem dos elementos em uma série**.

> Para indicar **ordem**, usamos os **numerais ordinais**:
> primeiro: 1º   segundo: 2º   terceiro: 3º   [...]
> primeira: 1ª   segunda: 2ª   terceira: 3ª   [...]

Algarismos romanos: usos

1 Leia estas curiosidades.

> Dizem que nas Filipinas, no século XVI, o ioiô pesava 2 quilos e a corda tinha 6 metros. Era usado como arma.
>
> Albert Einstein, um grande gênio do século XX, teve grandes dificuldades na escola, inclusive na faculdade.
>
> Ruth Rocha. **Almanaque Ruth Rocha**. São Paulo: Ática, 2004. p. 16-35.

Como foram indicados os séculos para representar os números 16 e 20?

_____

Esses algarismos são chamados **romanos** porque foram criados na Roma antiga, no século VIII (oito) a.C., isto é, antes de Cristo.

Os **algarismos romanos** ainda hoje são utilizados para indicar:

- séculos: século XX, século XXI, etc.;
- capítulos de livros: capítulo I, capítulo III, etc.

Veja a seguir os quadros com os algarismos romanos até vinte.

I → 1	VI → 6
II → 2	VII → 7
III → 3	VIII → 8
IV → 4	IX → 9
V → 5	X → 10

XI → 11	XVI → 16
XII → 12	XVII → 17
XIII → 13	XVIII → 18
XIV → 14	XIX → 19
XV → 15	XX → 20

2 Estamos no século 21. Escreva esse número com algarismos romanos: _____.

Hora de organizar o que estudamos

Leia o esquema com os colegas e a professora. Depois, complete os quadros.

Numeral

Palavra que indica quantidade ou posição em uma ordem representada pelos números

Numeral cardinal: usado para representar quantidades.

Exemplo:

Numeral ordinal: usado para indicar posição em uma ordem.

Exemplo:

Produção de texto

Texto informativo

Você viu que o elefante é o maior animal terrestre. Mas o maior de todos os animais vive na água: é a **baleia-azul**, sobre a qual vocês vão pesquisar informações para elaborar um texto informativo.

krill: conjunto de espécies de animais marinhos semelhantes ao camarão, que servem de alimento a baleias, peixes, entre outros animais.

Leiam o infográfico com informações sobre a baleia-azul.

A BALEIA-AZUL É O MAIOR ANIMAL DE TODOS

ELA PODE PESAR MAIS DE **200 TONELADAS**, O EQUIVALENTE A 40 ELEFANTES OU 15 ÔNIBUS.

30 m DE COMPRIMENTO Este é mais ou menos o comprimento de 17 pessoas, três ônibus escolares ou uma quadra de basquete.

Ela pode comer até quatro toneladas de *krill* em um dia.

A SUA LÍNGUA PODE PESAR O MESMO QUE UM ELEFANTE.

Um filhote de baleia-azul engorda cerca de 90 kg por dia durante seu primeiro ano de vida.

Jon Richards. **O mundo em infográficos.** Rio de Janeiro: Sextante, 2013. p. 59.

Como pesquisar

- **Dicionário**: é uma boa fonte de consulta para iniciar uma pesquisa. Nele vocês encontram noções básicas sobre o que procuram, porque essa fonte traz informações geralmente breves sobre o(s) significado(s) das palavras. Vejam, por exemplo, como o verbete **javali** aparece em um dicionário.

jaula   478   **jerico**

2. tipo de andaime suspenso por cabos, que se move no sentido vertical, usado para pintar ou fazer reparos em paredes de edifícios altos.
jau.la *sf* 1. Gaiola; prisão para animais ferozes; 2. *gír* cadeia, prisão.
ja.va.li *sm Zool* Porco selvagem encontrado na Europa e Sudeste da Ásia, de corpo robusto, cabeça grande e triangular, pelagem cinza e grandes presas. *Fem* **javalina**.
ja.va.nês *adj* 1. Relativo a Java, ilha da Indonésia; *sm* 2. o natural ou habitante de Java; 3. língua falada pelos javaneses. *Fem* **javanesa** (ê). *Pl* **javaneses** (ê).
ja.zer *vi* 1. Estar deitado, estendido, prostrado; 2. estar sepultado; 3. estar situado;

[...] onde [...] ito de [...] fune-

jazz (*jéz*) *sm Ingl* Mús Música afro-americana criada no Sul dos Estados Unidos no começo do século XX, caracterizada pela improvisação, ritmos sincopados e pela interpretação individual de cada tocador.
jê *s 2 gên* 1. Nome comum a diversos grupos indígenas que ocupavam uma grande área no planalto central na época do descobrimento; 2. indígena pertencente a esse grupo; *adj 2 gên* 3. relativo a esse grupo indígena; *adj 2 gên e sm* 4. *Ling* relativo a ou a família de línguas faladas por esse grupo.
jeans (*djíns*) *sm 2 núm Ingl* 1. Tecido de algodão resistente, de trama fechada, usado na confecção de peças de vestuário; *adj e sm* 2. diz-se de ou calças de brim, originalmente rústicas, azuis e desbotadas, atualmente fabricadas em diversas cores; *adj 2 gên 2 núm* 3. diz-se de roupa feita com esse tecido (*saia* jeans; *jaqueta* jeans).
je.ca *adj 2 gên e s 2 gên* 1. Caipira, caboclo; *adj 2 gên* 2. que demonstra falta de refinamento; cafona.

je.ca-ta.tu *sm Bras* Habitante humilde das zonas rurais; nome e símbolo do caboclo brasileiro. *Pl* **jecas-tatus**.
je.gue *sm Zool* Burrico, jumento.
jei.ra *sf* Medida agrária que varia, conforme o país, de 19 a 36 hectares.
jei.to *sm* 1. Modo, maneira; 2. feição, aspecto; 3. inclinação, habilidade; 4. arranjo; solução. ***Com jeito:*** com cuidado. ***Dar um jeito em:*** 1. encontrar uma solução para; 2. arrumar; pôr em ordem; 3. impor disciplina a. ***Sem jeito:*** encabulado.
jei.to.so (ô) *adj* 1. Que tem jeito; habilidoso; 2. de boa aparência. *Fem* **jeitosa** (ó). *Pl* **jeitosos** (ó).
je.ju.ar *vi* 1. Praticar o jejum; 2. *fig* privar-se; abster-se de qualquer coisa; *vti* 3. *fig* ignorar; ser ignorante.
je.jum *sm* 1. *Rel* Prática religiosa que consiste na abstinência de alimentos em certos dias; 2. estado de quem não se alimenta desde o dia anterior; 3. *fig* privação de qualquer coisa; 4. *pop* ignorância de alguma coisa.
je.ju.no *adj* 1. Que está em jejum; *sm* 2. *Anat* parte do intestino delgado entre o duodeno e o íleo.
je.ni.pa.po *sm* Fruto de polpa comestível, suculenta e aromática, muito usada para fazer xaropes, doces, licores, etc.
Je.o.vá *sm* O nome de Deus, entre os judeus e em linguagem bíblica, no Antigo Testamento; Javé, Iavé.
je.qui *sm NE* 1. Cesto de pesca de formato afunilado; *adj 2 gên* 2. justo, apertado.
je.qui.ti.bá *sm* 1. *Bot* Árvore de tronco grosso e alto com folhas pontiagudas, flores pequenas e brancas e frutos em forma de cápsula; 2. a madeira dessa árvore, muito usada em marcenaria.
je.re.ré *sm Bras* Rede cônica presa a um aro circular, em geral provido de cabo, usada para pescar peixes miúdos e crustáceos.
je.ri.co *sm* 1. *Zool* Jumento, burrico; 2. *fig pej* pessoa pouco inteligente; imbecil, estúpido. ***Ideia de jerico:*** ideia tola.

ja.va.li *sm Zool* Porco selvagem encontrado na Europa e Sudeste da Ásia, de corpo robusto, cabeça grande e triangular, pelagem cinza e grandes presas. *Fem* **javalina**.

Antônio Soares Amora. **Minidicionário Soares Amora da língua portuguesa**. 20. ed. São Paulo: Saraiva, 2014. p. 478.

- **Enciclopédia**: apresenta também um verbete, geralmente maior do que o do dicionário, com um conjunto de explicações escritas por especialistas no assunto. Às vezes, traz fotografias, tabelas e ilustrações. Vejam como o verbete **javali** aparece em uma enciclopédia.

Javaé, etnônimo* brasílico. *Antrop*. Subgrupo Karajá*, habitante do lado oriental da ilha do Bananal (Goiás). Mantém contato intermitente com a sociedade nacional. A f. normal port. é *javaé*, s. adj. m. f. pl. reg.

Javaés, rio do Est. de Goiás, afl. do Araguaia. Também conhecido por *Braço Menor do Araguaia*.

Javaés (SERRA DOS), elevação do Est. de Goiás, e SE da ilha do Bananal, entre o rio dos Piaus e o Verde (670m de alt.)

Javal (Louis Émile), oftalmologista francês (Paris 1839 - *id.* 1907). Devem-se-lhe notáveis trabalhos sôbre a correção e sôbre a educação dos cegos; inventou um oftalmômetro. (Acad. med., 1885.)

javali s. m. Porco selvagem (*Sus scrofa*) semelhante ao doméstico, porém com enorme cabeça triangular, caninos retorcidos e saídos da bôca, cerdas duras e regime onívoro, principalmente constituído de vegetais subterrâneos (tubérculos, rizomas, bulbos etc.). O mesmo que *javardo* e *porco-montês*. (Animal perigoso, quando atacado, e de carne muito saborosa, principalmente quando jovem, o javali vive em bandos, tornando-se solitário na velhice. Existem várias espécies, uma na Europa, outras no sudeste asiático e na Oceania.) ‖ *Herál.* Representa-se o javali de perfil, passante, ou apenas pela cabeça. (Diz-se *defendido* quando tem as prêsas de esmalte diferente.)

javalina s. f. Fêmea do javali. (Suas defesas são menos robustas, mas as pegadas são mais longas e nítidas do que as do macho.)

javali

Grande Enciclopédia Delta Larousse. Rio de Janeiro: Delta, 1972. v. 8. p. 3708.

- **Internet**: é possível acessar inúmeros *sites* para consulta. Diversos jornais, revistas, instituições, enciclopédias e especialistas costumam dispor de um *site* em que é possível fazer pesquisas sobre o assunto desejado. Observem a reprodução de uma página de um *site* com informações sobre o **javali**.

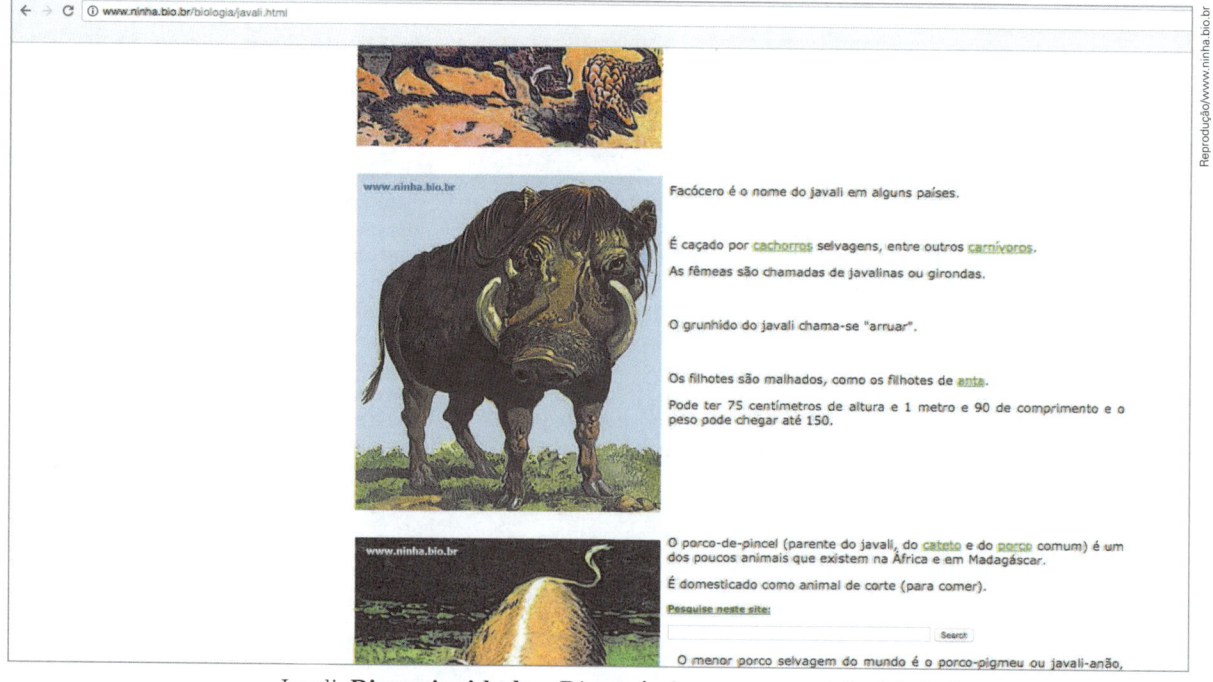

Javali. **Biocuriosidades**. Disponível em: <www.ninha.bio.br/biologia/javali.html>. Acesso em: 03 mar. 2020.

Planejamento

Reúnam as informações obtidas e selecionem as que decidirem colocar no texto.

Escrita

1. Escrevam um texto informativo reunindo as informações mais interessantes. Vocês podem apresentá-lo em boxes informativos ou em formato de ficha.
2. Se possível, acrescentem fotografias ou ilustrações que ajudem o leitor a compreender as informações ou que complementem seu texto com outros dados.
3. Escrevam corretamente os termos científicos utilizando linguagem clara e precisa.

Revisão e reescrita

Releiam o texto informativo produzido e observem se ele:
- apresenta com clareza as informações de um texto do gênero;
- é acompanhado de imagens que auxiliam no entendimento das informações;
- precisa de correções ou ajustes para melhorar. Caso necessite, reescrevam o texto.

Exposição oral

Preparação para a exposição oral

1. Reúnam os textos produzidos, organizando-os em um painel para que todos os leitores interessados possam informar-se sobre a baleia-azul.
2. Ao organizar o painel, decidam: título, como os textos serão agrupados e o local em que será exposto.

Apresentação

Chegou a hora de apresentar oralmente o trabalho da dupla aos demais colegas.

Preparação da apresentação

1. Definam a ordem e separem o material para a apresentação.
2. Escolham quem fará a exposição oral, quem auxiliará na apresentação das imagens e quem ajudará a responder às perguntas.
3. Se houver possibilidade, planejem usar um *software* para as apresentações.
4. Estudem o assunto, usem expressões variadas, falem com ritmo e pausadamente.

Avaliação

Após a apresentação, conversem sobre as seguintes questões:
- As apresentações atenderam à intenção de informar com clareza?
- A linguagem usada estava adequada ao texto?
- Como foram a postura da dupla que expôs o texto e a participação dos ouvintes?

Aí vem... texto informativo

1 Leia o texto a seguir para conhecer mais um texto informativo.

Por que algumas aves voam em bando formando um V?

Pássaros voando em formação em V.

Elas parecem ter ensaiado. Mas é claro que isso não acontece. Quem nunca viu ao vivo, já observou em filme ou desenho animado aquele bando de aves voando em forma de letra V. Segundo os especialistas, essa característica de voo é observada com mais frequência nos gansos, pelicanos, biguás e grous. Ao contrário do que algumas pessoas acreditam, nem sempre o voo nessa formação significa que as aves estão migrando. Nos arredores da Barra da Tijuca, na cidade do Rio de Janeiro, por exemplo, é comum ver as aves voando das lagoas para as ilhas em V ou em fila indiana.

A interpretação mais aceita para essa formação é de origem aerodinâmica. Ou seja: as aves poupariam energia e se esforçariam menos, porque seriam favorecidas pelo deslocamento de ar causado pelo movimento para cima e para baixo das asas. A turbulência – ou agitação do ar – é mais perceptível atrás do corpo da ave e além das pontas de suas asas, de maneira que a ave que vem atrás se beneficiaria com uma redução na resistência do ar. Assim, ela faria uma considerável economia de energia em voos de longa distância. Bom, se a ave que está atrás se beneficia com o movimento da sua vizinha da frente, é uma desvantagem ser líder do bando, isto é, ocupar a posição de vértice do V, onde não há companheiro à frente. De alguma maneira, as aves devem ter essa percepção, porque é constante a substituição do líder.

Outra interpretação sugere que o voo em V proporcionaria aos integrantes do bando um melhor controle visual do deslocamento, pois qualquer ave dentro dessa formação teria em seu campo de visão uma única ave, e não várias. Isso facilitaria todos os aspectos do voo.

Jorge Bruno Nacinovic. In: Vários Autores. **O livro dos porquês**.
São Paulo: Companhia das Letrinhas, 2008.

2 A leitura do texto informativo deve ser mais objetiva.

Para isso, devemos praticar como ler de forma clara, com a intenção de informar o ouvinte.

Escolha um dos textos desta unidade — até mesmo os verbetes de dicionário — e prepare a leitura em voz alta para ler quando for a sua vez.

Palavras em jogo

Acentuação

1 Você vai ler três placas e fazer o que se pede.

Placa 1. Vamos ao zoológico!

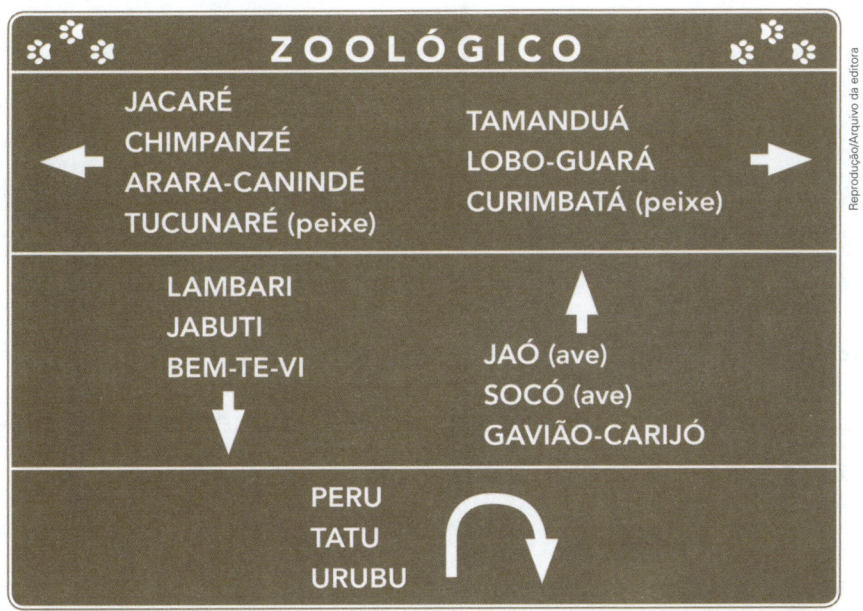

Todos os nomes de animais dessa placa são palavras **oxítonas**.

a) Copie da **placa 1** as palavras **oxítonas** que **não** são acentuadas.

_____

_____

_____

b) Agora, releia as palavras oxítonas acentuadas. Com que letra essas palavras terminam?

_____

Placa 2. Vamos ao armazém?

ARMAZÉM DO ALÊ
OFERTAS

CAFÉ
FILÉ
GUARANÁ
ABACAXI
CARÁ
FUBÁ
CHUCHU
PATÊ
JILÓ
CAQUI
ALHO-PORÓ

Todos esses nomes de alimentos também são palavras oxítonas.

c) Copie da **placa 2** as palavras terminadas em:

- -a; _____

- -e; _____

- -o. _____

d) O que você observou com relação às palavras oxítonas do item **c**?

_____

e) Quais palavras da lista não receberam acento? Circule-as.

f) Vamos escrever uma regra com o que foi observado nas **placas 1** e **2**? Complete a frase a seguir.

> Todas as palavras **oxítonas** terminadas em _____, _____ e _____ são **acentuadas**.

g) Leia estas palavras oxítonas.

| armazém | alguém | ninguém | parabéns | também |

Você gosta de fazer descobertas? Então descubra qual é a regra de acentuação dessas palavras e escreva-a nas linhas a seguir. Aguarde para ler e saber se a sua regra está adequada.

_____

_____

Placa 3. De volta ao zoológico.

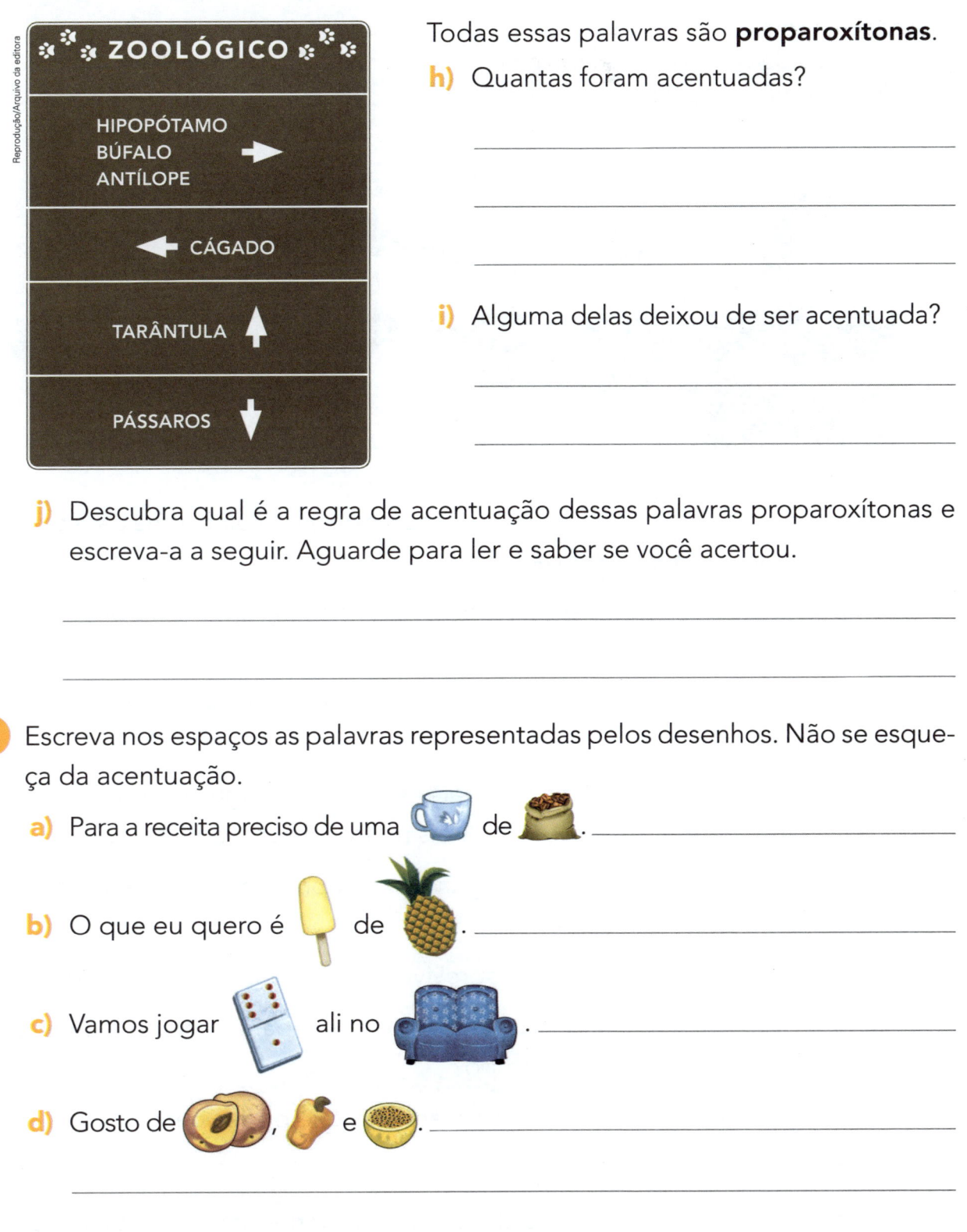

Todas essas palavras são **proparoxítonas**.

h) Quantas foram acentuadas?

_____

_____

_____

i) Alguma delas deixou de ser acentuada?

_____

_____

j) Descubra qual é a regra de acentuação dessas palavras proparoxítonas e escreva-a a seguir. Aguarde para ler e saber se você acertou.

_____

_____

2 Escreva nos espaços as palavras representadas pelos desenhos. Não se esqueça da acentuação.

a) Para a receita preciso de uma 🍵 de 🧂. _____

b) O que eu quero é 🍦 de 🍍. _____

c) Vamos jogar 🎲 ali no 🛋. _____

d) Gosto de 🍑, 🥭 e 🥥. _____

Quais palavras não precisaram de acento? Por quê?

_____

_____

Assim também aprendo

- Que tal conhecer curiosidades sobre alguns animais?
No início de cada frase, escreva o nome do animal a que ela se refere.
Dica: os animais aparecem nas fotos!
Você sabia que…

1. a _____ tem três pálpebras em cada olho: uma para piscar, uma para dormir e uma para limpeza?

2. o _____ desce das árvores apenas uma vez por semana, para fazer cocô?

3. a _____ continua vivendo alguns dias mesmo com a cabeça cortada?

4. o _____ não tem dentes e que sua língua é extremamente pegajosa, podendo crescer até dois metros de comprimento?

5. a _____ tem a língua tão comprida que ela até consegue lamber a própria orelha?

6. o _____ pode sobreviver três anos sem se alimentar?

7. o _____ pode mover os olhos separadamente e olhar em duas direções ao mesmo tempo?

8. o _____ é o único mamífero que pode voar?

9. a _____ nunca dorme?

10. o _____ troca de dentes constantemente, chegando a 30 mil dentes durante sua vida?

23 coisas incríveis sobre animais que você nunca imaginou. Revista **Galileu**. Disponível em: <https://revistagalileu.globo.com/Ciencia/noticia/2017/08/23-coisas-incriveis-sobre-animais-que-voce-nunca-imaginou.html>. Acesso em: 03 mar. 2020. (Adaptado.)

O que estudamos

Autoavaliação

Faça um **X** na coluna que mostra como você se saiu nesta unidade.

Unidade 3		Avancei	Preciso estudar mais
Gênero	Leitura e interpretação de **texto informativo**		
	Características do texto informativo em diferentes meios		
	Produção de texto informativo com pesquisa		
Estudo sobre a língua	Concordância nominal: adjetivos e locuções adjetivas		
	Caracterização por comparação		
	Numeral (ordinal, cardinal, romano): usos		
	Acentuação		
Oralidade	Participação nas atividades orais		

Sugestões de...

Livros

Bichos nojentos, de Nick Arnold, publicado pela editora Melhoramentos.
O autor deste livro, um professor britânico, vai lhe contar algumas coisas sobre seres horripilantes e interessantíssimos, os insetos.

O livro dos porquês, de vários autores, publicado pela editora Companhia das Letrinhas.
Por que as aranhas fazem teias? Por que a Terra é o único planeta conhecido no qual existe vida? Se você é uma dessas pessoas que vivem buscando explicação sobre as coisas, vai adorar este livro, que reúne artigos que esclarecem dúvidas de maneira objetiva.

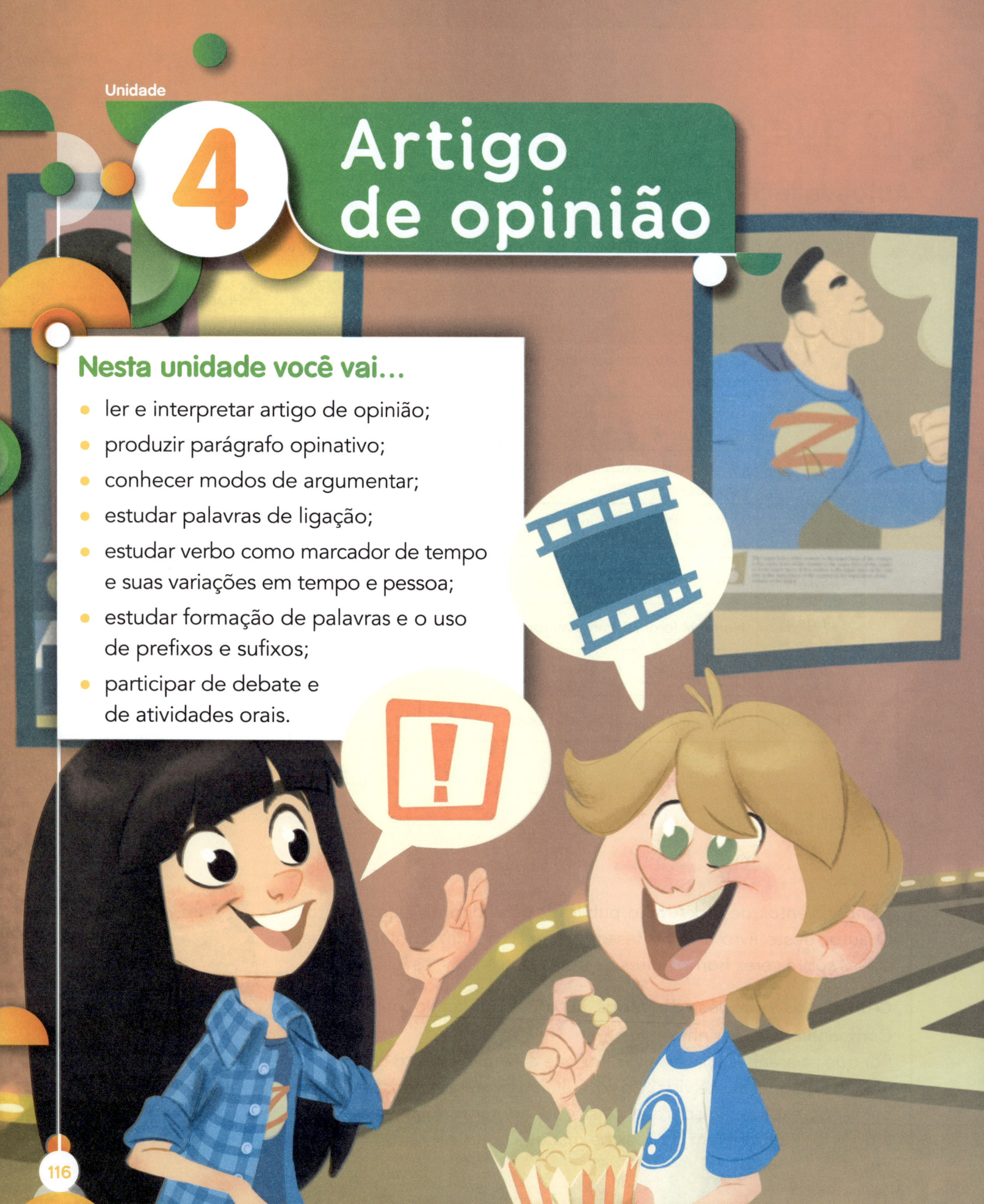

- Nesta cena, as pessoas parecem estar trocando ideias, opiniões. Você acha que isso é comum ou só acontece em algumas situações?
- Você costuma trocar ideias com alguém sobre diferentes assuntos? Com quem?

Para iniciar

No dia a dia, conversamos e trocamos ideias com muita gente, mas nem sempre nossas opiniões sobre as coisas são iguais às das pessoas com quem convivemos, não é mesmo?

Mafalda é uma personagem que sempre questiona os fatos.

Divirta-se com a leitura dos quadrinhos.

- Leia os quadrinhos com os colegas.

Quino. **Toda Mafalda:** da primeira à ultima tira. São Paulo: Martins Fontes, 1993. p. 31.

Quem tem razão nessa história? Ter a mesma opinião e caminhar juntos na mesma direção é muito difícil. Você concorda?

No dia a dia, conversamos e trocamos ideias com muitas pessoas. Podemos expressar nossos pensamentos e opiniões falando, escrevendo textos e por meio de imagens.

Você vai ler um texto opinativo que usa uma imagem que, a princípio, faz rir, mas também tem a intenção de criticar. Trata-se de um **cartum**.

Qual será a crítica desse cartum? Observe para descobrir.

Leitura 1: cartum

Arionauro cartuns. Disponível em: <www.arionaurocartuns.com.br/search/label/cartuns>. Acesso em: 15 maio 2020.

Sobre o autor

Arionauro da Silva Santos é cartunista e ilustrador. Começou sua carreira em 1986 e já publicou cartuns, charges, quadrinhos, ilustrações e passatempos em diversos meios de comunicação. Editou vários livros de humor e foi premiado em salões de humor nacionais e internacionais. Atualmente, Arionauro colabora em jornais, revistas e *sites* do Brasil e do exterior.

Interpretação do texto

Compreensão do texto

1 Com base no cartum, responda:

a) Qual é o espaço representado?

_____

b) E o tempo em que se passa a cena?

_____

c) Qual é a ação representada pelos personagens?

_____

2 O personagem central traz consigo vários equipamentos. Quais você identificou?

_____
_____

3 O que provoca o humor nesse cartum?

_____
_____
_____

4 O cartum emprega a imagem com humor e crítica. Qual pode ser a crítica apresentada nele? Comente sua resposta com os colegas.

_____
_____
_____
_____

Leia a seguir um artigo de opinião que foi publicado em um suplemento infantil de jornal.

Você já foi chamado de pré-adolescente? Conhece essa expressão?

Leitura 2: artigo de opinião

Pré-adolescente é criança?

Aproveite o finalzinho da infância, pois ela não volta nunca mais

Rosely Sayão

Você já foi chamado de pré-adolescente? Pensa que é um deles? Eu acho a coisa mais estranha essa história de chamar criança de pré-adolescente. Eu sei que algumas gostam disso porque se sentem mais velhas e importantes. Quer saber de uma coisa? Ser criança é muito, muito importante.

Vamos pensar na expressão "pré-adolescente". "Pré" sempre quer dizer antes de alguma coisa. Por exemplo: pré-Páscoa (antes da Páscoa), pré-provas (antes das provas), etc.

Pensando nisso, pré-adolescente significa que a pessoa não é mais criança, mas também não é adolescente.

Mas ela é o quê? Nada? Dessa maneira, dá para perceber como essa expressão é esquisita – afinal todo mundo é uma coisa agora e vai ser outra depois. Isso é natural.

Já pensou se chamarmos os adultos de pré-velhos? Eles não vão gostar nem um pouco, não é verdade? Mas eles nem pensam nisso quando chamam as crianças de 11 ou 12 anos de pré-adolescentes. Pois saiba que elas são crianças. Estão no final da infância, mas ainda continuam crianças.

Vou contar uma coisa: quem usa essa expressão tem pressa de que a infância acabe logo. Não precisa ter essa pressa! Ser criança já dura bem pouco tempo, só 12 anos. Só! Depois disso, não dá mais para voltar atrás.

Você deve conhecer adolescentes e até adultos que se comportam como crianças. Fica um pouco ridículo, não fica? Então, aproveite bem, mas muito bem mesmo, esse finalzinho da sua infância.

Por mais que tenha vontade, de vez em quando, de ser mais velho do que é, resista! Mais um ou dois anos e você chega lá. E, quando chegar, vai precisar saber que, aí sim, acabou a infância – e para sempre.

Por enquanto use seu tempo livre e brinque, brinque muito ou fique sem fazer nada.

E quando um adulto disser que você é um pré-adolescente, faça cara feia e afirme: sou criança e gosto de ser assim!

Rosely Sayão. Pré-adolescente é criança? **Folha de S.Paulo**, São Paulo, 11 abr. 2015. Folhinha, p. 3.

Sobre a autora

Rosely Sayão (1950-) é psicóloga e consultora em educação. Tem diversos livros publicados, presta assessoria a escolas, faz palestras e escreve em colunas de jornais e em revistas, sempre abordando temas relacionados à educação e às relações familiares.

Interpretação do texto

Compreensão do texto

Atividade oral e escrita

1 O artigo lido foi publicado em um jornal, no suplemento infantil chamado **Folhinha**. Há informações importantes para o leitor quando se lê algo em um jornal. Observe a reprodução de uma parte do suplemento e responda às perguntas sobre o artigo que você leu.

a) Quem é o autor do artigo? _____

b) Quando foi publicado? _____

c) Qual é o título do texto? Circule-o.

2 Esse artigo de opinião está em uma seção do jornal chamada **Quebra-cabeça**. Em sua opinião, por que essa seção tem esse nome?

_____

_____

3 Você já foi chamado de pré-adolescente? Você se considera um? Converse com os colegas sobre isso.

4 Copie do primeiro parágrafo uma frase que mostra a **opinião** da autora sobre o assunto.

_____

_____

5 Leia estas expressões.

| pré-provas | pré-jogo | pré-férias |

Escreva a explicação que a autora dá para o termo **pré**.

_____

6 Como a autora explica a expressão "pré-adolescente"?

_____

_____

7 De acordo com o texto, qual é a idade em que geralmente as crianças são chamadas de pré-adolescentes? _____

8 Releiam este trecho.

> Já pensou se chamarmos os adultos de pré-velhos? Eles não vão gostar nem um pouco, não é verdade?

Conversem e expliquem qual é a provável razão para os adultos não gostarem de ser chamados de "pré-velhos".

9 Quando queremos defender uma ideia, uma opinião, temos de usar **argumentos**. Leia esta definição:

> **Argumento** é uma ideia, um fato ou um raciocínio que empregamos para convencer alguém a mudar de opinião ou a considerar uma opinião diferente daquela que tem. Pode ser oral ou escrito.

Marque um **X** nas frases que expressam os argumentos usados pela autora para defender as próprias opiniões no artigo "Pré-adolescente é criança?".

☐ "Pré-adolescente" é uma expressão que não define o que a pessoa é.

☐ Com 11 ou 12 anos, as crianças podem estar no final da infância, mas ainda são crianças.

☐ Deve-se aproveitar a infância porque dura muito pouco.

☐ Pré-adolescente é um adolescente que se sente mais jovem.

10 Releia o trecho.

> Por mais que tenha vontade, de vez em quando, de ser mais velho do que é, resista! Mais um ou dois anos e você chega lá. E, quando chegar, vai precisar saber que, aí sim, acabou a infância – e para sempre.

Nesse trecho, a autora dá um conselho. Explique qual é ele.

_____

_____

_____

11 Você leu um **artigo de opinião**. Ele tem esse nome porque expressa opiniões do autor sobre um assunto. Assinale a frase que expressa a principal opinião defendida pela autora.

☐ Use seu tempo livre e brinque, brinque muito.

☐ Ser criança já dura bem pouco tempo.

☐ Ser criança é muito importante.

Linguagem e construção do texto

Assunto e partes do artigo de opinião

1. Marque um **X** na alternativa que melhor expressa o **assunto principal** do texto.

    ☐ Crítica aos adultos que se comportam como crianças.

    ☐ Crítica à expressão "pré-adolescente" e estímulo para que a criança aproveite a infância.

    ☐ Conselhos para as crianças brincarem muito porque no futuro não poderão mais brincar.

    ☐ Aviso para as crianças de que elas ficarão velhas.

2. Podemos dizer que o texto que você leu é dividido em três partes. Veja.

    > **Opinião**: posição que a autora defende sobre o assunto.
    >
    > **Argumento**: as ideias, os fatos para exemplificar e o raciocínio usados para defender a opinião.
    >
    > **Conclusão**: ideia final da autora, depois de ter apresentado suas opiniões e argumentos.

    Leia as frases a seguir e indique a qual dessas partes cada uma se refere. Escreva nos quadrinhos: **O**, para indicar opinião; **A**, para argumento; e **C**, para conclusão.

    ☐ A expressão "pré-adolescente" não define o que a pessoa é.

    ☐ "Eu acho a coisa mais estranha essa história de chamar criança de pré-adolescente."

    ☐ Há adultos que se comportam como crianças.

    ☐ A criança deve aproveitar a infância, porque é uma fase que acaba e nunca mais volta.

    ☐ "Ser criança é muito, muito importante."

    ☐ "Por enquanto use seu tempo livre e brinque, brinque muito ou fique sem fazer nada."

    ☐ Quem usa a expressão "pré-adolescente" tem pressa de que a infância acabe.

3 A autora do artigo escreve como se estivesse conversando com o leitor.

a) Para dar a impressão de uma conversa, como a autora inicia o texto?

_____

_____

b) Copie frases que mostram essa intenção de ser mais informal.

_____

_____

_____

c) Para qual leitor a autora escreveu o artigo?

_____

_____

d) Por que esse tipo de linguagem foi empregado?

_____

_____

_____

4 Releia as frases e marque um **X** nas alternativas que indicam o que as palavras e as expressões destacadas podem significar.

a) "**Por enquanto** use seu tempo livre e brinque [...]"

☐ Ideia contrária ao que foi dito anteriormente.

☐ Ideia do tempo que a criança deve aproveitar.

☐ Confirma o que está sendo dito.

• Indique a expressão que melhor substitui **por enquanto** sem alterar o sentido.

☐ porque   ☐ durante esse tempo   ☐ porém

b) "[...] pré-adolescente significa que a pessoa não é mais criança, **mas** também não é adolescente? **Mas** ela é o quê?"

☐ Ideia contrária ao que está sendo dito.

☐ Confirma o que é dito.

☐ Questiona o que está sendo dito.

- Qual destas expressões melhor substitui **mas** sem alterar o sentido?

☐ porque   ☐ finalmente   ☐ porém

Hora de organizar o que estudamos

Leiam juntos o esquema a seguir sobre as características do artigo de opinião. Conversem e completem o quadro indicando o tipo de leitor.

Artigo de opinião

Texto jornalístico em que um autor expressa ideias e opiniões sobre um assunto

Intenção/finalidade
- Apresentar uma ideia ou opinião a respeito de determinado assunto
- Apresentar argumentos para defender as ideias
- Convencer os leitores ou ouvintes

Linguagem e construção do texto
- Partes do texto:
  - opinião sobre um assunto
  - argumentos para defender as ideias
  - conclusão para reforçar as ideias defendidas
- Linguagem clara
- Linguagem adequada ao leitor a que se destina: pode ser mais formal ou mais informal

Leitor/público

_____
_____
_____
_____
_____
_____

Prática de oralidade

Conversa em jogo

Debate regrado

Você leu um artigo de opinião em que a autora apresenta sua opinião, seu ponto de vista sobre o uso do termo "pré-adolescente", e traz argumentos com a intenção de convencer quem o lê.

Diante de textos como esse, podemos:

- concordar com todas as ideias;
- concordar apenas com parte das ideias;
- discordar de tudo o que foi apresentado.

Agora, leia estas duas opiniões publicadas em um texto no mesmo suplemento infantil que o artigo de opinião.

FRASES

" Quem tem 12 anos não gosta das mesmas coisas e brincadeiras de quem tem cinco, por exemplo. Acho que quem tem essa idade é pré-adolescente.
PHELIPE, 12

" É bom ser criança e não precisar trabalhar. Ir para a escola e fazer dever de casa é muito chato, mas acho que trabalhar deve ser pior.
VITÓRIA, 11

Rosely Sayão. Pré-adolescente é criança? **Folha de S.Paulo**, São Paulo, 11 abr. 2015. Folhinha, Coluna 3.

E você, concorda com tudo o que foi dito no artigo de Rosely Sayão ou tem outra opinião sobre o assunto?

A professora vai organizar um debate com o tema: **Pré-adolescente é criança?**.

1. Releiam o artigo para que cada um de vocês forme uma opinião sobre as ideias apresentadas. Em seguida, preparem-se para o debate.

   Conversem sobre as regras que vão nortear o debate:
   - o tempo de duração do debate;
   - o tempo que cada aluno terá para expressar sua opinião;
   - as maneiras de expressar a opinião de modo claro, procurando limitar-se ao tempo estipulado.

2. Escolham um aluno como **moderador do debate** para:
   - fazer a abertura do debate apresentando o tema;
   - expor as regras combinadas;
   - organizar a ordem dos que pedirem licença para falar;
   - controlar o tempo de fala de cada um;
   - não deixar que os participantes saiam do assunto determinado;
   - fazer o encerramento e agradecer a participação de todos.

3. **Debate**. Observem alguns comportamentos importantes durante o debate:
   - expressar a opinião de modo claro e procurar não extrapolar o tempo combinado;
   - levantar a mão quando quiser falar e esperar o moderador passar a palavra;
   - esperar a vez e não interromper quando alguém estiver falando;
   - se discordar de alguém e quiser fazer um comentário, levantar a mão para avisar e esperar que o moderador passe a palavra;
   - respeitar as opiniões diferentes da sua.

4. **Avaliação do debate**. Neste momento, todos deverão avaliar como transcorreu o debate, o que foi positivo e o que deve ser melhorado para um próximo evento como esse.

Outras linguagens

Tiras

Na mesma página do jornal em que foi publicado o artigo de Rosely Sayão, há duas tirinhas. Leiam juntos e conversem sobre os sentidos que elas expressam.

Tira 1

Tira 2

Alexandre Beck. Armandinho. **Folha de S.Paulo**, São Paulo, 11 abr. 2015. Folhinha, p. 3. Disponível em: <https://acervo.folha.com.br/leitor.do?numero=20191&keyword=armandinho&anchor=5987002&origem=busca&pd=c323fdcebc8235010a54053dfb941ac6>. Acesso em: 23 dez. 2019.

a) Em qual das tiras o menino se sente incompreendido? Expliquem por quê.

b) O que provoca humor, ideia de algo engraçado, nessas tiras?

c) Na tira 2, há uma lista de coisas de que as crianças também gostam. O que diferencia o gosto das crianças do gosto dos adultos sobre essas coisas?

d) As tiras reforçam ou contrariam o que Rosely Sayão defende em seu artigo: "Ser criança é muito, muito importante."? Conversem sobre isso.

Tecendo saberes

Como você viu ao longo desta unidade, podemos expressar nossa opinião escrevendo um artigo ou por meio do humor, usando cartuns ou tirinhas. A piada é outra forma de expressão que podemos usar. Leia a piada.

Mariazinha, uma garota muito levada, já havia se deitado para dormir quando percebeu que estava com sede. Mas, como estava com preguiça de se levantar, ela resolveu pedir à mãe:

— Manhêêê, me traz um copo de água?

A mãe, assistindo à televisão, fez que não ouviu. Mariazinha insistiu:

— Manhêêê, me traz um copo de água!

E nada. Novamente a mãe fez que não ouviu. Mas a sede era tão grande quanto a preguiça de se levantar da cama.

— Manhêêêêê, me traz um copo de água!

A mãe, impaciente, grita:

— Levante e vá beber água na cozinha, Mariazinha!

Mais algum tempo e:

— Manhêêê, me traz um copo de água...

— Ô, Mariazinha, se você continuar insistindo, eu vou aí lhe dar uma bronca!

— Mãe, quando você vier me dar uma bronca, você me traz um copo de água?

Paulo Tadeu. **Proibido para maiores - As melhores piadas para crianças**. São Paulo: Matrix, 2007. p. 30.

1. A piada tem a intenção de fazer rir. O que provoca o humor nessa piada?

2. É possível afirmar que há crítica nessa piada? Explique.

3. Agora é a sua vez. Pense em uma piada que você conhece de memória. Lembre-se de que a piada escolhida não deve ofender ninguém, nem conter nenhum preconceito. Registre-a para ler para os colegas. No registro, não se esqueça de:
   a) escrever a piada dividindo-a em parágrafos;
   b) apresentar no primeiro parágrafo a situação inicial;
   c) registrar as falas dos personagens, observando a pontuação.

🍊 Aí vem... artigo de opinião

1 Conheça mais um artigo de opinião.

> **Desculpa?**
>
> Fabiana Gutierrez
>
> *Quantas vezes sabemos que estamos errados e ainda assim resistimos a pedir desculpa?*
>
> Admitir nossos erros tem a ver com aceitar que não somos perfeitos e dizer isso ao outro quando admitimos. Mas pedir desculpas nos aproxima e nos liberta. Afinal, na maioria das vezes, não fazemos algo errado intencionalmente. E, mesmo se fazemos, sempre é tempo de corrigir. Uma pesquisa da Universidade de Ohio, nos Estados Unidos, mostrou que as pessoas que se desculpam pelos seus erros acabam melhorando sua imagem. Justamente o contrário do que pensamos, já que associamos "desculpas" a "erro" e, consequentemente, a "fraqueza". Isso porque o ato de reparar o erro é uma possibilidade incrível de transformação e aprendizado. [...]
>
> Fabiana Gutierrez. **Jornal JOCA**, n. 78, jun. 2016. Seção Comportamento, p. 6.

2 Escolha um dos artigos de opinião desta unidade para preparar a leitura em voz alta, sempre com o propósito de ler para alguém.

Observe que, ao ler o artigo de opinião, você revelará menos sentimentos ou emoções do que expressaria ao ler outros tipos de gêneros textuais, como poemas. Leia com objetividade e pronuncie as palavras com clareza.

🍊 Produção de texto

Parágrafo opinativo

Agora você vai escrever um **parágrafo opinativo** com **sua** opinião sobre algum assunto polêmico, isto é, um assunto sobre o qual haja opiniões contra, a favor ou que concordam parcialmente com as ideias que são apresentadas.

Antes de escolher o assunto, você deve pensar em algo muito importante: a diferença entre **fato** e **opinião**. Os **fatos** são os acontecimentos. Sobre esses acontecimentos, podemos ter **opiniões** diferentes.

- Escreva sua **opinião** sobre os fatos do quadro a seguir, justificando suas razões.

Fatos	Opinião e justificativa
Crianças e jovens gostam de se sentir mais velhos.	
Torcedores de times adversários brigam depois do jogo.	
Lei elaborada para multar pessoa que faz xixi na rua.	

Planejamento

1. Lembre-se de um fato que tenha impressionado você. Pense qual é sua **opinião** sobre esse fato: se é contra, se concorda ou se não é totalmente contra nem a favor.
2. Qual é seu **argumento** para defender o que você pensa sobre o assunto? Você deve **justificar** a opinião ou a posição apresentada.

Escrita

1. Inicie seu parágrafo pelo fato escolhido.
2. Apresente sua opinião ou posição: o que pensa sobre o que aconteceu.
3. Procure justificar sua opinião, ou dar as razões sobre o que você pensa.
4. Você pode empregar palavras ou expressões de ligação entre as frases de seu parágrafo: **mas**, **então**, **assim**, **durante esse tempo**, **porque**, **pois**, etc.
5. Se houver muitas ideias, seu parágrafo pode se transformar em um texto maior, com mais detalhes. Peça orientação à professora.
6. Se tiver dúvida quanto à ortografia ou à pontuação de alguma palavra, peça ajuda à professora.

Revisão e reescrita

1. Troque de texto com um colega e analisem se as ideias ficaram claras.
2. Ouça a opinião do colega, releia seu texto e veja se estão claros o fato relatado e a posição que você assumiu diante desse fato. Reescreva o que achar necessário.

Roda de opiniões

Terminados os textos, façam um círculo e cada um poderá ler o texto que produziu. Ouçam com atenção as opiniões dos colegas, por mais diferentes que sejam da sua. Pode ser feito um varal com as opiniões de cada um de vocês sobre esse assunto.

Língua: usos e reflexão

Palavras de ligação e partes do texto

1. No artigo "Pré-adolescente é criança?", você viu algumas palavras de ligação. Leia agora um trecho do artigo "Desculpa?".

> **Afinal**, na maioria das vezes, não fazemos algo errado intencionalmente.

Qual ideia a palavra destacada traz para a frase?

- [ ] tempo
- [ ] conclusão de uma ideia anterior
- [ ] ideia contrária ao que foi dito
- [ ] finalidade do que foi dito antes

2. Releia outro trecho.

> Justamente o contrário do que pensamos, **já que** associamos "desculpas" a "erro" e, consequentemente, a "fraqueza".

a) A expressão destacada traz o sentido de:

- [ ] tempo.
- [ ] finalidade do que foi dito.
- [ ] ideia contrária à ideia anterior.
- [ ] explicação para a ideia anterior.

b) Marque um **X** na palavra que pode substituir **já que** sem modificar o sentido.

- [ ] porque
- [ ] então
- [ ] quando
- [ ] mas

3. Leia outro trecho do artigo "Desculpa?".

> Admitir nossos erros tem a ver com aceitar que não somos perfeitos e dizer isso ao outro quando admitimos. **Mas** pedir desculpas nos aproxima e nos liberta.

Marque um **X** na(s) palavra(s) que pode(m) substituir o termo destacado sem mudar o sentido.

☐ e ☐ quando ☐ porém ☐ pois

Hora de organizar o que estudamos

Leia com os colegas o esquema a seguir.

Palavras de ligação

Palavras que fazem a ligação entre outras palavras ou entre frases, estabelecendo relações de sentido entre as ideias

Podem acrescentar sentido de:
• ideia contrária • explicação • conclusão • finalidade • tempo • justificativa

Agora você

1. Leia a tirinha com os personagens Charlie Brown e Sally, sua irmã.

Charles M. Schulz. Minduim. **O Estado de S. Paulo**, São Paulo, 25 dez. 2014. Caderno 2, p. C4.

a) O que Charlie Brown está tentando fazer?

b) Sally não entendeu o que Charlie Brown quis dizer. O que mostra isso? Converse com os colegas. Ouça as respostas deles e justifique sua opinião quando for a sua vez de falar.

c) Na tirinha, há palavras e expressões que foram empregadas para fazer ligação entre as ideias.

Complete as frases abaixo com as palavras ou expressões do quadro que correspondem a cada ideia.

| mas | por isso | se |

- Apresenta uma conclusão: _____
_____.

- Apresenta ideia contrária a uma ideia anterior: _____
_____.

- Dá ideia de uma condição para fazer a conta: _____
_____.

2) Leia outra tirinha e observe as palavras destacadas.

Bill Watterson. O melhor de Calvin. **O Estado de S. Paulo**, São Paulo, 21 dez. 2014. Caderno 2, p. C10.

a) O que Calvin pretende fazer?

_____
_____
_____

b) Haroldo, o tigre, reage à resposta do garoto. Releia o texto do terceiro quadrinho.

Mas pra que isso?

Marque um **X** na alternativa que melhor indica o sentido de cada uma das palavras destacadas na fala de Haroldo.

- **Mas**

  ☐ Indica que estranhou a ideia de fazer autobiografia inventada.

  ☐ Indica que ele concorda com Calvin.

- **Pra que**

  ☐ Indica o começo de uma explicação para Calvin.

  ☐ Indica que Haroldo quer saber a finalidade do que Calvin quer fazer.

c) Leia o que Calvin responde no último quadrinho.

> É **porque** no meu livro eu tenho um lança-chamas!

Que ideia a palavra destacada expressa?

_____

3 Complete cada trecho usando o termo de ligação indicado no quadro que for mais adequado.

por isso	pois	então	mas	porque

a) Correr é uma forma de aliviar a tensão e de cuidar do corpo e da mente. _____ é bom praticar corrida alguns minutos por dia.

b) Acabar com o mosquito da dengue é um grande desafio, _____ não podemos desistir. Temos de convencer as pessoas a participar dessa luta, _____ só assim essa batalha terá sucesso.

c) Diferenças entre as pessoas é o que mais há pelo mundo afora. _____ discriminações não têm razão de ser, _____ ninguém é igual a ninguém.

Verbo: uma forma de marcar o tempo

1 Releia um trecho do artigo "Pré-adolescente é criança?".

> Você já **foi chamado** de pré-adolescente? **Pensa** que **é** um deles? Eu **acho** a coisa mais estranha essa história de chamar criança de pré-adolescente.

a) Observe as formas verbais destacadas. Copie as expressões verbais que correspondem ao tempo indicado.

- Presente: _____

- Passado: _____

b) Por que a autora empregou o tempo passado? _____

_____

2 Agora, releia outro trecho do artigo e indique o tempo verbal das formas destacadas. Escreva nos quadrinhos: **PA** para indicar **passado** ou **F**, para **futuro**.

> E, ☐ **quando chegar**, ☐ **vai precisar saber** que, aí sim, ☐ **acabou** a infância [...]

3 Leia a seguir as manchetes de algumas notícias, prestando atenção nas formas verbais em destaque.

I. Reflexo do sol **distorce** imagens de satélite e **faz** Amazônia parecer mais verde

(Portal **Terra** Notícias)

II. Crianças se **divertem** no Carnaval ao ritmo do Bailinho Infantil em Fortaleza

(Portal **G1** Notícias)

III. Crocodilos **podem** escalar árvores e tomar sol nas copas, **diz** pesquisa

(Portal **Terra** Notícias)

As formas verbais destacadas nas manchetes **I**, **II** e **III** foram empregadas em qual tempo? _____

> Ao falar ou escrever, podemos situar o que estamos expressando em um tempo: no **presente**, no **passado** ou no **futuro**.

4 Leia as notícias referentes às manchetes da atividade anterior e observe os verbos destacados em laranja.

I.

Reflexo do sol distorce imagens de satélite e faz Amazônia parecer mais verde

Após anos de mistério em torno das imagens de satélite da Amazônia, cientistas **descobriram** que uma ilusão de ótica **fazia** a floresta parecer mais verde no período da seca. [...]

Portal **Terra** Notícias. Disponível em: <www.terra.com.br/noticias/ciencia/reflexo-do-sol-distorce-imagens-de-satelite-e-faz-amazonia-parecer-mais-verde,3d6e7f1c 4cf54410VgnCLD2000000ec6eb0aRCRD.html>.

II.

Crianças se divertem no Carnaval ao ritmo do Bailinho Infantil em Fortaleza

A meninada se **divertiu** nesta segunda-feira (3), no Carnaval Infantil de Fortaleza. Acompanhados dos pais, avós ou tios, as crianças se **empolgaram** e **lotaram** o Bailinho Infantil no Mercado dos Pinhões. [...]

Portal **G1** Notícias. Disponível em: <http://g1.globo.com/ceara/carnaval/2014/noticia/2014/ 03/criancas-se-divertem-no-carnaval-ao-ritimo-do-bailinho-infantil-em-fortaleza.html>.

III.

Crocodilos podem escalar árvores e tomar sol nas copas, diz pesquisa

Os animais vistos escalando a qualquer hora do dia **mostravam-se** nervosos com a aproximação de um observador a até 10 metros [...].

Portal **Terra** Notícias. Disponível em: <www.terra.com.br/noticias/ciencia/animais/ crocodilos-podem-escalar-arvores-e-tomar-sol-nas-copas-diz-pesquisa,c8ed6f94b82 24410VgnVCM4000009bcceb0aRCRD.html>.

Acesso em: 3 mar. 2020.

a) Qual é o tempo verbal usado nessas notícias?

_____

b) Provavelmente, esse tempo foi usado nas notícias para mostrar que:

☐ os fatos ainda vão acontecer.   ☐ os fatos já aconteceram.

☐ esses fatos acontecem sempre.

Concordância verbal

 Releia a frase abaixo.

> Você já **foi chamado** de pré-adolescente?

a) Em que tempo está a forma verbal destacada? _____

b) Como ficaria a frase escrita no presente? Reescreva-a.

_____

c) Complete essa mesma frase no passado, desta vez alterando a pessoa, conforme indicado em cada caso.

- Vocês _____ pré-adolescentes?

- Nós _____ pré-adolescentes?

d) O que você alterou para completar as frases de acordo com as pessoas?

_____

> O verbo pode variar para indicar o **tempo**: **presente**; **passado** ou **pretérito**; **futuro**.
>
> O verbo varia também para indicar as diferentes **pessoas** a que se refere: **eu**, **nós**; **você, vocês**; **ele/ela, eles/elas**.
>
> Variar a forma do verbo para indicar tempo ou pessoa é **conjugar** o verbo.

Uso de tu e vós

Em algumas regiões do Brasil, é empregado **tu** em vez de **você**. Por exemplo, em uma frase como: **Tu chegas muito tarde hoje?**

São variedades existentes na língua portuguesa do Brasil. Na letra do Hino Nacional brasileiro também está presente o **tu**:

> [...]
> Entre outras mil,
> És tu, Brasil,
> Ó Pátria amada!
> [...]
>
> Joaquim Osório Duque-Estrada. **Hino Nacional**. Disponível em: <www.planalto.gov.br/ccivil_03/constituicao/hino.htm>. Acesso em: 25 mar. 2020.

Na língua portuguesa há a forma **vós**, empregada, por exemplo, em textos bíblicos.

As pessoas a que o verbo se refere são denominadas:

> **1ª pessoa**: a que fala ⟶ eu; nós
>
> **2ª pessoa**: com quem se fala ⟶ tu; vós; você/vocês
>
> **3ª pessoa**: de quem se fala ⟶ ele/ela; eles/elas

1. Reescreva cada frase fazendo a concordância verbal de acordo com a pessoa indicada.

   a) **Nós** não somos perfeitos.

   Você _____.

   Eu _____.

   b) **Vocês** brincarão muito ainda!

   Nós _____!

   Eu _____!

   Ele _____!

   c) **Vocês** devem conhecer adultos que se comportam como crianças.

   Nós _____.

   Eu _____.

   Elas _____.

> Os verbos apresentaram variações para **concordar** com as pessoas a que se referiram. Chamamos essas adequações de **concordância verbal**.

2 Releia a frase a seguir, do artigo "Pré-adolescente é criança?".

> **Vou** contar uma coisa: quem usa essa expressão tem pressa de que a infância acabe logo.

A que pessoa o verbo destacado está se referindo?

☐ 2ª pessoa do singular: tu/você

☐ 1ª pessoa do singular: eu

☐ 3ª pessoa do singular: ele/ela

3 Leia as frases, observe as formas verbais destacadas e circule os termos a que os verbos estão se referindo.

a) Nossa! Até ontem eu **era** uma criança.

b) Algumas crianças **têm** pressa de crescer.

c) O clima do planeta **foi alterado** por causa da poluição.

Hora de organizar o que estudamos

Leiam juntos o esquema a seguir, completando as partes que faltam.

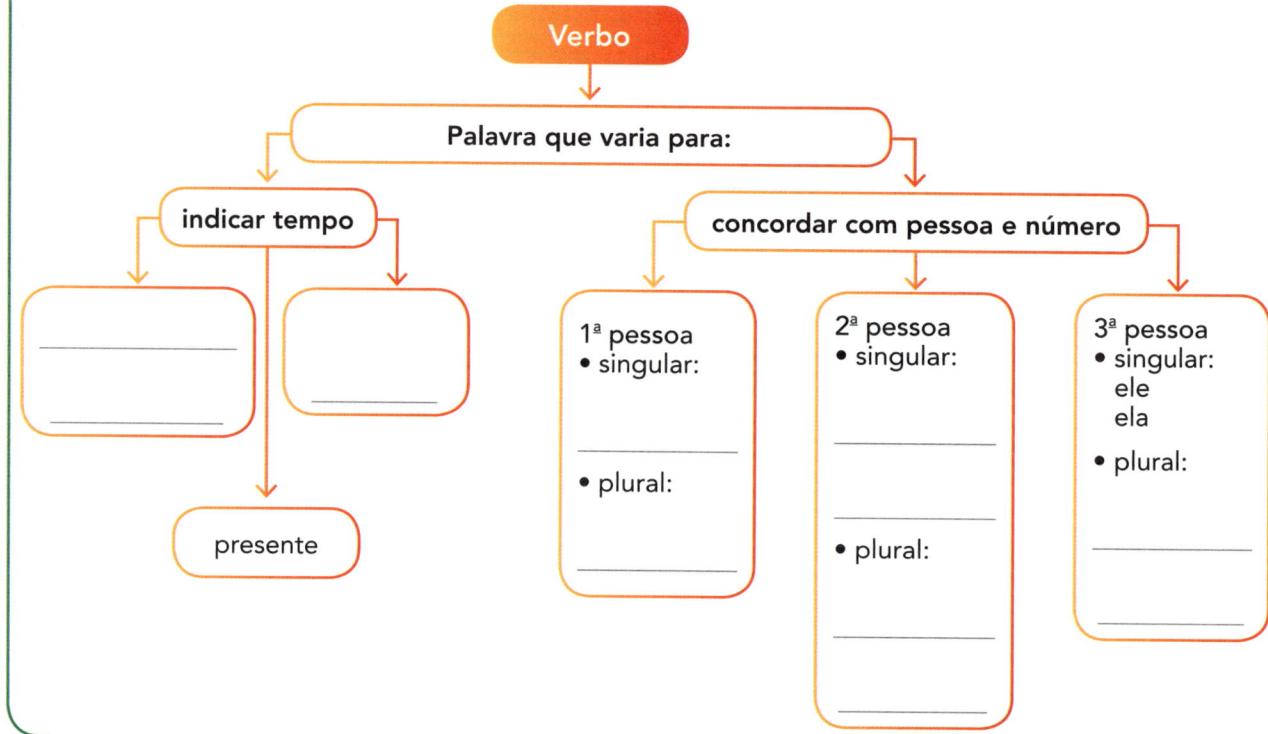

# Palavras em jogo

Formação de palavras

Palavras simples e palavras compostas

Na língua portuguesa, as palavras podem ser formadas de muitos modos. Há palavras formadas por um só elemento. São as **palavras simples**. Veja.

> azul   chuva   copos   couve   forte

Mas essas palavras podem aparecer de outra forma. Observe.

> azul-marinho   guarda-chuva   porta-copos
> couve-flor   carro-forte

Veja que, nessas expressões, as palavras simples se associam a outras palavras e ganham outro significado. Agora elas são **palavras compostas**.

Grande parte das palavras compostas é ligada por hífen, porém algumas são escritas sem hífen. Veja.

> passatempo   girassol   piquenique

Palavras primitivas e palavras derivadas

Releia o título do artigo de opinião de Rosely Sayão.

> **Pré**-adolescente é criança?

Agora releia a afirmação da autora sobre o termo **pré**:

> "Pré" sempre quer dizer antes de alguma coisa.

Ela colocou um elemento **antes** das palavras e formou outras. Por exemplo: **pré-Páscoa** (antes da Páscoa) e **pré-provas** (antes das provas).

1 Juntos, leiam as palavras que se formaram com o acréscimo do termo destacado.

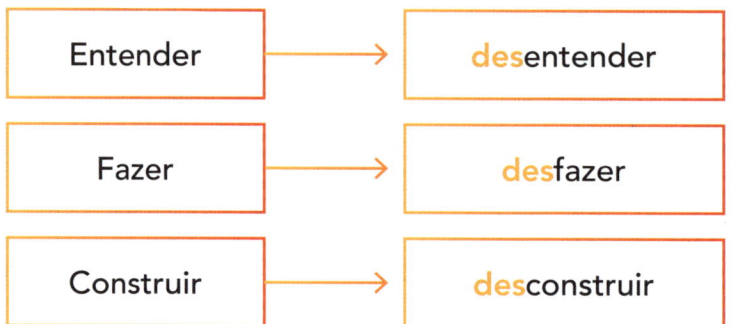

Qual sentido a parte destacada trouxe a essas palavras?

_____

2 Agora, forme novas palavras, como na atividade anterior.

a) carregar: _____

b) dizer: _____

c) embaraçar: _____

d) empacotar: _____

e) encaixar: _____

f) encaminhar: _____

g) encardir: _____

Alberto De Stefano/Arquivo da editora

Os termos **pré-** e **des-** são **prefixos**: elementos colocados **antes** das palavras para formar outras palavras.

3) Leia um trecho do livro **Marcelo, marmelo, martelo e outras histórias**. Nessa história, o menino criou várias palavras para dar nome às coisas de seu dia a dia.

> [...] E Marcelo continuou pensando:
>
> "Pois é, está tudo errado! Bola é bola, porque é redonda. Mas bolo nem sempre é redondo. E por que será que a bola não é a mulher do bolo? E bule? E belo? E bala? Eu acho que as coisas deviam ter nome mais apropriado. Cadeira, por exemplo. Devia chamar **sentador**, não cadeira, que não quer dizer nada. E travesseiro? Devia chamar **cabeceiro**, lógico! Também, agora, eu só vou falar assim".
>
> Ruth Rocha. **Marcelo, marmelo, martelo e outras histórias**.
> 2. ed. Rio de Janeiro: Salamandra, 2011.

a) Conversem: O que Marcelo pensou para formar as palavras destacadas?

b) A autora do artigo "Pré-adolescente é criança?" colocou o elemento **pré** antes de algumas palavras e formou palavras novas. O personagem Marcelo colocou os elementos **dor** e **eiro** depois de algumas palavras e formou outras. Os dois usaram uma palavra **primitiva** para formar uma palavra **derivada**.

> **Palavra primitiva** é aquela que não vem de outra palavra.
>
> **Palavra derivada** é aquela formada a partir de outra palavra.

O elemento que é acrescentado **antes** da palavra recebe o nome de **prefixo**.
O elemento que é acrescentado **depois** da palavra recebe o nome de **sufixo**.

4) Vejam como se formaram estas palavras derivadas:

Palavra primitiva	Palavra derivada com prefixo
feliz	**in**feliz (sentido contrário)
homem	**super**-homem (ideia de aumento, algo a mais)
leal	**des**leal (sentido contrário)
círculo	**semi**círculo (ideia de metade)

Palavra primitiva	Palavra derivada com sufixo
abre	abri**dor** (ideia de instrumento, agente)
pai	pai**zinho** (diminutivo)
dente	dent**ista** (nome de profissão, agente)
cadeira	cadei**rão** (aumentativo)

Conversem sobre os sentidos que os prefixos e os sufixos trouxeram a essas palavras.

Agora você

1 **Uma palavra puxa a outra.** Escolha entre os **prefixos** do quadro o mais adequado para formar uma palavra derivada. Depois, escreva cada palavra formada.

in-   des-   semi-   re-

a) ver: _____

b) justo: _____

c) aberto: _____

d) escrever: _____

e) respeito: _____

f) sensível: _____

2 Forme palavras derivadas, acrescentando **sufixos**.

a) cachorro: _____

b) lavar: _____

Família de palavras

Vocês sabem o que é uma **família de palavras**? São palavras formadas a partir de uma palavra primitiva. Observem uma família de palavras formada da palavra **livro**: livreiro, livraria, livrinho, livresco, livrão.

Leiam a palavra a seguir e escrevam algumas palavras derivadas dela.

- boi: _____

Assim também aprendo

- Para se divertir e pensar: leia esta tira do cartunista João Montanaro.

João Montanaro. **Cócegas no raciocínio:** tiras, cartuns e outros delírios. São Paulo: Garimpo Editorial, 2010. p. 39.

O que estudamos

Autoavaliação

Faça um **X** na coluna que mostra como você se saiu nesta unidade.

Unidade 4		Avancei	Preciso estudar mais
Gênero	Leitura e interpretação de **artigo de opinião**		
	Linguagem e construção do artigo de opinião		
	Produção de parágrafo opinativo		
Estudo sobre a língua	Palavras de ligação e partes do texto		
	Verbo - uma forma de marcar o tempo - concordância verbal		
	Formação de palavras: simples, compostas, primitivas e derivadas		
	Uso de prefixos e sufixos		
Oralidade	Participação nas atividades orais		

Sugestões de...

Livros

Caras encaradas, de Fanny Abramovich, publicado pela Editora Saraiva.
Sarah e Tato brincam de comparar suas opiniões sobre as pessoas. Um dia, discutem e descobrem que têm opiniões diferentes sobre algumas pessoas. Leia e divirta-se com essa história.

O livro dos pontos de vista, de Ricardo Azevedo, publicado pela Editora Ática.
Neste livro você vai conhecer uma família formada por uma filha, um filho, o pai, a mãe, um cachorro, um gato, um sapo e uma tartaruga. São oito histórias, em que cada personagem apresenta seu ponto de vista sobre os membros da família. Algumas opiniões se complementam e outras se contradizem, revelando a riqueza de ideias que cada pessoa pode ter a respeito de um mesmo assunto.

Unidade 5 — Reportagem

Nesta unidade você vai…

- ler e interpretar reportagem;
- estudar recursos empregados na reportagem;
- produzir entrevista e reportagem;
- estudar verbo: tempos e modos;
- estudar advérbio e locução adverbial;
- empregar formas verbais terminadas em -ão e -am;
- empregar formas verbais com sons semelhantes e escritas diferentes: **vendesse** e **vende-se**;
- participar de entrevista e atividades orais.

- Como você fica sabendo do que acontece em sua cidade e no mundo?
- Você se considera bem informado sobre diversos temas ou só sobre assuntos de seu interesse? Por quê?
- Observe a cena. O que os personagens estão fazendo?
- Você acha que esses personagens estão procurando se informar? Por quê?
- Como você acha que eles ficam sabendo das notícias do Brasil e do mundo?

Para iniciar

1 Divirta-se lendo uma tirinha bem-humorada que mostra como, diante de um jornal, o interesse de cada leitor é diferente.

Fernando Gonsales. **Níquel Náusea**. São Paulo: Devir, 2005. p. 24.

2 Será que você se interessaria em ler esta notícia publicada em um portal sobre animais chamado Anda? Acompanhe a leitura que a professora fará da notícia.

Ilesa — título

Onça-parda é resgatada de copa de árvore em Barbacena (MG) — olho

foto

30 de dezembro de 2016 às 9:00 — data

Uma onça-parda, de aproximadamente 60 quilos, foi resgatada nesta quinta-feira (29) na copa de uma árvore, no terreno de um casarão em Senhora das Dores, distrito de Barbacena, no interior de Minas Gerais. — lide

Onça-parda foi resgatada de árvore. — legenda

De acordo com o sargento Adeir Barros, do Corpo de Bombeiros da cidade mineira, o animal estava a uma altura de aproximadamente 12 metros. — desenvolvimento

Por se tratar de animal selvagem, os bombeiros verificaram a situação e fizeram contato com a Polícia Militar Ambiental e um veterinário, que forneceram pequenas doses de sedativo, além de redes de segurança, para proteção em caso de queda. — final

"Todo o trabalho durou, no total, umas seis horas", garantiu o sargento Barros. [...]

Disponível em: <www.anda.jor.br/30/12/2016/onca-parda-e-resgatada-de-copa-de-arvore-em-barbacena-mg>. Acesso em: 03 mar. 2020. — fonte

Há muitas maneiras de você encontrar informações sobre assuntos de seu interesse e também de saber o que acontece em sua cidade ou no mundo. Hoje em dia, essas informações são veiculadas não apenas em revistas ou jornais impressos, mas também nos meios digitais, como a internet.

Você vai ler uma reportagem de uma revista que também é publicada nos meios digitais. A reportagem trata do modo de vida de um grupo de pessoas. Quem serão essas pessoas? Onde moram? Quem faz esse relato? Leiam juntos esta reportagem para descobrir.

Leitura: reportagem

Vida na aldeia: a rotina dos indígenas pelo olhar da cidade grande

Um dia na vida dos índios de uma aldeia no Mato Grosso

Por Maria Clara Vieira – atualizada em 05/01/2016 11h56

Os grilos soam solitários enquanto todos dormem na aldeia Darcy Bethania (MT). Ainda há estrelas no céu. O silêncio é quebrado, a cada manhã, pelos galos que cantam antes de o sol acordar. Quando os primeiros raios iluminam a vida, as crianças saem das casas de pau a pique, onde moram com os pais, irmãos, primos e tios.

- **aldeia:** povoação habitada apenas por indígenas; povoação menor que uma vila; povoação rural.
- **rotina:** repetição das mesmas ações; prática costumeira; maneira constante de proceder.
- **MT:** sigla do estado de Mato Grosso.
- **casas de pau a pique:** o mesmo que casas de taipa, construções em que se utiliza bambu ou madeira para fazer uma trama que depois é recoberta por terra amassada para a construção das paredes.

Crianças brincam nos arredores da aldeia Darcy Bethania, no coração do Mato Grosso.

São crianças calmas e silenciosas. Falam pouco, correm pouco. Ficam sentadas na frente de casa naquele estado sonolento de quem acordou cedo demais. É cedo demais! Todas já estão despertas antes das 6 horas da manhã. Conforme o sol avança, elas começam a se agitar.

Sobem em árvores e brincam com animais domesticados que rodeiam as casas — cães, gatos, galinhas, papagaio, filhotes de ema e até porco-do-mato. Brinquedos, mesmo, só um ursinho velho e uma bola.

Não existe sinal de celular, internet nem *smartphones*. Há TV em uma ou outra casa, mas a audiência é **escassa**. Até relógio é item que não se vê facilmente. O tempo na aldeia é outro.

O café da manhã não é uma refeição formal, como estamos habituados. Quando aparecer a fome, come. O quê? O que for possível: o que deu para plantar, coletar ou caçar. Não há fartura nem variedade. Logo cedo, uma menina come arroz e feijão com as mãos, um menino chupa um coquinho do mato, outro se alimenta de um pedaço de tapioca.

As mães começam a sair de casa para lavar panelas e roupas do dia anterior. Saem carregadas, as cestas transbordando de trabalho. Algumas lavam no rio. Outras já se acostumaram a usar as torneiras coletivas, instaladas recentemente na aldeia, e que oferecem água limpa de um poço. São nelas que bebês e crianças de até 2 anos se banham. As mais velhas vão em grupos para o rio, ainda bem cedo, onde se lavam, nadam, brincam de saltar na água e riem sem pressa.

Crianças se banham no rio logo pela manhã. Nadar e se jogar na água é uma das atividades favoritas delas.

escassa: rara; pouca.

Além de servir para o banho, o rio também é usado para lavar roupas em muitas aldeias. Na fotografia, a mãe que acabou de realizar a tarefa vai embora com a filha no colo.

O dia passa vagaroso. Banheiro não existe. Tem de ir no mato. O sol **esturrica** a terra e pesa sobre os ombros. No almoço, fogões a lenha improvisados cozinham o alimento. De novo arroz e feijão. Na casa vizinha, de novo coquinho (dessa vez, ensopado). Carne não é sempre que tem. Quando tem, vem da pesca ou caça — porco-do-mato, anta, veado —, e é assada até esturricar. Tudo sem sal e sem tempero.

Depois do almoço, o sol é cruel. O calor é tanto que, nos fins de semana, todos se recolhem na sombra de suas casas. De segunda a sexta, as crianças vão para a escola às 13 horas, onde ficam até as 17 horas, sem merenda.

Na verdade, a escola é uma única sala de aula — construção simples de madeira, chão de terra batida, uma lousa antiga e algumas carteiras quebradas. A professora, que é indígena e vive na aldeia, é uma para cerca de 15 alunos, de 6 a 13 anos.

Ela divide a turma em três grupos de acordo com a idade e eles se sentam no chão em círculos. Então, ensina conteúdos de diferentes graus de complexidade a todos. Eles aprendem matemática, português, história, geografia e a língua nativa, do tronco linguístico macro-jê.

Enquanto a tarde cai, as mulheres preparam farinha de mandioca em grandes tachos — é a matéria-prima da tapioca que será servida no dia seguinte. Os homens caçam e cultivam a roça, quando não vão para a cidade fazer trabalhos temporários, como de empacotador em mercado. [...]

No que o céu se tinge de azul profundo, é possível ver as estrelas. Iluminação elétrica é escassa, apenas uma lâmpada por casa. O jantar é o mesmo do almoço, ou o que sobrou dele. Às 20 horas, todos estão cansados. É o momento de dormir. As famílias se recolhem em suas casas e dormem em redes ou colchões sobre o chão de terra. No silêncio da noite, bebês não choram.

[...]

Disponível em: <http://revistacrescer.globo.com/A-mortalidade-das-criancas-indigenas/noticia/2016/01/vida-na-aldeia-rotina-dos-indigenas-pelo-olhar-da-cidade-grande.html>
Acesso em: 03 mar. 2020.

esturrica: seca demais, queima.

Teda, 62 anos, ao lado da neta Meime, 2, prepara farinha de mandioca ao entardecer. O alimento é a base da dieta indígena.

Interpretação do texto

Compreensão do texto

1. Juntos, observem algumas partes destacadas na reportagem.

2. Completem o quadro transcrevendo o que corresponde a cada uma das partes.

Partes	
1. Manchete ou título principal	
2. Data da publicação	
3. Nome da repórter	
4. Legenda da fotografia	
5. Nome do fotógrafo	

3 Releia o "olho" da reportagem, isto é, o texto que vem logo após o título.

> Um dia na vida dos índios de uma aldeia no Mato Grosso

Essa frase após o título da reportagem:

☐ traz um detalhe da reportagem.   ☐ traz o assunto da reportagem.

☐ informa qual é a rotina dos indígenas.

4 Releia abaixo o título da reportagem.

> Vida na aldeia: a rotina dos indígenas pelo olhar da cidade grande

Você sabia que **rotina** quer dizer "ações práticas que acontecem de forma costumeira"? Marque um **X** apenas nas alternativas que revelam as ações **rotineiras** do povo da aldeia Darcy Bethania.

☐ Acordar cedo.   ☐ Dormir à tarde.

☐ Tomar banho no rio.   ☐ Cultivar a roça.

5 Releia o título prestando atenção à expressão em destaque.

> Vida na aldeia: a rotina dos indígenas pelo **olhar da cidade grande**

Marque a alternativa que pode explicar a expressão destacada.
Essa expressão significa que a reportagem foi escrita:

☐ por pessoas que só gostam de grandes cidades.

☐ por uma pessoa que conhece a rotina do campo.

☐ por uma pessoa que vive na cidade grande.

6 Releia o trecho a seguir.

> Não existe sinal de celular, internet nem *smartphones*. Há TV em uma ou outra casa, mas a audiência é escassa. [...]

Escassa quer dizer "rara". Converse com os colegas: Qual é a provável razão de a audiência da TV ser escassa nessa aldeia?

7 Releia esta frase, prestando atenção na expressão destacada.

> O café da manhã não é uma **refeição formal, como estamos habituados**.

A expressão "como estamos habituados" parece envolver:

☐ apenas as pessoas que moram em grandes cidades.

☐ a repórter e os leitores da reportagem.

☐ qualquer pessoa que goste de café.

8 Na frase "[As mães] Saem carregadas, **as cestas transbordando de trabalho**", qual é o significado da parte em destaque?

_____

_____

9 A reportagem relata **como é** e **como funciona** a escola da aldeia.

a) Compare a escola da aldeia com a sua escola e complete os dados do quadro.

Dados	Escola da aldeia	Minha escola
Dias da semana	de segunda a sexta	
Horário	das 13h às 17h	
Idade dos alunos da turma	de 6 a 13 anos	
Acomodação dos alunos	sentam-se no chão	
Conteúdo	Matemática, Português, História, Geografia e Língua Nativa, do tronco linguístico macro-jê	

b) Com os colegas, compare os dados da escola onde vocês estudam com os da escola da aldeia Darcy Bethania.

c) Agora registre a conclusão de vocês sobre a comparação que fizeram.

_____
_____
_____

10 Considerando sua leitura da reportagem, responda.

a) O que é relatado no texto? _____
_____

b) Onde os fatos relatados acontecem? _____

c) Quem está envolvido no relato? _____

d) Quando o relato foi publicado? _____

11 Na reportagem, o que indica que o relato abrangeu o período de um dia na vida dos indígenas? Copie do texto palavras ou expressões que comprovem sua resposta.

_____
_____
_____

Linguagem e construção do texto

Recursos empregados na reportagem

1 Além do texto verbal, a repórter utilizou fotografias com legendas.

a) Que intenção ela provavelmente teve ao usar um grande número de imagens?

_____
_____
_____

b) Qual das fotografias chamou mais a sua atenção? Por quê?

_____

_____

_____

_____

2 Marque um **X** nas alternativas com as características da linguagem utilizada na reportagem.

☐ É clara na descrição da rotina dos índios.

☐ É muito formal porque traz muitos dados científicos.

☐ É mais informal quando passa impressões pessoais.

☐ É mais formal quando passa impressões pessoais.

☐ É confusa na descrição da rotina na aldeia Darcy Bethania.

3 Releia o trecho em que a repórter relata o que os indígenas aprendem na escola.

> Eles aprendem matemática, português, história, geografia e a língua nativa, do **tronco linguístico macro-jê**.

Ao fazer referência à língua dos indígenas, a repórter utilizou a palavra **tronco** porque é a **forma comum de agrupar línguas que têm a mesma raiz**, isto é, línguas que têm a mesma origem.

Ao utilizar a expressão **tronco linguístico macro-jê** para explicar a língua nativa do povo da aldeia, a repórter:

☐ desvalorizou a língua nativa.

☐ valorizou a língua nativa desse povo.

4 Leia abaixo algumas frases do texto. Marque **F** quando a frase indicar um **fato**, algo acontecido no relato. Marque **O** quando a frase indicar a expressão de uma **opinião**.

☐ "O dia passa vagaroso." ☐ "Carne não é sempre que tem."

☐ "Banheiro não existe." ☐ "Depois do almoço o sol é cruel."

Hora de organizar o que estudamos

Leia o esquema com os colegas e complete os dados indicados com as expressões do quadro abaixo.

> Pessoa que tem interesse   Ampliar o conhecimento do leitor
> formato, tamanho e cor das letras

Reportagem

Relato de fatos reais, situados no tempo, publicados em jornais, revistas, *sites*, etc.

Intenção/finalidade
- Informar
- _____

Linguagem e construção do texto
- Linguagem clara
- Uso de dados de pesquisa
- Uso de recursos visuais: _____

Leitor/público
- _____

pelo assunto, que gosta de se informar sobre o que acontece.

Prática de oralidade

Conversa em jogo

Diferentes fontes de informação

Você leu uma reportagem escrita por uma jornalista que visitou uma aldeia em Mato Grosso.

Releia este trecho da reportagem.

> "As mães começam a sair de casa para lavar panelas e roupas do dia anterior. Saem carregadas, as cestas transbordando de trabalho. Algumas lavam no rio. Outras já se acostumaram a usar as torneiras coletivas, instaladas recentemente na aldeia, e que oferecem água limpa de um poço. São nelas que bebês e crianças de até 2 anos se banham. As mais velhas vão em grupos para o rio, ainda bem cedo, onde se lavam, nadam, brincam de saltar na água e riem sem pressa."

Agora, você vai ler outro relato sobre a mesma aldeia, feito por um indígena que vive nela. Ele tem 25 anos, é da etnia Xavante e se chama Tserenhinhowa Tsiruipi Auwe, que quer dizer "homem sincero". Tserenhinhowa é técnico de enfermagem e sonha cursar Medicina.

> Nós, indígenas, dependemos do rio para sobreviver. Não podemos morar longe de rio. Chamamos o rio de mãe, porque ele nos dá a vida. O rio aqui da nossa aldeia Darcy Bethania (MT) chega a uns 10 metros de profundidade, mas tem épocas do ano em que fica baixo, bem raso.
>
> As crianças vão em grupo para o rio todos os dias. Não tem hora, vão quando querem. Elas brincam, pulam, gritam. As menores aprendem com as maiores, não tem adulto por perto. Elas conhecem a profundidade e sabem que não podem se jogar onde é perigoso.
>
> Até pouco tempo, a gente bebia a água do rio. Mas conseguimos que o governo construísse um poço há sete meses. Agora só usamos o rio para tomar banho e lavar roupa.
>
> Disponível em: <https://pib.socioambiental.org/pt/Not%C3%ADcias?id=157282>. Acesso em: 25 mar. 2020.

1. Quais informações estão presentes nos dois textos? Copie os trechos no caderno, conforme o quadro a seguir.

Informação	Na reportagem	No relato

2. Com base na comparação entre a reportagem e o relato do indígena Tserenhinhowa, podemos confiar nos fatos apresentados pela jornalista? Por quê?

3. Quais informações detalhadas aparecem nesse trecho do relato do indígena, mas não aparecem na reportagem?

4. Na sua opinião, é importante comparar informações? Converse com os colegas.

5. Você já leu ou ouviu alguma informação ou notícia que distorcia os fatos reais? Conte aos colegas e ouça o que eles têm a dizer.

Entrevista e relato oral

Entrevista, uma forma de pesquisa

Você vai fazer uma entrevista com vizinhos ou parentes mais velhos sobre a história da comunidade da qual você faz parte: a aldeia, o bairro ou a cidade onde vive.

Planejamento

Prepare o **roteiro** de perguntas. Veja algumas sugestões.

- Como surgiu a comunidade?
- Quem foram os primeiros habitantes?
- Como a comunidade cresceu ou diminuiu?
- Como era a paisagem natural?
- Quais são os acontecimentos importantes para a história do lugar?

Entrevista

1. Faça as perguntas de seu roteiro, falando devagar e de modo claro, respeitando o turno de fala dos entrevistados.
2. Preste atenção nas respostas dos entrevistados e observe também expressões de sentimentos reveladas pelo movimento da cabeça em concordância ou discordância, pelo riso, pelos gestos, etc.
3. Agradeça aos entrevistados pela participação.

Registro

1. Registre a entrevista e os dados coletados com os entrevistados.
2. Reúna todo o material que conseguir com os entrevistados: fotografias antigas, recortes de jornais e revistas, desenhos, mapas e outros.

Relato oral

1. Conversem e decidam que informações devem constar em um relato oral sobre a história da comunidade. Separem o material que comprove esses fatos.

2. Produzam um **roteiro** para o relato oral, definindo título, início, meio e fim. Decidam quem será o responsável pelo relato oral e quem ficará encarregado de apresentar os recursos visuais e outros recursos a serem utilizados.

3. Na apresentação em grupo, usem estratégias para manter a atenção do público.
   - Pratiquem a fala do apresentador, para que seja pausada e com a voz direcionada ao público.
   - Apresentem material visual que ilustre, resuma ou amplie o que está sendo falado: fotografias, gráficos, esquemas ou **recursos digitais** (filmes, *slides*, etc.).
   - Ensaiem a apresentação e aguardem as orientações sobre o dia e a hora do evento, bem como o provável público (colegas, alunos de outras salas, etc.).

4. Na apresentação de outros grupos, ouçam com atenção o relato e aguardem os momentos reservados para comentários.

5. Guardem todo o material pesquisado: ele será usado na produção de um relato escrito sobre a comunidade, na seção **Produção de texto**.

Outras linguagens

Fotojornalismo

No fotojornalismo, a fotografia é o elemento principal da informação, que pode ser um acontecimento histórico, um fato do cotidiano, um desastre natural, uma festa, um evento típico de determinada cultura, entre outras possibilidades. Dependendo da cena, muitas vezes comove e leva as pessoas a refletir sobre o que é retratado. Observe a fotografia ao lado.

Pai e filho do povo Yanomami. Aldeia Ariabu (AM), 2017.

1. Essa fotografia registra um evento, um fato. Que fato é esse?

2. Que outras informações podemos encontrar observando a fotografia?

Tecendo saberes

De acordo com o Censo, em 2010 a população indígena era de 817 963 indígenas.

1. Observe no gráfico a distribuição da população indígena por região do Brasil.

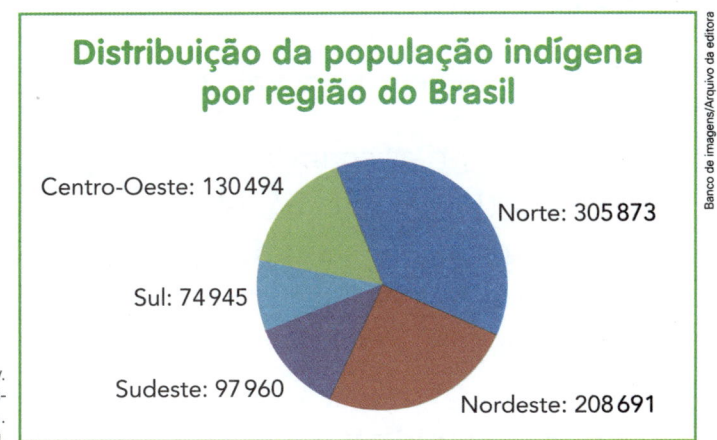

Distribuição da população indígena por região do Brasil

Centro-Oeste: 130 494
Norte: 305 873
Sul: 74 945
Sudeste: 97 960
Nordeste: 208 691

Fonte: Funai. Disponível em: <www.funai.gov.br/index.php/indios-no-brasil/quem-sao?start=1#>. Acesso em: 27 dez. 2019.

a) A população indígena está presente em todas as regiões do país?

b) Em qual região se concentra o maior número de indígenas?

c) Qual região brasileira apresenta a menor concentração de indígenas?

d) A reportagem que você leu trata de uma aldeia em Mato Grosso, estado brasileiro que fica na região Centro-Oeste. Localize essa região no gráfico e responda: Qual posição ela ocupa quanto ao número de indígenas?

2. Agora, observe no gráfico abaixo a distribuição da população indígena na região Centro-Oeste.

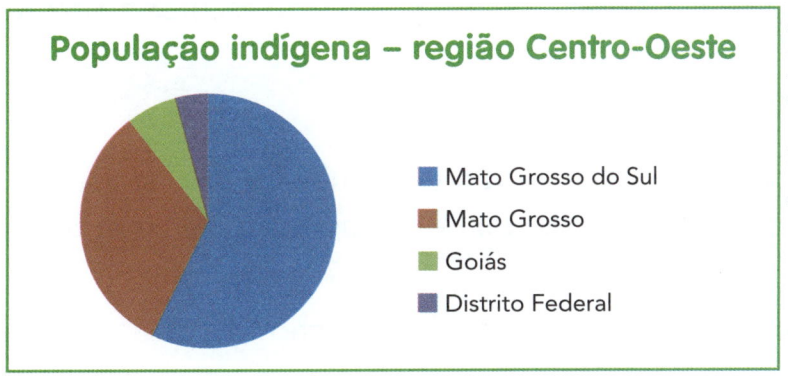

População indígena – região Centro-Oeste

- Mato Grosso do Sul
- Mato Grosso
- Goiás
- Distrito Federal

Fonte: Funai. Disponível em: <www.funai.gov.br/index.php/indios-no-brasil/quem-sao?start=1#>. Acesso em: 27 dez. 2019.

a) Qual estado apresenta a maior concentração da população indígena nessa região?

b) A aldeia Darcy Bethania localiza-se em Mato Grosso. Qual posição esse estado ocupa quanto ao número de indígenas?

 Língua: usos e reflexão

Verbo: tempos e modos

Atividade oral e escrita

1 Releia o primeiro parágrafo da reportagem observando os verbos em destaque.

> Os grilos **soam** solitários enquanto todos **dormem** na aldeia Darcy Bethania (MT). Ainda **há** estrelas no céu. O silêncio **é** quebrado, a cada manhã, pelos galos que **cantam** antes de o sol acordar. Quando os primeiros raios **iluminam** a vida, as crianças **saem** das casas de pau a pique, onde **moram** com os pais, irmãos, primos e tios.

Em que tempo estão os verbos destacados: presente ou passado?

_____

2 O uso desse tempo na reportagem faz com que os fatos relatados pareçam:

☐ ficção, isto é, fatos imaginados.   ☐ verdadeiros, reais.

3 Conversem sobre as questões abaixo.

a) Os verbos **soam**, **dormem**, **há**, **é**, **cantam** e **iluminam** poderiam ter sido escritos no passado? Por quê?

b) E os verbos **saem** e **moram**, poderiam ter sido escritos no passado? Por quê?

4 Releia outro trecho da reportagem.

> As (crianças) mais velhas **vão** em grupos para o rio, ainda bem cedo, onde se **lavam**, **nadam**, **brincam** de saltar na água e **riem** sem pressa.

a) Em que tempo estão os verbos desse trecho? _____

b) Marque um **X** na alternativa que mostra o que as formas verbais indicam.

☐ Fato costumeiro.   ☐ Fato imaginário.

☐ Fato não habitual.

5 Você entrevistou pessoas da comunidade onde vive. Leia agora o trecho de uma entrevista com Ziraldo, escritor de livros infantojuvenis e criador do personagem Menino Maluquinho.

> **Estadinho:** Qual foi o primeiro livro que você leu?
>
> **Ziraldo**: Li os Contos Infantis do *Tesouro da Juventude,* uma coleção fantástica de capa dura que as pessoas vendiam de porta em porta no Brasil inteiro. O sonho de minha mãe era arrumar dinheiro para conhecer todos os volumes. Tinha os contos infantis clássicos. Li Pinóquio, Patinho Feio... Depois, larguei tudo, comecei a fazer minhas próprias escolhas e passei para o gibi. Então, meus amigos de infância eram o Batman, o Capitão América... Isso estimulou muito a minha vocação. Eu passava o dia desenhando histórias com os meus heróis. Eu tinha 11, 12 anos.
>
> Natália Mazzoni. Disponível em: <www.estadao.com.br/blogs/estadinho/parabens-ziraldo/>. Acesso em: 03 mar. 2020.

a) O que ajudou Ziraldo em sua vocação?

☐ Ler muito.   ☐ Desenhar muito.   ☐ Brincar muito.

b) Sublinhe na entrevista uma frase que indique algo que era habitual na vida de Ziraldo, no passado, e circule o verbo usado.

c) Use outra cor de lápis ou caneta e sublinhe agora uma frase que indique algo que ocorreu em determinado momento do passado. Depois, circule o verbo usado.

6 Registre a seguir três coisas que você:

a) faz habitualmente. _____

b) fez ontem. _____

c) com toda certeza fará nos próximos dias. _____

As formas verbais empregadas nessas atividades indicam ações que de fato acontecem, aconteceram ou acontecerão. Dizemos que indicam algo real, certo.

> O **modo** do verbo que expressa o fato (a ação) como algo real, certo, é chamado de **modo indicativo**.

Veja agora outro modo de indicar os fatos.

7 Complete as frases a seguir usando os verbos que estão entre parênteses. Faça as adequações necessárias para dar a ideia de **algo incerto**, **duvidoso**.

a) Se os raios de sol já _____ e _____ a vida, as crianças já teriam saído das casas de pau a pique. (aparecer, iluminar)

b) Se _____ fome, eles comeriam o que deu para plantar, coletar ou caçar. (ter)

8 Leia outro trecho da entrevista de Ziraldo e, em seguida, responda à questão.

> **Estadinho:** Se você fosse o Menino Maluquinho no *Livro das Mágicas*, qual mágica inventaria?
>
> **Ziraldo**: Eu resolveria a vida de todo mundo que vive em torno de mim. Quando penso que ganhei na loteria, me imagino quebrando o galho de todo mundo, ninguém teria problema. Penso muito nisso, na vida das pessoas que estão ao meu redor, queria que todo mundo fosse feliz, tivesse uma vida tranquila.
>
> Natália Mazzoni. Disponível em: <www.estadao.com.br/blogs/estadinho/parabens-ziraldo/>.
> Acesso em: 03 mar. 2020.

O que Ziraldo faria se ganhasse na loteria? _____
_____

9 Complete as frases com as formas verbais adequadas.

a) Se ele _____ o Menino Maluquinho, resolveria a vida de todos. (ser)

b) Se ele _____ na loteria, ninguém mais teria problema. (ganhar)

10 Agora é sua vez. Complete a frase com algo que gostaria de ser, fazer ou ter.

Se eu _____, eu _____.

As formas verbais **aparecessem**, **iluminassem**, **tivessem**, **fosse** e **ganhasse** indicam algo incerto, duvidoso, isto é, que pode ou não acontecer.

> O modo do verbo que expressa um fato incerto, que pode ou não acontecer, como uma possibilidade, é chamado de **modo subjuntivo**.

Agora você

1 Leia a tirinha a seguir.

Chris Browne. Hagar. **Folha de S.Paulo**, São Paulo, 20 fev. 2009. p. E9.

a) Por que o amigo de Hagar teve a ideia de dar uma olhada na porta dos fundos primeiro?

_____

_____

b) Que verbo ele usa para expressar essa ideia? _____

c) Pensando na situação em que eles estão, por que podemos dizer que essa ação é duvidosa? _____

_____

2 Leia a tira a seguir.

Charles M. Schulz. Minduim. **O Estado de S. Paulo**, São Paulo, 21 maio 2009. p. D6.

a) Sublinhe a fala do personagem que indica algo incerto, irreal, que pode ser que aconteça ou não.

b) Pinte uma fala que expresse algo que está acontecendo no presente.

3 Leia a tirinha a seguir.

Chris Browne. Hagar. **Folha de S.Paulo**, São Paulo, 7 jun. 2009. p. E9.

a) O que provoca o humor na tirinha?

_____

_____

b) Copie a fala da tirinha que levanta uma hipótese, uma possibilidade de algo acontecer ou não.

_____

c) Que forma verbal é usada para indicar essa hipótese?

_____

d) Que modo verbal é empregado para construir essa hipótese?

☐ Modo subjuntivo.　　　　　☐ Modo indicativo.

Hora de organizar o que estudamos

Leia o esquema a seguir com os colegas e a professora.

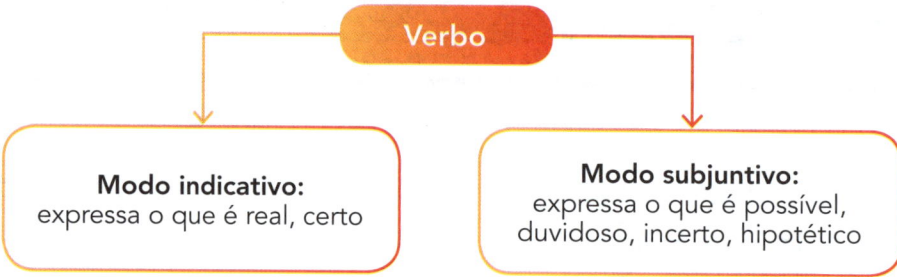

Outras formas de marcar o tempo e o espaço nos textos: advérbios e locuções adverbiais

Na reportagem que você leu, havia indicações de **lugar**, ou seja, **onde** os fatos relatados aconteceram.

Você estudou também que os **verbos** nos textos indicam o modo – indicativo ou subjuntivo – e o tempo – presente, passado, futuro.

Além dos verbos, há outras formas de marcar o tempo em um texto.

1 Leia e compare estes dois trechos de texto.

Trecho A

> Os grilos soam solitários. Há estrelas. O silêncio é quebrado pelos galos que cantam. As crianças saem.

Trecho B

> Os grilos soam solitários **enquanto todos dormem** (→1) **na aldeia Darcy Bethania (MT)** (→2). Ainda (→3) há estrelas no céu (→4). O silêncio é quebrado, a cada manhã (→5), pelos galos que cantam antes de o sol acordar (→6). Quando os primeiros raios iluminam a vida (→7), as crianças saem das casas de pau a pique (→8), onde moram com os pais, irmãos, primos e tios (→9).

a) Observe o que está destacado no **trecho B** e escreva os números que correspondem às expressões que indicam o **tempo**, isto é, **quando** o fato aconteceu.

_____

b) Há também expressões indicando o **lugar**, isto é, **onde** os fatos aconteceram. Circule os números correspondentes a elas.

c) Comparando os dois trechos, as informações destacadas no **trecho B** podem ser retiradas da reportagem sem prejuízo para a compreensão? Explique.

_____

_____

2 Releia.

> Depois do almoço, o sol é cruel. O calor é tanto que, nos fins de semana, todos se recolhem na sombra de suas casas.

a) Sublinhe no trecho a expressão que indica **lugar**, ou seja, o espaço onde os habitantes da aldeia se recolhem.

b) Circule as expressões que localizam os acontecimentos no **tempo**.

3 Leia o trecho a seguir e conheça um pouco da história das bonecas.

> Muito tempo atrás, lá no Egito, já se **faziam** bonecas de barro. Antigamente, se **faziam** bonecas de pano, de madeira e até de sabugo de milho. A Emília e o Visconde de Sabugosa, das histórias de Monteiro Lobato, **são** bonecos feitos em casa, de pano e de sabugo de milho. Nos últimos anos **começaram** a aparecer bonecos para os meninos brincarem. Eles **são** geralmente super-heróis. Para meninas, **surgiram** as "bonecas mocinhas", com vestidos para **trocar**, com casinhas e automóveis para **brincar** de gente grande.
>
> Ruth Rocha. **Almanaque Ruth Rocha**. São Paulo: Ática, 2009. p. 57. (Adaptado.)

a) Converse com os colegas: A autora diz que, nos últimos anos, foram fabricados bonecos de super-heróis para os meninos e "bonecas mocinhas" para as meninas. Isso ainda acontece?

b) Observe os verbos destacados no trecho. Em que tempo está empregada a maioria deles?

☐ Presente. ☐ Passado (ou pretérito). ☐ Futuro.

c) Copie as expressões que não são verbos, mas indicam **tempo**. A que tempo se referem?

_____

_____

d) Como as expressões de tempo organizaram as informações apresentadas?

☐ As informações foram apresentadas das mais atuais para as mais antigas.

☐ As informações foram apresentadas das mais antigas para as mais atuais.

4. Leia a tira a seguir.

Jim Davis. **Garfield, um gato em apuros**. Tradução da Agência Intercontinental Press. Porto Alegre: L&PM, 2013. p. 28.

a) Segundo Garfield, o que os gatos gostam de fazer durante a noite?

b) Para quem os gatos seriam um alvo fácil durante o dia?

c) Circule na tira as duas expressões que indicam **tempo**.

d) Agora sublinhe a expressão que indica **lugar**.

5. Imagine que este trecho seja uma notícia de jornal.

> Pela falta de energia elétrica, houve um grande tumulto. As estações ficaram superlotadas e, quando os trens chegaram, o tumulto aumentou. Na confusão, houve feridos. Foram atendidos. A situação se normalizou.

Reescreva-o no caderno, acrescentando dados de **tempo** e de **lugar** para organizar as ideias e esclarecer os fatos com mais precisão. No quadro abaixo há sugestões de expressões para serem acrescentadas. Faça as adequações necessárias.

nos hospitais próximos	à noite	na manhã
ontem	quarta-feira	nas estações do metrô
às plataformas	nas estações de trem da capital	

As palavras que acrescentam circunstâncias de tempo e de lugar às frases são os **advérbios** e as **locuções adverbiais** (formadas por mais de uma palavra).

6 Leia a tirinha a seguir.

Chris Browne. Hagar. **Folha de S.Paulo**, São Paulo, 5 out. 2008. p. E12.

a) Hagar e seus companheiros navegavam há muito tempo. Copie a expressão que não seja um verbo e que indica esse tempo. _____

b) Observe a expressão de Eddie no último quadrinho. Ele ficou feliz com o prêmio? Explique sua resposta.

_____
_____
_____

7 Leia esta outra tirinha.

Mauricio de Sousa. Turma da Mônica. **O Estado de S. Paulo**, São Paulo, 7 nov. 2003. p. D2.

a) Circule na tirinha a palavra que indica ideia de futuro.

b) Por que o menino chorou ao ouvir Cebolinha dizer "Eu sou você amanhã!"?

_____
_____

8 Vocês conhecem a brincadeira do primeiro de abril? Leiam e conversem.

Charles M. Schulz. Minduim. **O Estado de S. Paulo**, São Paulo, 28 mar. 2011. p. D4.

a) Releia o primeiro quadrinho. Copie a expressão de **lugar** empregada por Linus. _____

b) Você acha que Lucy acreditaria no que Linus disse e cairia na brincadeira, assustando-se, se realmente fosse primeiro de abril? Explique.

_____
_____
_____
_____

Hora de organizar o que estudamos

Leia e complete o esquema com as informações que estão faltando.

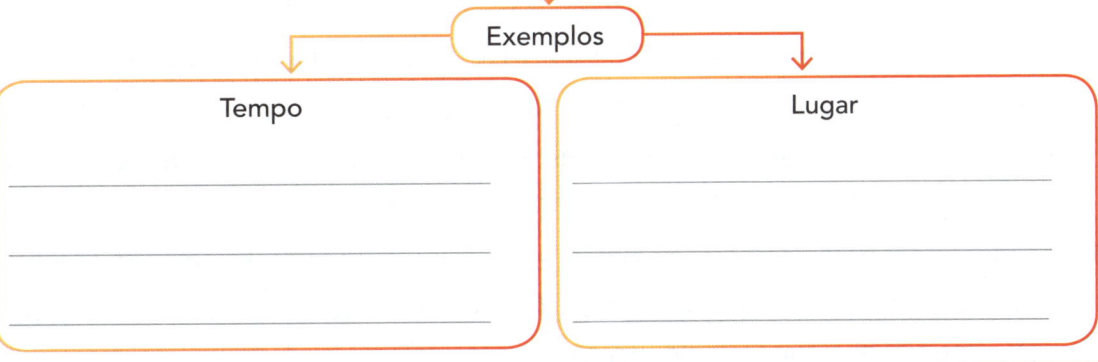

Produção de texto

Reportagem

Vocês leram uma reportagem sobre a rotina de uma aldeia indígena. Depois, pesquisaram e apresentaram o relato oral sobre o passado da comunidade, do bairro ou da cidade em que vivem. Todo o material pesquisado e organizado para o relato oral foi guardado.

Agora, vocês vão produzir uma reportagem sobre o tema:

> Nossa comunidade: passado, presente e futuro

Planejamento

1. Conversem: Como é sua comunidade hoje; como as pessoas se relacionam, como vivem, trabalham e se divertem, como se relacionam com o ambiente, etc.

2. Imaginem o futuro. Como gostariam que sua comunidade fosse: da mesma forma que é atualmente ou diferente? Como deveria ser a convivência entre os habitantes? E a relação com o ambiente?

3. Cada grupo ficará responsável pela elaboração de uma reportagem dividida em três partes – passado, presente e futuro –, que será exposta em um mural no pátio da escola ou, se possível, publicada em um jornal da comunidade. Há ainda a possibilidade de publicação da reportagem em meio digital.

Escrita

1. Leiam e analisem novamente todo o material pesquisado. Verifiquem a parte do relato que coube ao seu grupo: passado, presente ou futuro da comunidade.

2. Anotem os dados que considerarem importantes para a elaboração de um **roteiro** que dará origem ao relato dessa parte: pessoas mais importantes, fatos mais interessantes, quando aconteceu, onde aconteceu, como aconteceu, quem estava presente, etc.

3. Com esses dados, comecem a escrever o texto da reportagem sobre passado, presente e futuro da comunidade. Escolham um título que atraia a atenção e a curiosidade do leitor.

4. Depois de esboçarem a reportagem, troquem os textos entre os grupos.

5. Elaborem um "olho" para a reportagem, para despertar a curiosidade do leitor.

6. Outros detalhes importantes:
   - a escolha do tamanho e do formato da letra de títulos, do texto, de infográficos, etc.;
   - a inclusão de ilustrações, esquemas e infográficos para acrescentar dados, facilitar a leitura e chamar a atenção do leitor;
   - a inclusão do nome dos autores da reportagem, isto é, dos participantes do grupo.

Revisão e reescrita

1. Releiam os textos em voz alta para verificar:
   - a clareza, a precisão e a objetividade da linguagem, além do uso da pontuação, dos verbos e dos marcadores de tempo e de espaço;
   - a organização dos textos em ordem cronológica: do passado ao futuro, do futuro ao passado.

2. Reescrevam o texto fazendo os ajustes necessários.

Montagem da reportagem

1. Distribuam o título, o "olho", os subtítulos, as ilustrações e as fotografias sobre uma folha de papel grande, que será o suporte do mural.

2. Escolham um local apropriado para a exposição e a leitura e caprichem na apresentação!

3. Se a escola tiver um *site*, procurem organizar tudo para que a reportagem seja publicada nele, utilizando *software* disponível, para atingir o maior número de leitores virtuais. Se houver possibilidade de editar um jornal digital, existem ótimas plataformas para colocá-lo no ar, basta pesquisar.

4. Se for possível o acesso a um jornal da comunidade, entrem em contato para viabilizar a publicação da reportagem.

Leia em voz alta a reportagem que vocês produziram. Lembre-se: cada modalidade de texto pode ter uma entonação específica. Não se lê um poema da mesma forma que se lê uma história de suspense ou uma notícia. Assim, planeje como deve ser lida a reportagem, um texto que traz informações para as pessoas.

Aí vem... reportagem

 Leia esta reportagem sobre a importância da água para o corpo humano.

Super-refrescante

Saiba por que nós precisamos tanto de água

Todo mundo diz que a gente tem de beber bastante água! [...]

A água está presente em todas as reações químicas que acontecem no corpo. Além disso, transporta oxigênio, alimentos e sais minerais para as células, atua nos sistemas digestivo, respiratório e nervoso, limpa e refrigera o organismo e faz parte da composição do suor, do cérebro e até dos ossos!

É importante beber pelo menos quatro copos de água por dia, mesmo que não esteja com vontade. Segundo os médicos, quando sentimos sede é um sinal de que já passou da hora de beber água!

Água por todo lado

Proteção
O cérebro tem membranas protetoras que são lubrificadas por um líquido composto por água e outras substâncias.

Digestão
Há muita água nas substâncias que fazem a digestão. Elas permitem captar os nutrientes dos alimentos.

Xixi
É produzido nos rins e tem muita água. Tira do corpo substâncias que podem ser tóxicas.

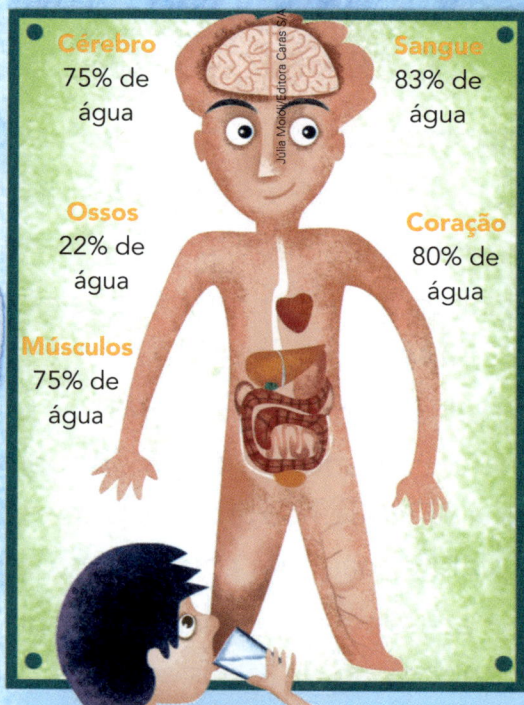

Cérebro 75% de água
Sangue 83% de água
Ossos 22% de água
Coração 80% de água
Músculos 75% de água

Sem choque
Nos joelhos, cotovelos e outras articulações do seu corpo, há um líquido com bastante água. Ele evita que os ossos batam uns nos outros quando nos movimentamos, protegendo-os.

Por água abaixo
O sangue é composto principalmente por água. Por isso ele é bem líquido, circula com facilidade e permite que nutrientes sejam transportados rapidamente pelo organismo.

Júlia Moióli. Revista **Recreio**, n. 416, São Paulo: Abril, [s.d.], p. 16.

Você leu diferentes reportagens nesta unidade. Que tal pesquisar alguma outra para ler em voz alta para seus colegas?

Palavras em jogo

Verbos terminados em –am ou –ão

Atividade oral e escrita

1. Releia o trecho da notícia sobre a onça-parda resgatada em Barbacena (MG).

> [...]
> Por se tratar de animal selvagem, os bombeiros **verificaram** a situação e **fizeram** contato com a Polícia Militar Ambiental e um veterinário, que **forneceram** pequenas doses de sedativo, além de redes de segurança, para proteção em caso de queda.
>
> "Todo o trabalho durou, no total, umas seis horas", garantiu o sargento Barros.
> [...]
>
> Onça-parda é retirada de copa de árvore em terreno de casarão em Minas Gerais. Disponível em: <https://noticias.uol.com.br/ultimas-noticias/efe/2016/12/29/onca-parda-e-retirada-de-copa-de-arvore-em-terreno-de-casarao-em-minas-gerais.htm>. Acesso em: 03 mar. 2020.

Onça-parda.

Observe as formas verbais destacadas e responda: Essa notícia está relatando os fatos no tempo presente, passado ou futuro? _____

2. Leia em voz alta os verbos do quadro, escritos no **passado**. Preste bastante atenção ao som final deles.

| verificaram | fizeram | forneceram |

a) Que som você ouve ao final desses verbos?

b) Agora releia em voz alta os mesmos verbos reescritos no **futuro**. Preste atenção ao som final deles.

| verificarão | farão | fornecerão |

c) Compare o som final dos verbos do quadro no passado com o som final dos verbos do quadro no futuro.

d) Fale outra vez as formas verbais e pinte a sílaba tônica de cada uma. O que pode ser observado em relação a essas formas?

3 Leia os verbos do quadro a seguir e complete as frases.

> lançam   moram   organizaram   ficam
> matam   brilham   deixarão   sofrerão
> precisarão   concordaram   brincavam

a) No futuro, as pessoas _____ pensar mais na preservação dos recursos naturais.

b) Ontem, alguns moradores do centro da cidade _____ uma manifestação contra a retirada de árvores de algumas praças.

c) As pessoas que _____ no campo têm mais qualidade de vida, pois _____ longe do estresse provocado pela correria da cidade.

d) As crianças _____ no parque quando começou uma chuva de granizo.

e) Os sons da floresta _____ os turistas boquiabertos.

4 Leia as frases, com atenção aos termos destacados, e sublinhe apenas as formas verbais.

a) Todas as pessoas **são** sonhadoras.

b) Carlos era um menino de **coração** grande: dava a **mão** a quem precisasse.

c) Os jogadores **chegarão** ao aeroporto e **serão** recebidos por uma **multidão**.

d) Os alunos **vão** participar de uma **competição** de Matemática.

5 Com a professora, registrem o que vocês concluíram em relação à escrita das formas verbais terminadas em **-am** e **-ão**.

_____
_____
_____
_____

Vendesse ou vende-se?

1 Leia os versos a seguir, observando a escrita das formas verbais destacadas, que indicam possibilidade. Provavelmente você conhece os versos porque eles fazem parte de cantigas populares.

> Se eu **fosse** um peixinho
> E **soubesse** nadar
> tirava você do fundo do mar.
>
> Domínio público.

> Se essa rua
> Se essa rua **fosse** minha
> Eu mandava
> Eu mandava ladrilhar.
>
> Domínio público.

Com que letras se escreve o final das formas verbais destacadas? _____

2 Observem nas frases o uso do verbo **vender**.

Texto 1

Vende-se
Automóvel seminovo, ano 2019, todo equipado.
Apenas R$ 10 000,00.
Falar com Ronaldo, no telefone 1234 5678.

Texto 2

Se Ronaldo **vendesse** o carro, poderia viajar.

Conversem sobre a diferença de sentido entre as duas formas verbais e registrem a conclusão de vocês.

_____
_____
_____

3 Complete cada quadrinha a seguir com a palavra mais adequada.

| escolhesse | admirou-se | soubesse |

a) Dona Chica

_____ do berro

Do berro que o gato deu.

b) Se o passarinho _____
Onde fazer seu ninho
Escolheria da laranjeira
O último galhinho.

c) Se eu _____ com certeza
Que você gosta de mim
Eu lhe daria uma rosa
Que peguei lá no jardim.

Domínio público.

Assim também aprendo

- Você leu que as casas na aldeia indígena são de pau a pique.

    Aprendeu que a base da parede de pau a pique é um trançado de madeira ou de bambu que dá sustentação ao barro amassado que vai recobri-la.

    O trançar está presente também na arte indígena de cestaria. Veja.

Cesto indígena do povo Kuikuro. Alto Xingu (MT), 2017.

Pente indígena do povo Kuikuro. Alto Xingu (MT), 2017.

Vamos resgatar essa habilidade que faz parte da história dos povos indígenas brasileiros?

Agora é sua vez de fazer um trançado com tiras de papel.

Material
Papel colorido, recortado em tiras com largura de 2 cm e 3 cm.

Como fazer
Trance as tiras como quiser ou siga os exemplos apresentados ao lado.

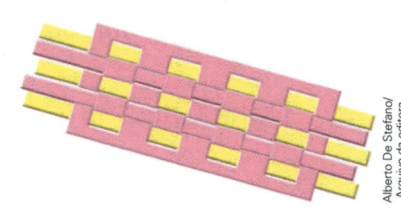

O que estudamos

Autoavaliação

Faça um **X** na coluna que mostra como você se saiu nesta unidade.

Unidade 5		Avancei	Preciso estudar mais
Gênero	Leitura e interpretação de **reportagem**		
	Recursos empregados na reportagem		
	Produção de texto: reportagem		
Estudo sobre a língua	Verbo: tempos e modos		
	Advérbio e locução adverbial: formas de marcar o tempo e o espaço		
	Verbos terminados em -am ou -ão		
	Vendesse ou vende-se?		
Oralidade	Participação nas atividades orais		

Sugestões de...

Livro

Malala, a menina que queria ir para a escola, de Adriana Carranca, publicado pela Editora Companhia das Letrinhas.

Este é um livro-reportagem que conta a história de Malala Yousafzai, uma ativista paquistanesa que quase perdeu a vida quando tinha 15 anos por lutar pelo direito das mulheres de seu país à educação.

Site

<http://criancas.uol.com.br>
O *site* traz dicas e notícias sobre muitos assuntos que interessam à garotada. Consulte-o para ficar bem informado. Acesso em: 3 mar. 2020.

Unidade

6 Conto de adivinhação

Nesta unidade você vai...

- ler e interpretar conto africano de adivinhação;
- estudar a linguagem e a construção do conto de adivinhação;
- produzir reconto oral e escrito;
- reconhecer o uso de palavras de ligação;
- estudar advérbios e locuções adverbiais;
- estudar o uso de M antes de P e B;
- participar de debates e atividades orais.

- Este cenário é familiar para você? Parece próximo ou distante?
- Você reconhece a paisagem? De que lugar essa paisagem faz você se lembrar?
- Será que as crianças da cena ouvem e leem as mesmas histórias que você?

Para iniciar

Você já ouviu a expressão "quebrar a cabeça" para encontrar uma solução?

É preciso pensar para resolver, não é mesmo?

Agora você vai quebrar a cabeça, pensar bem e encontrar a solução: **adivinhe onde está o tesouro**.

Celia Catunda. **Brincadeiras 1**. São Paulo: Ática, 1995. p. 75.

Conseguiu adivinhar?

Você já leu ou ouviu um conto de adivinhação?

Agora, vamos conhecer um conto de adivinhação africano em que um camponês precisa solucionar um problema para transportar mercadorias muito estranhas. Será que você consegue resolver a adivinhação antes de ler o final?

Leitura: conto de adivinhação

Três mercadorias muito estranhas

Um velho camponês, teimoso como uma mula, precisa atravessar um trecho do **caudaloso rio Níger** carregando um leopardo, uma cabra e um saco cheio de **inhames**.

A garotada das aldeias situadas em margens opostas sentou-se no chão barrento, na maior **algazarra**, para ver como o rabugento conseguiria **transpor** a perigosa correnteza.

A canoa do homem era muito pequena e ele só poderia carregar um de seus pertences de cada vez.

— Se deixar a cabra com o inhame — disse um dos meninos —, a esfomeada come tudo.

— Se largar o leopardo com a cabra, o manchado devora o bichinho — opinou outro garoto.

Irritado com a zombaria, o **aldeão** reclamou em altos **brados**:

— Vocês não aprenderam, de acordo com a nossa tradição, a respeitar os idosos? Em vez de ficarem criticando, por que não me ajudam? O que vocês fariam se estivessem em meu lugar? Lembrem-se — argumentou, citando um antigo provérbio — "quem é velho já foi jovem".

As palavras do **ancião** na mesma hora deixaram a meninada em silêncio.

O homem não desistiu e, como não queria perder nada, pôs-se a pensar, agachado à beira da água lamacenta. No entanto, por mais que quebrasse a cabeça não encontrava uma solução.

caudaloso: com muita água.

rio Níger: grande rio que atravessa vários países da África.

inhames: raízes comestíveis.

algazarra: gritaria, barulheira.

transpor: passar, atravessar.

aldeão: morador de uma aldeia.

brados: gritos.

ancião: idoso, de idade avançada.

> Antes de saber o final da história, você seria capaz de resolver a questão? Se não conseguir, vá para a página seguinte.

O aldeão, desesperado, recorreu a um **lavrador** de cabelo **grisalho** montado em um burrico a caminho de um mercado distante dali.

— Primeiro — disse o homem, depois de coçar a cabeça por um instante —, você tem de remar com a cabra para a outra margem e deixar o leopardo com o saco de inhame. Esse animal, como todos sabem, não gosta de comer raízes.

— Depois — continuou — atravesse para cá e carregue o saco de inhame para lá. Ao voltar, traga a cabra com você.

— E, pra completar a travessia — arrematou —, leve o leopardo e, em seguida, retorne para buscar a cabra.

Foi assim, finalmente, que o camponês atravessou o rio.

De acordo com um ditado africano, "ninguém deve rir de um velho".

Rogério Andrade Barbosa. **Três contos africanos de adivinhação**.
São Paulo: Paulinas, 2009. p. 13-17.

> **lavrador:** pessoa que trabalha na lavoura, agricultor.
>
> **grisalho:** mesclado com fios brancos.

Sobre o autor

O escritor mineiro **Rogério Andrade Barbosa** nasceu em 1947. Ele costuma percorrer muitos países africanos para recolher histórias infantis e preservar a tradição oral. O autor tem aproximadamente noventa livros infantis e juvenis, alguns deles dedicados aos países de expressão portuguesa. Há publicações traduzidas em inglês, espanhol e alemão.

Interpretação do texto

Compreensão do texto

Atividade oral e escrita

1. Você conseguiu resolver a adivinhação antes de ler o final? Converse com os colegas sobre as soluções encontradas.

2. Quais são os personagens da história?
   _____
   _____

3. No conto, um camponês precisava atravessar o rio levando consigo algumas mercadorias. Escreva os três problemas que o impediam de realizar essa tarefa.
   _____
   _____
   _____
   _____

4. Marque um **X** nas alternativas de acordo com o que aconteceu.
   As crianças da outra margem do rio:

   ☐ ajudaram o camponês com sugestões.
   ☐ encontraram a solução para transpor o rio.
   ☐ atrapalharam o camponês com comentários.
   ☐ zombaram da situação do camponês.

5. Complete a frase.
   A garotada ficou em silêncio depois que o camponês falou de uma tradição, que era _____.

6 Complete.

a) A cabra e o inhame não podiam ficar juntos porque _____.

b) A cabra e o leopardo não podiam ficar juntos porque _____.

7 O que pensou o lavrador para resolver a charada?
_____
_____

8 Com base na solução pensada pelo lavrador, quantas viagens o camponês teria de fazer? _____

9 De acordo com essa solução, o que ou quem viajaria mais? _____

10 Mercadorias são produtos para serem vendidos ou comprados.
Com base nisso, explique o título do conto: **Três mercadorias muito estranhas**.
_____
_____
_____
_____

11 O conto é africano, recolhido na literatura oral da Nigéria. Converse com os colegas sobre as questões a seguir.

a) Pela leitura, o que vocês descobriram sobre esse povo e seus costumes?

b) O que há de parecido com os costumes da região onde vocês vivem?

12 Explique o final: "ninguém deve rir de um velho".
_____
_____

Linguagem e construção do texto

Elementos e momentos da narrativa

O conto de adivinhação também apresenta estes elementos:

| personagens | espaço | narrador | tempo | ação |

Há personagens mais importantes porque, em torno deles, acontece a maior parte das ações. São os **personagens principais**.

1 Quais são os personagens principais desse conto?

_____

2 Observe como o camponês é descrito.

> velho camponês / teimoso como uma mula / rabugento / aldeão / ancião

Todos esses detalhes são dados com a intenção de:

☐ causar espanto no leitor.

☐ caracterizar o personagem como alguém de temperamento difícil.

☐ fazer o leitor imaginar como era o camponês.

3 O **narrador** conta a história como quem:

☐ observa os fatos.   ☐ participa da história.   ☐ ouve a história.

4 Em vários trechos do conto, o narrador inclui a fala dos personagens, em discurso direto. Para isso, usa verbos de dizer. Exemplos: "disse o homem", "continuou". Sublinhe no conto outros três verbos de dizer que foram empregados.

5 Em que **espaço** ou local acontecem os fatos?

_____

6 Pinte de **verde** no conto duas expressões que indicam que a história não se passa na cidade.

7 Nesse conto, é possível afirmar que:

☐ o tempo é indicado. ☐ não há indicação do tempo.

8 Complete o quadro com as informações que faltam.

Momentos do conto de adivinhação	
1. Situação inicial	O camponês precisava atravessar o rio levando a cabra, o leopardo e o inhame.
2. Complicação	
3. Clímax	
4. Desfecho	

9 O lavrador desvenda a charada. Veja as palavras que ele usa em suas falas.

> Primeiro / Depois / Ao voltar / E, pra completar, / em seguida

Essas palavras mostram que o lavrador resolveu a charada:

☐ de uma vez só. ☐ por partes, pensando em etapas.

10 No conto, é empregada uma linguagem utilizada no dia a dia, considerada mais espontânea. Circule uma expressão que mostra esse uso mais informal.

11 Os contos de adivinhação têm algumas **características próprias**.

a) Geralmente, apresentam como herói e mais esperto alguém com mais experiência. Que característica indica que o lavrador é uma pessoa assim?

b) Sempre trazem uma lição de ética, mostrando valores importantes para a vida. O que esse conto pode mostrar ao leitor?

Hora de organizar o que estudamos

Leiam juntos o quadro.

Conto de adivinhação

↓

Narrativa em que a vitória do personagem depende de uma adivinhação, da solução de uma charada, de um problema

Intenção/finalidade
- Envolver o leitor na decifração da adivinha ou da charada

Linguagem e construção do texto
- Situação inicial, complicação, clímax, desfecho
- Interrupção no momento do clímax para envolver o leitor na solução da adivinha
- O herói é o personagem que decifra a adivinha

No conto africano
- O herói é mais velho e mais experiente
- Apresentação de lição de ética e valores

Leitor/público
- Leitores que gostem de adivinhações, charadas e decifrações
- Leitores que gostem de conhecer outras culturas

Prática de oralidade

Conversa em jogo

Respeito aos idosos

O camponês da história disse aos meninos para, de acordo com a tradição, respeitarem os idosos. Converse com os colegas:
- Nós também temos essa tradição?
- Onde vivemos existe realmente respeito aos idosos?
- O que pode ser feito para que haja respeito para com os mais velhos?

Roda de provérbios

No conto, o camponês cita um antigo provérbio: "quem é velho já foi jovem". Provérbios são frases que transmitem valores sobre a vida. São ditados populares usados em diferentes culturas.

Pesquise um provérbio interessante, pensando no significado dele para as pessoas, e anote-o no caderno. Aguarde sua vez de apresentar seu provérbio e explicá-lo com suas palavras aos colegas.

Lembre-se de expressar-se com clareza e escutar com atenção a fala dos colegas.

Com a palavra

Nesta unidade, você vai conhecer, na página 195, os griôs, contadores de histórias africanos. No Brasil, há contadores de histórias que levam o mundo mágico da literatura para crianças e adultos em bibliotecas, escolas, teatros e parques espalhados pelas cidades.

Você vai conhecer **Kiara Terra**, uma contadora de histórias que encanta todos com suas histórias e seu jeito especial de contá-las.

Como você se tornou contadora de histórias?

Desde pequena eu dizia que quando crescesse contaria histórias para as pessoas. Eu cresci, me tornei atriz, e ainda me interessava pelas histórias e por uma pergunta: o que aconteceria se a história que eu contasse encontrasse as histórias vividas pelas pessoas? Comecei a ouvir as histórias do público, e as pessoas tinham muito o que contar! Criei um método chamado "história aberta", na qual a minha história e a história de todo mundo se encontram! Contar histórias me levou a muitos lugares para ensinar professores a narrar para jovens e crianças. E agora moro em Portugal. Vim conhecer as histórias daqui.

Que tipo de histórias as crianças mais gostam de ouvir?

Crianças e adultos gostam de histórias que guardam segredos. Os segredos muitas vezes são perguntas sobre medo e coragem, sobre amor, alegrias, tristezas, saudades, e mesmo perguntas engraçadas, que nos fazem rir da gente mesmo.

As histórias estão repletas de segredos escondidos e é isso que conquista nosso coração de leitor.

Quais recursos você usa e quais mais chamam a atenção dos ouvintes?

Eu gosto de contar histórias transformando os objetos que a gente tem em casa em coisas mirabolantes. Um cano vira um telescópio, um espanador vira um pássaro, desentupidor desentope corações e mentes, entre outras coisas curiosas.

Quando a gente é muito pequeno, o mundo parece novo e a gente pergunta: para que serve isso? Quando conto história, convido o público a continuar perguntando comigo para que serviam essas coisas se inventássemos outras possibilidades para elas.

Há alguma história que você mais gosta de contar? Por quê?

A história que mais gosto de contar muda conforme o momento que estou vivendo. Passei anos gostando de contar a história de uma coruja. Depois contei sobre uma velhinha que atravessa o mar e hoje gosto de contar a história de uma andorinha criada por uma família de morcegos. Sempre me pergunto: que história vou gostar de contar amanhã?

Outras linguagens

Ilustração e fotografia

1. Observe a capa do livro e uma página ilustrada do conto africano que você leu.

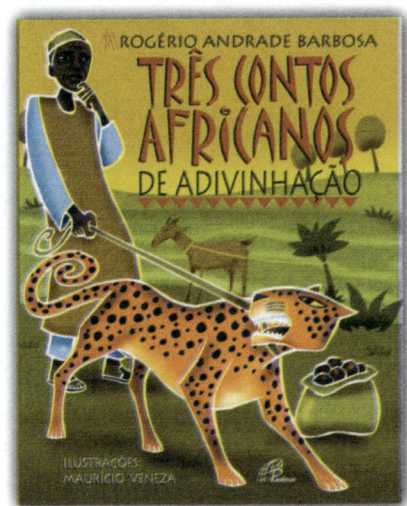

Maurício Veneza ilustrou o conto mostrando a paisagem, os costumes e as vestimentas dos personagens da Nigéria, um país africano.

Veja a seguir fotografias do povo hauçá, que vive no norte da Nigéria.

Músicos do povo hauçá tocando algaita, instrumento de sopro comum no oeste africano. Zira, no norte da Nigéria, 2016.

Músicos do povo hauçá. Zira, no norte da Nigéria, 2016.

2. Compare as ilustrações e as fotografias. Essas imagens apresentam semelhanças? Quais?

Tecendo saberes

Localização do rio Níger

A África é o 3º continente mais extenso do mundo.

O conto que você leu tem como cenário as margens do rio Níger, que passa por países como Guiné, Mali e Nigéria. No mapa, observe a localização do rio Níger na África; abaixo, veja a fotografia de uma aldeia às margens desse rio.

África: mapa político

Fonte: IBGE. **Atlas geográfico escolar**. 7. ed. Rio de Janeiro, 2016. p. 45.

Cidade de Gao às margens do rio Níger. Mali, 2017.

Olhando o mapa novamente, observe as divisões coloridas. Cada uma delas representa um país africano. Observe agora que o rio Níger passa por vários desses países. Converse com os colegas: Qual seria a importância de um rio assim para os habitantes dos países que ficam às suas margens?

Griôs: contadores de histórias

Na cultura africana, os contadores de histórias são figuras muito respeitadas. São chamados **griôs**, contadores tradicionais, que já nascem em uma família de griôs.

O griô ensina lendas e costumes de seu povo, muitas vezes por meio da música, transmitindo saberes às novas gerações. As mulheres com essa função são chamadas **griotes**.

Os jovens africanos dizem que a morte de um griô é como o incêndio de uma biblioteca.

Posse do novo chefe da vila Kokemnoure, André Silga (no centro da foto), ouvindo a história de sua linhagem contada pelo griô (sentado no chão, à frente). Burkina Fasso, África, 2007.

No Brasil, há também contadores de histórias, sábios e conselheiros que vivem em povoados, preservando a tradição da oralidade. Existem ações para preservar os griôs, incentivando a transmissão desses conhecimentos.

Contação de histórias na Escola Municipal Firmo Santino da Silva. Comunidade quilombola de Caiana dos Crioulos, em Alagoa Grande, Paraíba, 2012.

Sr. Valentim, griô responsável pela continuidade da tradição oral na comunidade quilombola Campinho da Independência, em Paraty, Rio de Janeiro, 2016.

- Você conhece em sua região contadores de histórias que reúnem pessoas à sua volta para dividir histórias e que tentam preservar as tradições e os contos orais do lugar?

# Produção de texto

Conto de adivinhação

Reconto de um conto africano

Vocês vão recontar um conto de adivinhação, por escrito e oralmente, como os griôs, os contadores de histórias.

Planejamento

1. Leiam outro conto do autor Rogério Andrade Barbosa, nas páginas 209 e 210: "As três moedas de ouro".
2. Pesquisem no dicionário as palavras que vocês desconhecem.
3. Procurem compreender bem a história, relendo-a quantas vezes acharem necessário.
4. Depois da leitura atenta, cada aluno da dupla deverá recontar o conto oralmente ao colega.
5. É importante lembrar dos personagens, do espaço e das partes do enredo.

Escrita

Escrevam o reconto no caderno.

- Um aluno ficará encarregado de escrever o texto.
- O outro ficará encarregado de dar apoio a quem for escrever, lembrando os detalhes e os diálogos que poderão ser registrados.

Revisão

1. Quando ficar pronta a nova versão do texto, façam uma leitura conjunta.
2. Façam os ajustes que considerarem necessários para que o texto fique mais completo e fiel ao conto lido, observando:
   a) a adequação da pontuação para produzir os efeitos desejados;
   b) a grafia correta das palavras;
   c) o uso de verbos de dizer na escrita de diálogos.

Apresentação – Griôs por um dia

Vocês viram a importância dos griôs, dos contadores de histórias. Agora, os griôs serão vocês.

1. Aguardem as instruções da professora para, primeiramente, fazer o reconto oral da história de vocês aos colegas da sala.

2. Ensaiem para que o texto não precise ser lido.

3. Conforme a orientação da professora, vocês contarão o conto de adivinhação que registraram para os colegas de outras salas, para que eles conheçam contos de adivinhação.

4. Escolham qual de vocês será o griô e qual será o apresentador.

5. No dia da apresentação, o apresentador da dupla deverá explicar o que é um griô e por que contarão um conto de adivinhação. O outro colega de dupla, o griô, narrará o conto.

6. Aquele que fizer o papel de griô deverá contar o conto pausadamente, em voz alta, procurando não se esquecer dos detalhes e prestar atenção à sua expressão corporal, ao tom de voz, aos gestos. O apresentador ficará ao seu lado para ajudar se você precisar.

7. Não se esqueçam de interromper a narração no momento da adivinha, fazendo suspense, para que os ouvintes tentem adivinhar qual foi a solução encontrada.

8. Só então contem o desfecho.

9. Agradeçam a atenção recebida.

Alberto De Stefano/Arquivo da editora

Avaliação

Conversem com os colegas.

- Como foi a experiência para cada dupla?
- O resultado da contação foi positivo?
- Qual foi a reação dos colegas das outras salas em relação ao conto?
- Qual foi a sensação de ser griô por um dia?

Língua: usos e reflexão

Um pouco mais sobre advérbios e locuções adverbiais

Atividade oral e escrita

Você já estudou palavras e expressões de ligação que não são verbos e indicam tempo e lugar: os **advérbios** e as **locuções adverbiais**.

Vamos rever esse conteúdo.

1 Releia.

> Foi assim, **finalmente**, que o camponês atravessou o rio.

a) Qual das expressões poderia substituir a palavra destacada na frase, sem mudar o sentido?

☐ primeiramente   ☐ depois

☐ por fim

b) A palavra **finalmente** indica:

☐ tempo.   ☐ dúvida.

☐ lugar.

2 Leia as frases a seguir e faça o que se pede.

> A garotada das aldeias situadas em margens opostas sentou-se no chão barrento, na maior algazarra [...]

a) Escreva as expressões que acrescentam detalhes de **lugar**.

_____

_____

> O lavrador, pacientemente, explicou a solução da charada.

b) Escreva a palavra ou expressão que acrescenta detalhe de **modo**.

_____

3 Agora, você será o escritor e estará diante de um desafio: ampliar as ideias do parágrafo a seguir. Leia-o com atenção.

> Caminhava depois das aulas. Ouvi um grito assustador que mais parecia um uivo de animal ferido. Andei para ver o que era. Cheguei a um local e encontrei um cão amarrado.

Marcos Guilherme/Arquivo da editora

Reescreva o parágrafo lido, acrescentando palavras ou expressões que deem mais emoção ao texto e envolvam o leitor.

No quadro a seguir, há algumas sugestões de expressões de **lugar**, de **modo** e de **tempo**, mas você poderá empregar outras que achar convenientes.

| cautelosamente | bem rápido | à noitinha |
| em uma barra de ferro | por ruas vazias | cruelmente |

As expressões do quadro que indicam circunstâncias de tempo, modo e lugar são:

- **advérbios**: quando formadas por apenas uma palavra;
- **locuções adverbiais**: quando formadas por mais de uma palavra.

Essas expressões acrescentam detalhes e circunstâncias que enriquecem o texto. Servem também de ligação entre as partes do texto, indicando as circunstâncias em que algo acontece, o modo, etc.

4 Leia a tira a seguir.

Charles M. Schulz. Minduim. **O Estado de S. Paulo**, São Paulo, 1º ago. 2011. p. D4.

a) Snoopy procura seu taco de golfe. Copie a palavra que indica o lugar onde ele pensou que seu taco estava. _____

b) Copie a expressão usada por Charlie Brown que dá ideia de lugar muito impreciso. _____

c) Assinale **X** na alternativa mais adequada.
Ao indicar o lugar de um jeito impreciso, a intenção de Charlie Brown pode ser:

☐ ajudar Snoopy.

☐ fazer uma ironia por ele ter perdido o taco.

☐ indicar que o taco saiu sozinho do lugar.

d) As expressões **aqui** e **por aí** indicam lugar.
Aqui é um **advérbio de lugar**, e **por aí**, expressão formada por duas palavras, é chamada de **locução adverbial de lugar**.
Reescrevam as falas a seguir com expressões que possam substituir as partes destacadas, sem alterar o sentido em cada caso.

• Meu outro taco estava bem **aqui**.

_____

• Acho que ele saiu rastejando **por aí**.

_____

5 Há alguns advérbios que empregamos muito no dia a dia. Leia a tira a seguir.

Dik Browne; Chris Browne. **O melhor de Hagar, o Horrível**.
Porto Alegre: L&PM, 2013. v. 5. p. 63.

a) Na fala do entregador, que palavra dá ideia de negação? _____

b) Para dar mais força à ideia de distância, o entregador usa a expressão "tão longe". Podemos dizer que a palavra **tão** nessa expressão dá ideia de:

☐ lugar.   ☐ intensidade.   ☐ tempo.

c) Do conjunto de expressões a seguir, qual poderia substituir a ideia de intensidade no texto?

☐ Bem longe.   ☐ Menos longe.   ☐ Um pouco longe.

6 Leia a tira a seguir.

Charles M. Schulz. **Snoopy, 9:** pausa para soneca.
Porto Alegre: L&PM, 2013. p. 114.

a) Spike, irmão de Snoopy, vive no deserto.
O que ele faz para começar a mudar a aparência do deserto?

_____

b) No último quadrinho, Spike aparece conversando com o cacto. Em sua opinião, o que significa essa atitude?

_____

c) Que advérbios Spike usou em sua fala para indicar a mudança de lugar? Circule-os na tirinha.

7 Leia esta outra tira para conhecer melhor Spike.

Charles M. Schulz. **Snoopy, 3:** assim é a vida. Tradução de Cássia Zanon. Porto Alegre: L&PM, 2013. p. 90.

a) Observe as ilustrações e leia o que Spike está pensando.
Podemos dizer que essa tira reforça a ideia de que Spike sente:

☐ alegria. ☐ solidão. ☐ entusiasmo.

b) Copie da tira as palavras que indicam circunstâncias de:

- lugar: _____
- tempo: _____

c) Observe o uso da palavra **não** no quadrinho a seguir. Ela é um advérbio que exprime negação.

Na fala do psiquiatra, essa negação exprime:

☐ certeza. ☐ dúvida. ☐ pedido.

d) Marque a palavra que o psiquiatra empregaria caso tivesse dúvidas.

☐ Certamente. ☐ Talvez. ☐ Nunca.

e) Releia o último quadrinho.

Na fala de Spike, a expressão **não diga nada** exprime:

☐ certeza. ☐ dúvida. ☐ pedido.

Hora de organizar o que estudamos

● Complete o esquema com o que você aprendeu sobre os advérbios e as locuções adverbiais. Dê dois exemplos para cada circunstância.

Advérbios e locuções adverbiais

↓

Palavras ou expressões que indicam circunstâncias em que os fatos acontecem

↓

Circunstâncias

- tempo
  _____
  _____

- modo
  _____
  _____

- negação
  _____
  _____

- afirmação
  _____
  _____

- dúvida
  _____
  _____

- lugar
  _____
  _____

- intensidade
  _____
  _____

Outras palavras de ligação

Atividade oral e escrita

1 Leia o parágrafo a seguir, que traz um resumo do conto.

> O aldeão precisava atravessar o rio, ♦ não sabia como, ♦ as três mercadorias não poderiam seguir juntas. Por isso, só conseguiu resolver o problema ♦ de falar com o lavrador, ♦ não havia encontrado uma solução sozinho.

a) Algumas palavras foram apagadas desse resumo. Podemos dizer que as palavras que estão faltando:

☐ não fazem falta para o entendimento do texto.

☐ só seriam úteis para especificar o tempo em que as ações ocorreram.

☐ são importantes para fazer a ligação entre as frases ou as partes do texto.

☐ são úteis para reforçar o lugar onde os fatos ocorreram.

b) As palavras que foram apagadas do parágrafo que você leu na atividade anterior estão no quadro abaixo. Veja.

| pois | mas | porque | depois |

Use as palavras do quadro e complete o parágrafo.

O aldeão precisava atravessar o rio, _____ não sabia como, _____ as três mercadorias não poderiam seguir juntas. Por isso, só conseguiu resolver o problema _____ de falar com o lavrador, _____ não havia encontrado uma solução sozinho.

2 Agora, indique quais das palavras que você escreveu no item **b** da atividade anterior têm o sentido proposto a seguir.

- Explicação: _____

- Ideia de algo contrário: _____

- Tempo: _____

Ao falarmos ou escrevermos, sempre empregamos palavras ou expressões para fazer a ligação entre as ideias do texto.

Na tradição popular, algumas frases são empregadas para caracterizar as pessoas, comparando-as com bichos. Você já ouviu, por exemplo, alguém dizer que gosta de um **abraço de urso**?

3 No trecho a seguir, você vai saber um pouco sobre o uso e o significado da expressão **abraço de urso**.

a) Leia o texto e preencha os espaços com **palavras de ligação** adequadas. Se precisar, consulte o quadro abaixo.

até	quando	e	então
mas	para	e	porque

Abraço de urso

É muito bom ganhar um abraço apertado de quem a gente gosta. _____ dizemos que esse gesto é do tipo "abraço de urso".

_____ já pensou abraçar aquele bichão fofo _____ peludo? É melhor nem tentar. _____, na natureza, o urso tem essa reação na hora do ataque, quando dá um apertão no inimigo.

Revista **Recreio**. São Paulo: Abril, ano 6, n. 262, p. 20, 2005. (Adaptado.)

b) De acordo com o texto, embora as pessoas usem a expressão **abraço de urso** com sentido figurado indicando um abraço carinhoso, na natureza esse gesto do animal indica algo perigoso para um possível oponente. Conversem: Qual seria esse perigo?

Agora você

1 Leia o texto abaixo com atenção. Observe que esse texto está sem algumas palavras ou expressões de ligação. Elas estão no quadro a seguir.

Lento como um jabuti

A história da corrida entre a lebre ◆ o jabuti é famosa: em uma corrida, o jabuti vai devagar, ◆ a lebre larga na frente. ◆ ela para para dormir ◆ quem acaba vencendo é o jabuti. ◆ , ◆ alguém falar que você está lento como um jabuti, defenda-se dizendo que devagar se vai ao longe! O jabuti anda devagar por causa do casco, que é pesado e dificulta o andar do bicho.

Revista **Recreio**. São Paulo: Abril, ano 6, n. 262, p. 20, 2005.

	se	por isso
mas	e	enquanto

a) Reescreva o texto, empregando as palavras e as expressões do quadro, para que as ideias ganhem mais sentido. Algumas palavras podem ser usadas mais de uma vez.

b) Relacione as palavras empregadas no texto reescrito com o sentido ou a ideia que acrescentam ao texto. Escreva o número correspondente na coluna da esquerda.

PALAVRAS   IDEIAS QUE EXPRESSAM

e   [ ]   1 oposição

enquanto [ ]   2 conclusão da ideia anterior

mas   [ ]   3 adição de ideias

por isso [ ]   4 condição

se   [ ]   5 tempo

2 Complete o texto "Lento como um jabuti", agora empregando as palavras e as expressões de ligação do quadro, sem alterar o sentido original.

| ao mesmo tempo que   porque   portanto   entretanto |

Lento como um jabuti

A história da corrida da lebre com o jabuti é famosa: em uma corrida, o jabuti vai devagar, _____ a lebre larga na frente. _____ ela para para dormir e quem acaba vencendo é o jabuti. _____, se alguém falar que você está lento como um jabuti, defenda-se dizendo que devagar se vai ao longe! O jabuti anda devagar _____ o casco é pesado e dificulta o andar do bicho.

Alberto De Stefano/Arquivo da editora

3 Escreva nos quadrinhos o número correspondente ao sentido produzido pelas palavras e expressões destacadas em cada frase, conforme as indicações a seguir. Veja o exemplo.

| 1 | causa | 3 | finalidade | 5 | oposição |
| 2 | tempo | 4 | comparação | 6 | condição |

a) Os jovens africanos dizem que a morte de um griô é **como** [4] o incêndio de uma biblioteca.

b) Teremos um mundo mais pacífico **se** [ ] as pessoas se livrarem dos preconceitos.

c) O clima pode se alterar **porque** [ ] a poluição aumenta a temperatura da Terra.

d) "Um velho camponês, teimoso **como** [ ] uma mula, precisa atravessar um trecho do caudaloso rio Níger carregando um leopardo, uma cabra e um saco cheio de inhames."

e) É preciso recolher o lixo **para que** [ ] o ambiente fique limpo.

f) **Assim que** [ ] os rios forem despoluídos, poderemos ver novamente barcos navegando em muitos deles.

g) "**No entanto**, [ ] por mais que quebrasse a cabeça não encontrava uma solução."

Hora de organizar o que estudamos

Leia o esquema a seguir com os colegas e a professora.

Palavras e expressões de ligação

- Ajudam a organizar as ideias do texto falado ou escrito
- Ligam palavras ou frases e podem acrescentar sentido de tempo, de espaço, de finalidade, de comparação, de ideia contrária, de acréscimo de ideia, de explicação, etc.

Aí vem... conto de adivinhação

Leia a seguir mais um conto de adivinhação.

As três moedas de ouro

Essa história, dizem, aconteceu em uma cidade nigeriana chamada Kano, celebrada por seu imenso e movimentado mercado. Ali, nos tempos antigos, se comprava e trocava de tudo: marfim, tecidos, miçangas coloridas, penas de avestruz, frutas, arroz, pimenta, milho, algodão, cavalos e camelos. E também a valiosa noz-de-cola, famosa por reduzir o cansaço, a fome e a sede.

Um mercador de objetos de couro foi reclamar com o dono da pousada onde pernoitara que um ladrão entrara em seu aposento e roubara as três moedas de ouro que levava em uma sacola.

— Perdi tudo que consegui com as vendas de minhas sandálias, chinelos, sacolas, rédeas e chicotes — queixou-se o negociante.

O homem, irritado com a grave ofensa ao visitante, respondeu:

— Pode deixar que hoje mesmo você terá seu dinheiro de volta.

Ao final do dia, após as orações, o dono da pousada regressou a sua casa com uma engenhosa solução.

Ele pegou um frasco de perfume e despejou todo o conteúdo nos pelos de um burro. Depois levou o animal para um cercado no fundo de seu estabelecimento.

Em seguida, chamou os empregados e falou:

— Preciso descobrir o autor do roubo que aconteceu na noite passada. Saiam, um por um, passem a mão no pelo do burro que está lá atrás e me esperem na cozinha.

E, num tom de ameaça, avisou:

— Cuidado! O animal zurrará quando o ladrão o tocar.

Os homens, sem pestanejar, obedeceram ao patrão e saíram para cumprir a tarefa.

Mas o burro permaneceu calado até o final da estranha prova. Mesmo assim o dono da pousada descobriu quem era o ladrão.

Você sabe quem foi o culpado? Qual foi o truque? Se não sabe, vá para a página seguinte.

Para espanto do lesado comerciante, o dono da pousada reuniu os empregados e cheirou a mão de cada um. Assim que terminou a inspeção, anunciou, triunfante:

— O ladrão é esse aqui — disse, apontando para um dos homens. — Podem revistar o quarto dele.

Dito e feito. As cintilantes moedas, como ele já havia adivinhado, foram encontradas dentro de um jarro de barro enterrado debaixo da cama do acusado.

No outro dia, ao se despedir, o viajante, curioso, perguntou:

— Como foi que você descobriu o larápio?

— Não foi tão difícil. Só um dos homens não tinha a mão perfumada. Ele, com medo de ser denunciado, não tocou no pelo do burro.

Rogério Andrade Barbosa. **Três contos africanos de adivinhação**. São Paulo: Paulinas, 2009. p. 18-24.

larápio: indivíduo que tem o hábito de roubar.

Palavras em jogo

Sons nasais

Atividade oral e escrita

Você se recorda das vogais nasais? Vamos relembrar.

1. Leia o poema a seguir.

Limerick do computador nº 2

Havia um computador em Nova Esperança

Que em vez de memória tinha vaga lembrança.

Nunca vi um tão esquecido,

Tão tonto, aéreo, perdido.

Computador tri sonso esse, de Nova Esperança.

Sérgio Capparelli. **111 poemas para crianças**. Porto Alegre: L&PM, 2003. p. 91.

Releia as seguintes palavras do poema.

| um | nunca | computador | sonso |

| tonto | em | lembrança | Esperança |

a) Pinte nas palavras acima somente os sons nasais.

b) Desses sons que você pintou, quais foram representados com escrita diferente, embora tenham o mesmo som? _____

2 Observe neste quadro as diferentes formas de representar por escrito um mesmo som nasal.

concha	onça	pombo	botões
conta	põe	filões	com

a) Copie a seguir as palavras do quadro que possuem o som nasal representado na escrita de forma semelhante a:

- p**on**ta: _____.

- c**om**bustível: _____.

- drag**õe**s: _____.

b) Pelo que você pôde observar no item **a**, o som nasal que se repete no quadro de palavras pode ser representado:

☐ apenas de uma maneira.

☐ de três formas diferentes: **õ**, **om** e **on**.

☐ de duas maneiras: **om** e **on**.

☐ de duas formas: **õ** e **on**.

c) Pesquise cinco outras palavras que tenham o som nasal escrito nas diferentes formas descobertas nos itens **a** e **b** e escreva-as a seguir.

_____
_____

Letra M antes de P e de B

1 Leia, em voz alta, as seguintes palavras.

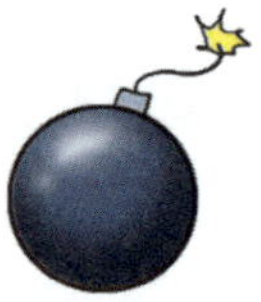
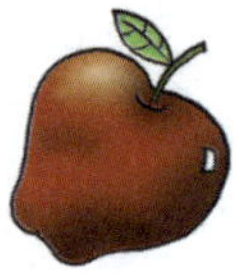
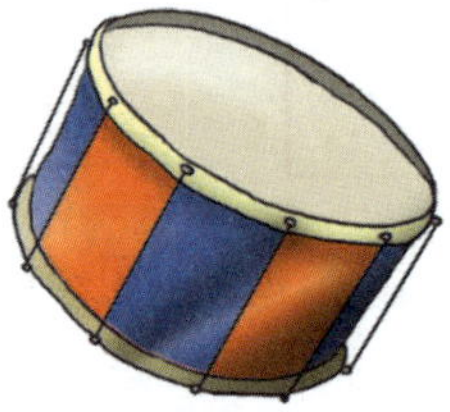

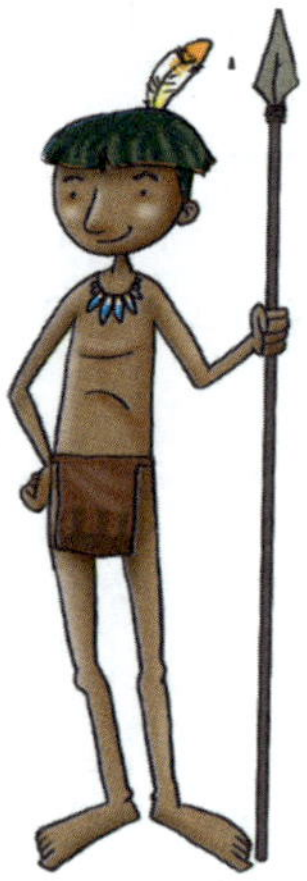

balança	cansa	dança	ímã	pampas
manhã	tampa	campo	bomba	
irmãs	maçã	tempo	bumbo	
onça	aviões	limpo	indígena	

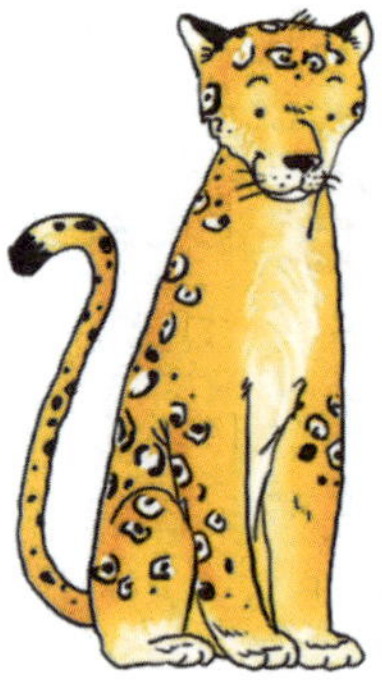

Ilustrações: Alberto De Stefano/Arquivo da editora

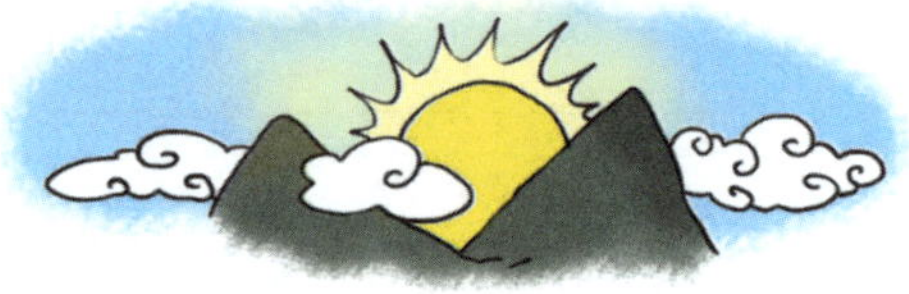
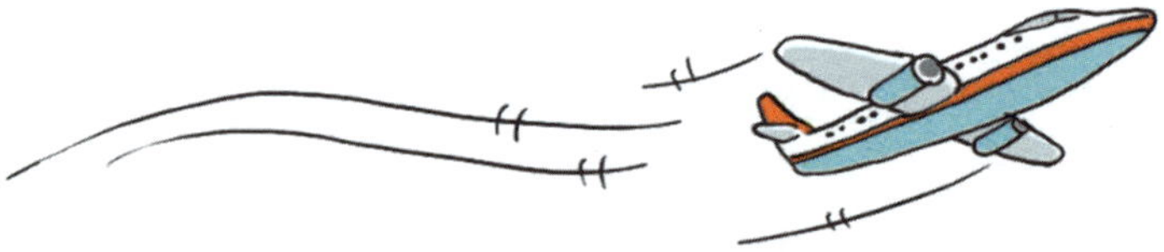

Pinte as palavras acima de acordo com as cores da legenda abaixo.

Som nasal com ~ (til)	Som nasal com M	Som nasal com N

2 Releia as palavras da atividade 1.

a) Circule as palavras que apresentam vogal nasal com a terminação M.

b) Observe a posição que o M ocupa nas palavras que você circulou no item **a** e as letras que vêm depois dele. O que se pode concluir?

____

____

3 Bingo.

a) Vejam a cartela do jogo do qual vocês vão participar.

Bingo de palavras

b) Escrevam palavras com vogais nasais, representadas nas diferentes formas.

- com ~ (til): _____

- com **M**: _____

- com **N**: _____

c) Escrevam cada uma das palavras que vocês registraram acima em uma tira de papel.

d) A professora colará as tiras de todas as duplas em uma folha grande, que ficará exposta durante algum tempo.

e) Escolham, entre as palavras da folha, nove palavras para preencher sua cartela.

f) Quando todas as duplas tiverem preenchido as cartelas, a professora ditará aleatoriamente as palavras do cartaz.

g) As duplas devem encontrar nas cartelas as palavras ditadas pela professora.

h) Ganhará a dupla que primeiro completar uma sequência da cartela, na horizontal ou na vertical. Lembrem-se de gritar "Bingo!".

Assim também aprendo

- Depois de contos de adivinhação, que tal adivinhar as respostas destas quadrinhas? Memorize-as e brinque de adivinhação com pessoas de sua família.

1.

Doze gostam do dia,
Outras doze da noite escura.
Seguem umas atrás das outras.
Ninguém as segura!

2.

Somos diversos irmãos
Morando no mesmo lado.
Quando um de nós erra a casa
Os outros ficam errados.

3.

Cintura fina,
Perna alongada,
Toca corneta
E leva bofetada.

4.

São 3 irmãos.
O primeiro morreu.
O segundo vive conosco
E o terceiro não nasceu.

5.

Diga você que é adivinhão
O que é para mim
A sogra da mulher
Do meu irmão.

André Carvalho. **Como brincar à moda antiga**. Belo Horizonte: Lê, 1987.

O que estudamos

Autoavaliação

● Faça um **X** na coluna que mostra como você se saiu nesta unidade.

Unidade 6		Avancei	Preciso estudar mais
Gênero	Leitura e interpretação de **conto de adivinhação**		
	Linguagem e construção do conto de adivinhação		
	Produção: reconto de um conto africano		
Estudo sobre a língua	Palavras de ligação: advérbios, locuções adverbiais e outras palavras		
	Sons nasais e uso da letra **M** antes de **P** e **B**		
Oralidade	Participação nas atividades orais		

Sugestões de...

Livros

Contos de adivinhação, de Ricardo Azevedo, publicado pela editora Ática.
Seis divertidas histórias de adivinhação que tratam de ensinamentos e cultura popular. São contos recolhidos da cultura oral brasileira, mas que muitas vezes são encontrados em versões correspondentes na cultura africana.

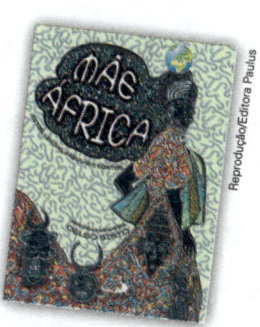

Mãe África, de Celso Sisto, publicado pela editora Paulus.
O livro reúne uma rica coletânea de contos africanos. São 29 histórias de diferentes lugares da África, mostrando a influência africana na cultura brasileira.

Filme

Kiriku: os homens e as mulheres, dirigido por Michel Ocelot, 2012.
Filme que conta a história de uma criança africana que tenta salvar a aldeia da feiticeira Karabá, que trouxe muita tristeza para seu povo. No filme, pode-se conhecer o griô da aldeia de Kiriku.

Unidade

7 Texto instrucional

Nesta unidade você vai...

- ler e interpretar texto instrucional;
- identificar partes e a organização de um texto instrucional;
- produzir texto instrucional falado e escrito;
- estudar o uso de verbos no modo imperativo;
- estudar um pouco mais sobre concordância verbal e o uso de pronomes pessoais;
- estudar o uso do acento gráfico em palavras paroxítonas;
- participar de atividades orais.

- O que a cena mostra?
- Você sabe do que as crianças estão brincando?
- Quais são os jogos ou brincadeiras de que você mais gosta?
- Você prefere brincar ao ar livre ou em espaços fechados? Por quê?

Para iniciar

A seguir, você pode ver a representação de alguns jogos e brincadeiras. Quais serão os preferidos da turma? Vamos fazer uma votação para descobrir.

Você e os colegas podem acrescentar algum jogo ou brincadeira que não esteja ilustrado aqui, mas que seja comum entre vocês.

Ilustrações: Alberto De Stefano/Arquivo da editora

Qual foi o jogo ou a brincadeira mais votado? Agora, que tal se reunir com a turma e brincar um pouco?

Muitos jogos e brincadeiras têm origem na tradição popular: ficaram conhecidos porque eram realizados por nossos antepassados e foram passados de geração em geração.

Há também jogos cujas regras e instruções vêm por escrito em livros, manuais ou estão disponíveis na internet. Você já precisou ler alguma regra ou instrução de jogo ou brincadeira para se divertir?

Leitura: texto instrucional

Galia Lami Dozo van der Kar e Valérie Muszynski. **50 brincadeiras para fazer ao ar livre ou dentro de casa**. Trad. Luciana Peixoto. Barueri: Girassol, 2018. p. 3.

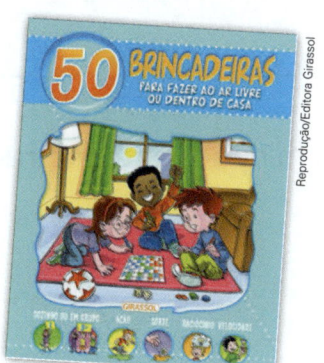

Você vai precisar de:
- 1 caixa vazia de sapatos
- Algumas bolinhas de gude

Como jogar:

Prepare a caixa de sapatos, cortando, na borda, alguns buracos de tamanhos diferentes e largos o suficiente para as bolinhas de gude passarem.

Feito isso, escreva um número acima de cada buraco. Esse número corresponde aos pontos que você fará sempre que fizer a bolinha passar por ele.

O buraco maior marca 1 ponto e o menor, 10, pois é mais difícil fazer a bolinha passar por ele.

Cada jogador recebe o mesmo número de bolinhas.

Posicione a caixa virada para baixo e, juntos, definam uma linha de partida, a qual deverá ser respeitada quando cada jogador for lançar as bolinhas.

Os jogadores se revezam, um após o outro.

A cada vez que um jogador conseguir fazer uma bolinha passar pelo buraco, os pontos correspondentes ao buraco são anotados.

Quando todos os jogadores ficarem sem bolinhas, as pontuações são calculadas.

Quem tiver mais pontos vence.

Interpretação do texto

Compreensão do texto

Atividade oral

1. Para entender um jogo, o melhor jeito é jogar.

   a) Formem grupos de cinco alunos.

   b) Leiam juntos as instruções.

   c) Providenciem o material necessário e divirtam-se!

2. Agora, conversem sobre as questões a seguir.

   a) Foi fácil compreender as regras do jogo? Se tiveram dificuldade, expliquem qual.

   b) Durante o jogo, sentiram falta de alguma regra? Expliquem.

   c) Vocês fariam alguma modificação nesse jogo? Qual?

   d) Gostaram do jogo? Recomendariam esse jogo a alguém?

Linguagem e construção do texto

Atividade oral e escrita

1. O termo **encaçapar** é usado no jogo de sinuca para indicar quando a bola cai na caçapa. Caçapa é cada buraco da mesa de sinuca com a respectiva cesta.

   No jogo que você conheceu, não há uma caçapa ou cesta, porém seu nome é "Encaçapando bolinhas de gude". Que outro nome você daria a esse jogo?

   _____

   _____

2. Pelo que você leu, explique por que esse texto é denominado **texto instrucional.**

   _____

   _____

   _____

3 Pelo que você leu, as frases do texto são longas ou curtas?

_____

4 Há outras formas de apresentar um texto instrucional. Relacione as colunas para descobrir: na coluna esquerda, está a forma empregada no texto "Encaçapando bolinhas de gude"; na coluna direita, há termos correspondentes, bastante usados em textos desse tipo.

(1) Faça o máximo de pontos possível.   ( ) Material necessário

(2) Você vai precisar de: ( ) Etapas/regras do jogo

(3) Como jogar: ( ) Objetivo a ser alcançado

5 No início do livro de onde foi retirado o jogo que você conheceu, há uma legenda com imagens usadas para indicar as características de cada jogo. Veja:

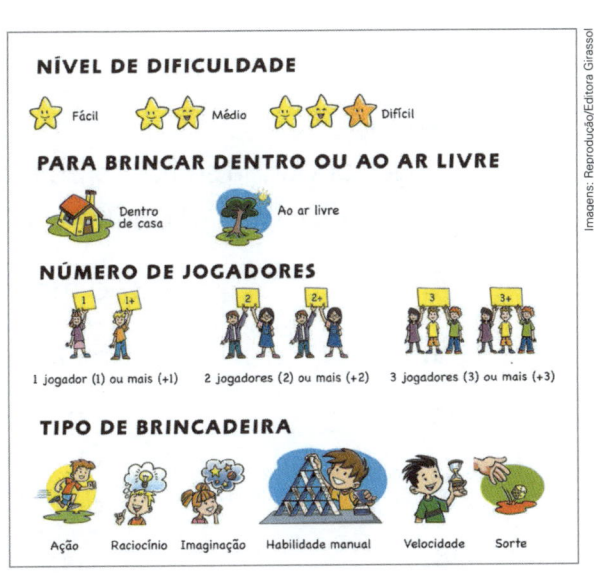

a) Veja a seguir a legenda do jogo "Encaçapando bolinhas de gude". Escreva o significado de cada símbolo.

🏠 🌳	👥👥	🔺	⭐⭐
_____	_____	_____	_____

221

b) Para quem são essas orientações? _____

_____

6 Alguns textos instrucionais apresentam as orientações sob a forma de itens. No quadro a seguir há formas verbais que podem completar dez etapas do jogo "Encaçapando bolinhas de gude", escritas em forma de itens.

| calcule | prepare | determine | coloque | escreva |
| reveze | vence | anote | distribua | corte |

a) Complete cada etapa com uma das formas verbais do quadro.

Etapas

1. _____ a caixa de sapatos.

2. _____ alguns buracos de tamanhos diferentes na borda, largos o suficiente para a bolinha de gude passar.

3. _____ acima de cada buraco o número de pontos que o jogador ganha se fizer a bolinha passar por ele. O buraco maior vale 1 ponto; o menor vale 10 pontos, pois é mais difícil fazer a bolinha passar por ele.

4. _____ o mesmo número de bolinhas para cada jogador.

5. _____ a caixa virada para baixo.

6. _____ a linha de partida.

7. _____ um jogador após o outro.

8. _____ os pontos de cada jogador.

9. _____ o total de pontos de cada um quando as bolinhas acabarem.

10. _____ quem tiver mais pontos.

b) Releia em voz alta as duas formas apresentadas do texto instrucional: a original e as frases do item **a**. O que você percebe sobre a entonação da voz em cada um dos formatos?

_____

_____

_____

c) Na sua opinião, qual das duas apresentações do texto "Encaçapando bolinhas de gude" é mais objetiva e fácil de ler e entender: a do original (da página 219) ou a do texto em forma de itens, como no item **a** desta atividade? Justifique sua escolha.

_____
_____
_____
_____
_____

Hora de organizar o que estudamos

 Selecione do quadro a seguir palavras, expressões e frases para completar o esquema sobre o texto instrucional.

> pessoas interessadas em orientações sobre como fazer alguma coisa – orientar – frases mais curtas – objetividade – pode ser organizado em itens – instruir – explicar

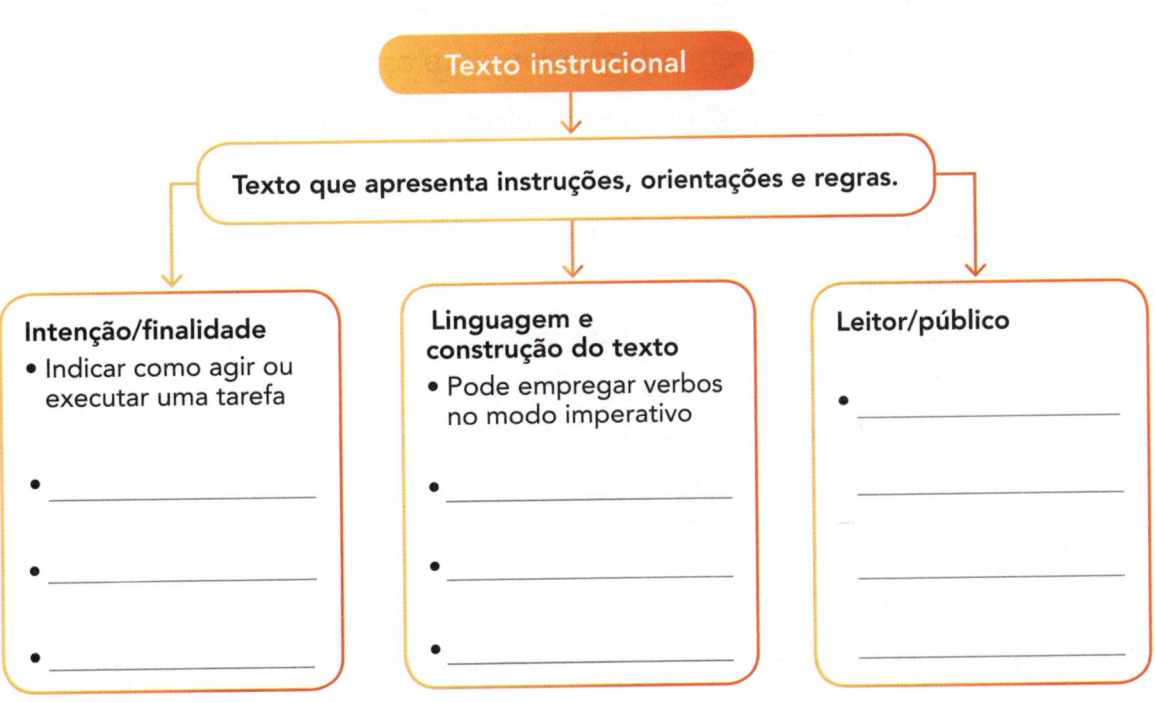

Prática de oralidade

Conversa em jogo

Brincar em grupos: conviver com outros

Você gosta de brincar com outras crianças? Quais são as suas brincadeiras preferidas?

Você conheceu as regras de um jogo: esperar a vez de jogar, contar os pontos de acordo com o que está marcado, dividir igualmente as bolinhas de gude entre os jogadores, entre outras.

Agora, reflita: O que pode acontecer se as regras de um jogo não forem seguidas? E em nosso cotidiano, é necessário haver regras no convívio com as pessoas? Que tipo de regra?

Texto instrucional em vídeo

1. Pesquisem na internet vídeos com instruções para brincadeiras, jogos de tabuleiros ou *videogames*.

2. Selecionem dois vídeos diferentes e os vejam juntos.

3. Depois, conversem sobre os tópicos a seguir.

   a) Que tipo de linguagem foi usada nos vídeos: somente a linguagem verbal ou foram empregadas imagens para complementar a apresentação?

   b) Os vídeos explicaram adequadamente as regras do jogo ou brincadeira?

   c) Havia alguém apresentando os vídeos? Quem?

   d) Em caso de haver apresentador, comentem como eram:
   - a postura e os gestos durante as falas;
   - a expressão facial;
   - a articulação das palavras;
   - o tipo de linguagem empregada;
   - o tom de voz, a forma de olhar, entre outras características que chamaram a atenção de vocês.

   e) Os vídeos deixaram vocês com vontade de se divertir com o brinquedo ou jogo apresentado? Expliquem.

4. Cada aluno deve indicar qual vídeo achou mais interessante. Depois, verifiquem: Qual foi o mais escolhido? Por quê?

Outras linguagens

"Encaçapando bolinhas de gude" é um texto instrucional em linguagem verbal. Agora, vamos seguir instruções dadas por meio de imagens para fazer a dobradura de um gato.

1. Conversem sobre o tipo de papel que vocês usarão para fazer a dobradura.

2. Leiam e observem as etapas apresentadas a seguir.

3. Sigam as etapas juntos. Vamos lá?

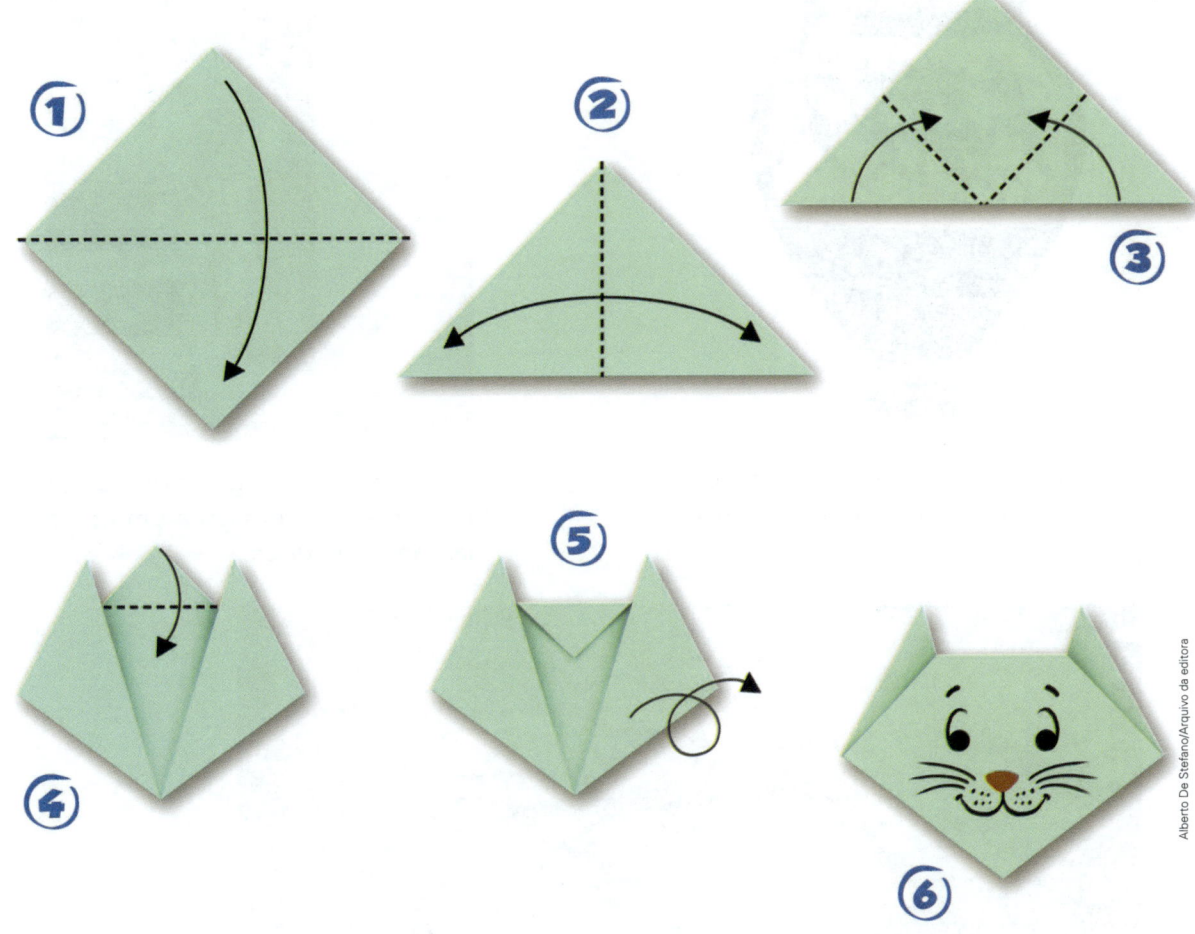

4. Foi fácil ou difícil seguir essas instruções?

5. Será que o texto "Encaçapando bolinhas de gude" poderia ser apresentado apenas por meio de imagens?

Tecendo saberes

Jogos na Antiguidade

Jogos e brincadeiras são atividades muito antigas.

Há registros de sua presença na Grécia antiga, onde se originaram as Olimpíadas, há mais de 2 mil anos.

Imagens de jogos dessa época ficaram registradas em obras de arte da Antiguidade. Veja a seguir.

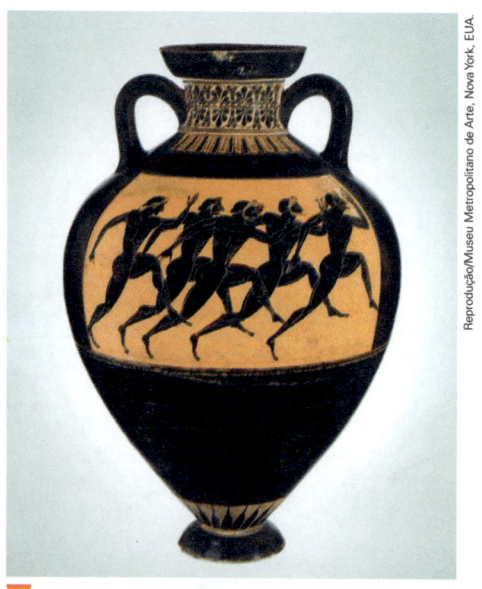

Ânfora grega de cerca de 530 a.C. Representa atletas disputando uma prova de corrida.

Discóbolo, do grego Míron, cerca de 455 a.C. Representa um atleta lançando um disco.

Detalhe de alto-relevo em mármore de cerca de 510 a.C. Representa dois lutadores.

Jogos dos povos indígenas

Jogos e brincadeiras fazem parte do dia a dia dos povos indígenas. Cada povo tem seus jogos e brincadeiras, transmitidos de geração em geração.

Conheça alguns jogos indígenas a seguir.

Mulheres indígenas participam de prova de revezamento de tora nos Jogos Mundiais dos Povos Indígenas. Palmas (TO), 2015.

Homens indígenas na prova de cabo de guerra nos Jogos Mundiais dos Povos Indígenas. Palmas (TO), 2015.

Prova de arco e flecha nos Jogos Mundiais dos Povos Indígenas. Palmas (TO), 2015.

 Vocês gostam de jogos? Quais vocês preferem?

Língua: usos e reflexão

Usos do verbo no imperativo

1. Releiam dois trechos do texto "Encaçapando bolinhas de gude" e observem as formas verbais destacadas:

> "**Prepare** a caixa de sapatos [...]."
> "Feito isso, **escreva** um número acima de cada buraco."

Conversem sobre o que expressam essas formas verbais nas frases. Depois, registrem as conclusões a que vocês chegaram.

_____

_____

> As formas verbais **prepare** e **escreva** estão empregadas no que chamamos de **modo imperativo**: formas que expressam ordem, aconselhamento, orientação, instrução, regra e pedido.

2. Faça um **X** nas frases em que a intenção seja dar uma ordem, instrução ou orientação.

☐ "Faça o máximo de pontos possível."

☐ "Posicione a caixa virada para baixo e, juntos, definam uma linha de partida [...]"

☐ Jogos e brincadeiras fazem parte do dia a dia de muitos povos.

☐ Durante jogos e brincadeiras, procure respeitar todos os participantes.

☐ Os povos indígenas mantêm suas tradições também por meio dos jogos.

☐ Jogos e brincadeiras são atividades muito antigas na história humana.

☐ Sempre leia as instruções antes de jogar algo novo.

3. Leiam juntos o texto a seguir.

Revista **Recreio**. São Paulo: Abril, n. 131, p. 18, abr. 2002.

a) Qual é a finalidade desse texto?

b) Copiem no caderno as formas verbais que expressam orientação, isto é, que estão no modo imperativo.

c) A quem essas formas verbais se dirigem?

d) Vocês acham que a proposta do texto "Transformação mágica" foi útil para vocês? Sugerem alguma mudança no texto? Qual?

4 As formas verbais no modo imperativo são muito empregadas não apenas em textos com a finalidade de instruir, dar ordens ou apresentar regras, como também em propagandas. Observe.

a) Nas frases destacadas das propagandas, circule as formas verbais que estão no modo imperativo.

b) A quem se dirigem esses apelos? _____

5 Leia as frases a seguir.

| Contribua para despoluir o ambiente. | Não jogue lixo nas ruas ou nos rios. |

a) Copie a forma verbal no modo imperativo que indica o que **não** deve ser feito.

_____

b) Nas frases, as formas verbais dirigem-se a apenas uma pessoa. Reescreva as frases para que se dirijam a várias pessoas.

_____
_____
_____

O modo imperativo pode ser empregado como:
- **imperativo afirmativo**: expressa o que deve ser feito;
- **imperativo negativo**: expressa o que não deve ser feito.

Agora você

1 Leia a tirinha abaixo.

Jim Davis. **Garfield:** um gato em apuros. Porto Alegre: L&PM, 2013. p. 8.

a) Que pedido foi feito a Garfield? _____

b) Sublinhe a forma verbal empregada para fazer o pedido.

c) Que tipo de imperativo foi empregado? _____

d) Garfield obedeceu ao pedido? _____
_____

2. Leia esta outra tirinha do Garfield.

Jim Davis. **Garfield**: um gato em apuros. Porto Alegre: L&PM, 2013. p. 9.

a) Sublinhe as formas verbais empregadas na forma imperativa, isto é, que indicam uma ordem ou pedido.

b) O que aconteceu entre o convite de Jon e a "resposta" do gato?

c) O que você achou do que Garfield pensou?

3. Agora leia esta tirinha.

Jim Davis. **Garfield**: um gato em apuros. Porto Alegre: L&PM, 2013. p. 10.

a) No primeiro quadrinho, uma forma verbal foi empregada no imperativo para dar uma ordem. Que ordem foi essa? Sublinhe-a.

b) Garfield respeitou a ordem dada? Por quê?

4 Leia esta propaganda observando os verbos.

a) Reescreva os verbos no plural, dirigindo os apelos a muitas pessoas.

_____

_____

b) Reescreva cada verbo, dirigindo o apelo a **nós**.

_____

_____

_____

Ajude a salvar nossas crianças. Cuide delas no trânsito.

Concordância verbal

Já vimos anteriormente que o verbo concorda em pessoa e número com o termo a que se refere. Vamos estudar um pouco mais sobre isso.

1 Releia a frase do texto instrucional "Encaçapando bolinhas de gude" e escreva na linha o termo a que o verbo destacado se refere e com quem está concordando.

a) "Cada jogador **recebe** o mesmo número de bolinhas."

_____

b) A resposta que você deu ao item **a** é o **sujeito** a que o verbo está se referindo. Como ficaria a concordância com o verbo se a frase começasse com outro sujeito? Reescreva-a, fazendo as alterações necessárias.

Todos os participantes _____

_____

c) Assinale a palavra que poderia substituir o sujeito **Todos os participantes** nessa frase.

☐ Eu   ☐ Você   ☐ Ele   ☐ Eles

2 Leia as frases, observe a forma verbal destacada e escreva o sujeito a que se refere.

a) Alguns alunos **participaram** dos jogos entre as escolas do bairro.

_____

b) Muitas motos **se envolveram** em acidentes no final de semana.

_____

c) Minha amiga **não aceitou** ajuda para seu trabalho de final de ano.

_____

d) Ana Júlia, Paula e eu **iremos** ao *show* no final de semana.

_____

3 Escreva o termo a que o verbo se refere, isto é, o **sujeito**.

a) "Os jogadores se revezam, um após o outro." _____

b) Agora, reescreva a frase usando estes sujeitos:

Eles _____

Nós _____

Vocês _____

> Os sujeitos a que os verbos se referem e com os quais concordam podem ser expressos por:
> - nomes: **Os jogadores**.
> - palavras que substituem os nomes: **eles, nós, vocês**; são os **pronomes**.

Vamos relembrar o que são pronomes.

Pronomes pessoais

1 Releia uma frase do texto "Encaçapando bolinhas de gude".

> "O buraco maior marca 1 ponto e o menor, 10, pois é mais difícil fazer a bolinha passar por **ele**."

Qual é o termo substituído pela palavra **ele**?

_____

2 Releia este quadrinho.

Observe a palavra destacada: **você**. Que nome essa palavra está substituindo?

_____

As palavras **ele** e **você** são **pronomes**.

> **Pronomes pessoais** são os termos usados para substituir ou indicar as pessoas do discurso: quem fala, com quem se fala, de quem se fala.

Leia o quadro a seguir com a professora e conheça esses pronomes.

Pessoas do discurso	Singular	Plural
1ª pessoa (quem fala)	eu me, mim, comigo	nós nos, conosco
2ª pessoa (com quem se fala)	tu te, ti, contigo	vós vos, convosco
	você se, si, consigo o, a, lhe	vocês se, si, consigo os, as, lhes
3ª pessoa (de quem ou de que se fala)	ele, ela se, si, consigo o, a, lhe	eles, elas se, si, consigo os, as, lhes

Observação: Embora **você** e **vocês** se refiram à 2ª pessoa do discurso, isto é, à pessoa com quem se fala, esses pronomes são empregados como se fossem 3ª pessoa. Observe.

- **Tu queres teu** lanche agora?
- **Você quer seu** lanche agora?

3. Em algumas regiões do Brasil emprega-se **tu** no lugar de **você**.

Acompanhe a leitura em voz alta do trecho de um poema do gaúcho Mario Quintana, em que ele emprega o pronome **tu** de forma carinhosa. Observe que a palavra **tu** não aparece, mas está representada pelos pronomes **te** e **teus** e pelas formas verbais.

Canção de junto do berço

Não **te** movas, dorme, dorme
O **teu** soninho tranquilo.
Não **te** movas (diz-lhe a Noite)
Que ainda está cantando um grilo...
[...]

Mario Quintana. **Melhores poemas**. São Paulo: Global, 1998. p. 37.

Em sua região, que pronome é mais empregado: **tu** ou **você**? _____

4. Leia os quadrinhos a seguir.

Charles M. Schulz. **Peanuts completo (1961 a 1962)**. Porto Alegre: L&PM, 2013. p. 1.

a) Por que os meninos duvidaram de Lucy?

_____

b) Observe a palavra **ela** destacada nos quadrinhos. Escreva a que termo essa palavra se refere:

- no primeiro quadrinho – _____;
- no segundo quadrinho – _____;
- no terceiro quadrinho – _____.

5 Releia o quadrinho ao lado e observe as palavras destacadas.

A quem essas palavras se referem?

_____

6 Leia esta curiosidade sobre a baleia-azul.

> A baleia-azul é o maior animal do planeta. A língua da baleia-azul pesa 4 toneladas. Diariamente, a baleia-azul alimenta-se de milhões de *krills*, um tipo de camarão.
>
> Adaptado de: <http://mundoestranho.abril.com.br/mundo-animal/quais-sao-as-maiores-baleias-do-mundo/>. Acesso em: 5 mar. 2020.

Compare com outro modo de escrever esse trecho.

> A baleia-azul é o maior animal do planeta. A língua dela pesa 4 toneladas. Diariamente, ela come milhões de *krills*, um tipo de camarão.

O que foi feito no segundo texto? Converse com os colegas.

7 Marque a alternativa que indica o que foi alterado na reescrita da atividade anterior.

☐ Foram empregados os pronomes **ela** e **dela** para indicar a palavra **língua**.

☐ Para evitar repetição, o nome **baleia-azul** foi substituído pelos pronomes **dela** e **ela**.

☐ Todo o texto foi alterado.

8 Reescreva no caderno o trecho a seguir, evitando repetições.

> O **falcão-peregrino** é a ave mais rápida do mundo. O **falcão-peregrino** é também um dos seres mais velozes do reino animal. O **falcão-peregrino** ultrapassa a velocidade de 320 km/h ao mergulhar para atacar uma presa.
>
> Fonte de pesquisa disponível em: <http://super.abril.com.br/blog/superlistas/9-animais-super-velozes/>. Acesso em: 5 mar. 2020. (Adaptado.)

Produção de texto

Texto instrucional

Quer brincar?

1. Organizem grupos de quatro alunos.
2. Escolham um jogo ou brincadeira de que gostem.
3. Vocês vão apresentar um vídeo rápido para ensinar as regras do jogo ou brincadeira para os colegas.

Planejamento

1. Anotem no caderno as etapas do jogo ou brincadeira escolhida.
2. Produzam um texto para instruir o leitor sobre como é o jogo ou brincadeira: material necessário, etapas e objetivos.
3. Vocês vão escrever um texto em itens ou tópicos. Podem elaborar as frases iniciando com formas verbais no imperativo.
4. O texto poderá ter outro formato, como o do texto "Encaçapando bolinhas de gude".

Escrita e revisão

1. Registrem o texto no caderno.
2. Juntos, leiam para verificar se está claro para quem quiser seguir as instruções.

Gravação

1. Escolham quem vai ser o apresentador no vídeo.
2. Definam quais membros do grupo vão ajudar na gravação do vídeo. Vocês podem usar um celular para o registro.
3. Importante: releiam as anotações e cronometrem o tempo para que a gravação não ultrapasse 10 minutos. Para isso, preparem as falas para que a apresentação seja rápida e clara.
4. A professora vai marcar um dia para a apresentação dos vídeos.

Avaliação

Depois das apresentações, formem uma roda para conversar sobre as seguintes questões:

a) Como foi trabalhar em grupo? Houve alguma dificuldade?

b) Vocês acharam bom divulgar o jogo ou brincadeira?

c) Qual jogo ou brincadeira mais cativou vocês? Qual vocês escolheriam para jogar ou brincar?

Palavras em jogo

Acentuação de palavras paroxítonas

Você já estudou algumas regras de acentuação.

1 Juntos, releiam estas palavras que estão no texto da unidade e conversem sobre a regra que foi empregada para acentuá-las.

> você   número

- Depois de conversarem, registrem no caderno as regras que relembraram e deem três exemplos para cada uma delas.

2 No texto que você leu no início desta unidade há a palavra **possível**. Compare-a com as palavras a seguir.

> difícil   fácil   amigável   horrível

Além de terminar em **L**, assinale o que essas palavras têm em comum quanto à tonicidade.

☐ Todas são monossílabas.

☐ Todas são oxítonas.

☐ Todas são paroxítonas.

☐ Todas são proparoxítonas.

3 Pintem as palavras que têm a mesma tonicidade que vocês assinalaram na atividade anterior.

☐ janela ☐ pastel ☐ dólar ☐ móvel ☐ saci ☐ biquíni

☐ balão ☐ órfão ☐ lápis ☐ caderno ☐ bênção ☐ táxi

4 Observe que foram assinaladas apenas as palavras paroxítonas. Copie apenas as palavras paroxítonas assinaladas em que foi empregado o acento gráfico.

_____

_____

5 Juntos, observem a terminação das palavras paroxítonas com acento gráfico e elaborem uma regra de acentuação para elas.

_____

6 Cada dupla deverá pesquisar em jornais, revistas ou até no dicionário mais três palavras paroxítonas que tenham acento gráfico.

_____

Assim também aprendo

- Leia os quadrinhos e divirta-se com o personagem dando instruções a seu cachorro.

Quadrinho 1: É fácil montar um quebra-cabeça, Tuneba!

Quadrinho 2: É só encaixar as peças assim... Vai, tenta!

Quadrinho 4: É fácil, Tuneba! Você dobra aqui, aqui e tá pronto o aviãozinho...

Quadrinho 5: Não! Por que você fez um barquinho? Avião é assim!

Quadrinho 6: Vamos tentar mais uma vez...

© Jean Galvão/Acervo do cartunista

Jean Galvão. **Recreio especial tirinhas**. Editora Abril. Edição especial.

O que estudamos

Autoavaliação

- Faça um **X** na coluna que mostra como você se saiu nesta unidade.

Unidade 7		Avancei	Preciso estudar mais
Gênero	Leitura e interpretação de **texto instrucional**		
	Organização do texto instrucional		
	Produção: texto instrucional para ser gravado em vídeo		
Estudo sobre a língua	Uso dos verbos no imperativo		
	Concordância verbal: o verbo e a relação com o sujeito		
	Pronomes pessoais		
	Acentuação das palavras paroxítonas		
Oralidade	Participação nas atividades orais		

Sugestões de...

Livro

O grande livro dos jogos, de Josep Maria Allué, publicado pela editora Ciranda Cultural.
Um livro com 250 jogos do mundo inteiro para todas as idades, selecionados conforme o grau de dificuldade, os recursos utilizados e a maneira como podem ser realizados.

Site

<https://tvcultura.com.br/programas/quintaldacultura>
Nesse *site* há vídeos divertidos que ensinam a fazer comidas, objetos, etc.

Unidade 8
Texto teatral

Nesta unidade você vai...

- ler e interpretar texto teatral;
- participar de encenação de texto teatral;
- produzir peça teatral com base em narrativa;
- estudar pontuação, entonação e expressividade;
- estudar vocativo e interjeição;
- estudar palavras terminadas em -ice e -isse;
- participar de debates e atividades orais.

- O que está acontecendo nesta cena?
- Você já assistiu a alguma peça de teatro? Qual? Converse com os colegas sobre ela.
- Gostaria de participar de alguma peça teatral? Qual?
- Na sua cidade há algum teatro?

Para iniciar

Atores em cena: representação, cenário, luzes, ação.

No teatro, a história é contada pela atuação dos atores, que falam, se movimentam, gesticulam e modulam a voz para que o público acompanhe o que está sendo representado: o que aconteceu, com quem, onde...

● Observe a foto de encenações para crianças e jovens apresentadas em diferentes palcos do Brasil. Depois, relacione a cena fotografada com o título de cada história.

Peter Pan   ●   O casamento da dona Baratinha   ●
O pequeno príncipe   ●   Branca de Neve

_____

_____

_____

_____

Ao assistirmos a uma peça de teatro, às vezes não imaginamos o texto que está por trás da apresentação e da encenação da peça. Você já leu um texto teatral?

O texto a seguir é a cena inicial de uma peça que conta a história de um rei muito ganancioso: por mais que ele tivesse, sempre queria mais.

Como será o fim dessa história? Leia para descobrir.

Leitura: texto teatral

O Rei de Quase-Tudo

Personagens

Rei Quase   Periquita, a padeira
Bobo   Rosa Rosae, a florista
Ministro   Guta, a cozinheira
Rainha   Aldeões

> **Bobo:** profissional que tinha a função de distrair a corte; geralmente, era de confiança do rei.

Prólogo

(*Telão representando o reino de Quase-Tudo. Montanhas que se perdem no horizonte. Entram os aldeões cantando.*)

O reino de Quase-Tudo
tinha até coisa demais.
Mas o Rei de Quase-Tudo
queria sempre mais.
Tinha ouro, muito ouro,
mas o Rei achava pouco.
Tinha terra, muitas terras.
Mas o Rei queria mais.
Tinha natureza bela,
lindas flores e animais,
um primor de perfeição,
mas o Rei queria mais!

No palácio real

(*Sobe o telão. Surge a Sala do Trono no Palácio Real. Entra o Rei muito nervoso.*)

Rei Quase — Preguiçosos! Vagabundos! Eu já estou acordado e vocês estão dormindo. É por isso que este reino não vai para frente. Ministros, guardas!

(*sai*)

Bobo — Preguiçosos! Vagabundos! Eu já estou acordado e vocês estão dormindo. É por isso que este reino não vai para frente. Ministros, guardas!

Ministro (*de pijama*) — O que está acontecendo?

Bobo — O *Big Brother* acordou!

Ministro — Mas são duas horas da manhã.

Bobo — E qual é o problema?

Ministro — A gente trabalha o dia inteiro e tem o direito de dormir.

Bobo — Diz isso para ele e você vai para a **masmorra**.

Ministro — O pior é que na hora de receber os **embaixadores** todo mundo fica abrindo a boca de sono.

Bobo — Diz isso para ele.

Ministro — Eu não! Eu não sou bobo.

Bobo — Já sei, eu é que tenho que dizer.

Ministro — Isso mesmo. Você é o Bobo do Rei. Bobo pode dizer tudo e não acontece nada.

Bobo — Você é que pensa. Eu é que levo palmada.

Ministro — Mas palmada de rei não dói.

(*Passa o Rei, e o Bobo vai atrás imitando. Depois o Ministro entra na roda, em movimento circular constante.*)

Rei Quase — Preguiçosos! Vagabundos! Eu já estou acordado e vocês estão dormindo. É por isso que este reino não vai para frente. Ministros, guardas! (*sai*)

Bobo — Preguiçosos! Vagabundos! Eu já estou acordado e vocês estão dormindo. É por isso que este reino não vai para frente. Ministros, guardas!

Ministro — Mas o que aconteceu, Majestade?

Rei Quase — Você não sabe?

Ministro — O senhor não falou.

Rei Quase — É preciso falar tudo?

Bobo — Você não pode adivinhar?

Ministro — Adivinhar?

Rei Quase — Isso mesmo, adivinhar.

Bobo — E por que não?

Ministro (*à parte*) — Eu ainda mato esse Bobo.

Rei Quase — E por que não?

Ministro — Porque ainda não acabei meu curso de adivinho. A Faculdade de Ciências Cultas e Alta Magia foi suspensa pelo Ministério da Falta de Educação, as mensalidades estavam muito altas, os professores ganhavam muito pouco e foram plantar batatas.

Rei Quase — Isso é um absurdo.

Bobo — Batatas? Adoro batatas fritas.

Ministro — Eu prefiro batata assada.

• **Big Brother:** expressão em inglês. Corresponde a "Grande Irmão", em português.

masmorra: prisão subterrânea.

embaixadores: pessoas que representam o governo de um país em outro país.

Rei Quase — Preguiçosos, vagabundos! Em vez de dar aulas, foram plantar batatas.
Ministro — Eu gosto com queijo.
Bobo — Batata frita com queijo parmesão é muito bom.
Ministro — E assada com queijo catupiri?
Rei Quase (*nervoso*) — Parem de falar em comida. Eu estou preocupado com o reino e vocês ficam nessa falação. Falando em batata assim, assada, frita, cozida, o reino está em perigo e vocês só falam em comer batata?
Bobo

(*Canta a Canção das Batatas*)
Adoro batatas!
Batatas coradas,
fritas, recheadas,
cozidas, assadas.
Batatas, batatas,
são sempre demais,
aguçam-me a fome.
Adoro comer!
Adoro correr
pelos batatais.
Na terra, escondida,
dorme a batatinha.
Batatinha,
quando nasce,
se esparrama pelo chão.
Batatinha,
quando é frita,
me alegra o coração.

Rei Quase — Preguiçosos, vagabundos, em vez de falar em batatas deviam estar trabalhando. A água do meu banho está pronta?
Bobo — Está quase pronta, Majestade!
Rei Quase — Meu café está servido?
Bobo — A cozinheira está acabando de preparar.
Ministro — Está quase pronto.
Rei Quase — Quase, quase. Meu banho está preparado?
Bobo — Falta só mais um minuto.
Ministro — Está quase pronto, Majestade.
Rei Quase — Quase, quase. Os cavalos estão **atrelados**?
Ministro — Já vão acabar, já, já.
Rei Quase — Chega de tanto "quase". Como é que se pode governar assim?

atrelados: presos, amarrados a um veículo.

Bobo — Como é que se pode governar assim?

Rei Quase — Pare com essa coisa irritante. Eu não quero mais *quase*. Eu quero *agora*.

Ministro — Majestade, um pouco de paciência.

Rei Quase (*irritado*) — Eu sou o Rei. Rei não tem que ter paciência coisa nenhuma. Quero meu café coado, o meu leite esquentado, a manteiga bem fresquinha e o queijo bem curado. Não peço, pois sou o Rei, e minhas ordens depressa cumpridas serão, se não querem vocês acabar na prisão.

(*Entra a Rainha e, logo após, as serviçais do palácio, dando satisfações.*)

Rainha — Meu Deus, não se pode dormir neste castelo?

Bobo — A Rainha acordou!

Padeira — O pão já está no forno.

Guta — O leite já está morno.

Florista — As flores já enfeitam o palácio.

Rainha — Mas ainda é de madrugada.

Rei Quase — Não importa se a lua reina. Minha vontade serena será sempre obedecida.

Rainha — Vamos tomar café, senhor Rei de Quase-Tudo.

Rei Quase — "Quase" por enquanto, senhora Rainha. Por enquanto. (*saem*)

[...]

Periquita — Quase não deu tempo de fazer o pão. Que correria.

Rosa Rosae — A sorte é que o jardineiro colhe tudo pela noite.

Guta — O Rei acordou muito cedo.

Periquita — Deve estar com muita insônia.

Rosa Rosae — Devia tomar um chá de camomila.

Guta — Ou um suco de maracujá.

Periquita — Eu não entendo. Por que ele fica tão irritado?

Rosa Rosae — Ele tem um jardim lindo e nunca passeia para ver as flores e as borboletas.

Guta — Eu faço tanta coisa gostosa, e ele está sempre reclamando. Um dia reclama do sal. No outro, sente falta do tempero. Se faço doce de mamão ralado, ele quer doce de leite. Se faço brigadeiro, ele quer **josefina**. Se faço tudo de uma vez, ele não quer nada, porque está sem apetite. Eu não acerto nunca.

Rosa Rosae — A gente tem que ter muita paciência. Rei reclama sempre. Se trago rosas, quer cravos. Reclama se o perfume da violeta é suave e se a dama-da-noite exala muito perfume.

Periquita — Quem tem muita coisa reclama. Quando se está com fome, a gente acha tudo muito gostoso. Ele tem muita coisa. Se chamasse o povo para visitar o castelo, todo mundo iria achar minhas roscas maravilhosas; meus bolos e meus pães, uma delícia. Ele precisa saber o que é ter fome.

> **josefina:** doce também chamado de "casadinho". É formado por uma parte de leite condensado e uma parte de chocolate.

Rosa Rosae — Isso é verdade. Quando as flores desaparecem, acho tudo tão triste. Mas quando voltam na primavera fico feliz com tanta cor e perfume.

Guta

Quem tem muito desperdiça.
Quem tem muito joga fora.
Não dar valor ao que se tem
é mandar a sorte embora.
Quem tem muito e não percebe
não dá valor ao que tem:
acaba virando um chato
e enjoado também.

José Luiz Ribeiro. **O Rei de Quase-Tudo**. Rio de Janeiro: Zit, 2004. p. 7-17.

Sobre o autor

Jornalista, escritor, professor e especialista em teatro, comunicação e cultura, o mineiro **José Luiz Ribeiro** tem mais de quarenta anos de atuação nos palcos brasileiros.

Interpretação do texto

Compreensão do texto

Atividade oral e escrita

1. O que você achou da história do rei ganancioso? Converse com os colegas.

2. O que aconteceu de diferente no castelo do Rei de Quase-Tudo?

   _____

   _____

3. O que deixou o Rei Quase muito irritado? _____

   _____

   _____

4 Para o Rei Quase, qual é o motivo de o seu reino não ir para a frente?

_____

_____

5 Todos no castelo tinham um motivo para não gostar que o Rei Quase acordasse às duas horas da manhã. Copie as frases do texto teatral que mostram a indignação de cada um dos personagens a seguir.

a) Rainha: _____

_____

b) Ministro: _____

_____

_____

6 Por que o Bobo não teme o Rei Quase? Copie do texto a frase que comprova sua resposta.

_____

_____

7 No texto há uma expressão, que também é uma frase popular, que faz os personagens começarem a falar de comida. Copie essa expressão e explique o que ela pode significar.

_____

_____

_____

8 Os empregados do palácio acham que o Rei de Quase-Tudo não tem motivo para ficar irritado. Explique por que pensam assim.

_____

_____

 **9** Por que o nome do texto teatral é "O Rei de Quase-Tudo"?

Linguagem e construção do texto

Elementos e indicações do texto teatral

O texto teatral é escrito para ser encenado, isto é, trata-se de uma história a ser apresentada ao público por meio de falas, gestos, da movimentação em cena e da expressividade dos atores. É construído principalmente pelo **diálogo** entre os personagens.

1. Para encenar o texto teatral "O Rei de Quase-Tudo", quantos atores são necessários? Copie o nome dos personagens da peça.

   _____

   _____

2. Como o leitor descobre a que personagem pertence cada fala?

   _____

   _____

3. Em que cenários a história acontece? _____

   _____

4. Como o leitor fica sabendo que houve mudança de cenário?

   _____

   _____

5. No texto teatral há indicações para o ator sobre como ele deve falar, atuar. Essas indicações são chamadas **rubricas**. Copie do texto algumas rubricas que indicam ao ator como ele deve atuar quanto:

   a) à voz – _____

   b) ao vestuário – _____

   c) aos gestos – _____

   _____

   d) à movimentação em cena – _____

   _____

6 No texto que você leu, as falas foram registradas em prosa e em verso.

Pinte a seguir o nome dos personagens que apresentam alguma fala em verso.

| Rei Quase | Bobo | Ministro | Aldeões | Rainha |

| Rosa Rosae, a florista | Guta, a cozinheira | Periquita, a padeira |

7 Que efeito a mistura de falas em verso com falas em prosa causa no texto?

_____
_____
_____

8 Compare as falas do Ministro.

> — Eu não! Eu não sou **bobo**. [...] Você é o **Bobo** do Rei.

Por que a palavra **bobo** foi registrada com letra **minúscula** na primeira fala e com **maiúscula** na segunda?

_____
_____

9 Muitas das falas do Bobo repetem falas do Rei. Que efeito essa repetição causa? Converse com os colegas.

Hora de organizar o que estudamos

Leiam juntos o esquema a seguir.

Texto teatral
↓
Texto para encenação de uma história

- **Intenção/finalidade**
  - Registrar como deve ser encenada ou representada uma história

- **Linguagem e construção do texto**
  - Texto escrito com falas de personagens
  - Rubricas: marcas para orientar a encenação, a ação dos personagens e a forma de representar
  - Cenários

- **Leitor/público**
  - Pessoas interessadas em textos teatrais

Prática de oralidade

Conversa em jogo

Valorizar o que se tem...

Releia um trecho da fala de Guta.

> Quem tem muito e não percebe não dá valor ao que tem [...]

1. Qual é a sua opinião sobre a frase acima? Concorda, discorda ou concorda em parte?
2. No momento combinado, dê sua opinião; procure apresentar argumentos, fatos e exemplos variados da escola ou da comunidade para justificar seu ponto de vista.
3. Ouça a opinião dos colegas com atenção e, se necessário, solicite esclarecimentos.

 Outras linguagens

Cena de peça teatral

Observe a cena e converse com os colegas sobre as questões a seguir.

Cena da peça **O Mágico de Oz**.

a) Quantos personagens estão aparecendo no palco nesta cena?

b) Quem são os personagens representados na encenação? Descreva-os.

c) De qual personagem você mais gostou? Por quê?

d) Você conhece a história "O Mágico de Oz"?

Tecendo saberes

Você leu um texto teatral em que um dos personagens era o Bobo, um fiel escudeiro do Rei. Leia o texto a seguir para descobrir mais sobre essa figura característica e observe as pinturas.

Quem eram os bobos da corte?

Tudo indica que eram os melhores comediantes da sua época, a **Idade Média**. Ao contrário do que muita gente pensa, esses **plebeus** pagos para entreter a nobreza e a realeza não eram loucos nem faziam parte do time de vítimas de deformidades físicas, como corcundas e anões, que muitas cortes adotavam como circo particular. "Os bobos da corte não eram nada bobos. Eles possuíam várias habilidades: **versejavam**, faziam malabarismos e mímica. Eram, principalmente, gente com talento, sabedoria e sensibilidade para divertir os outros", afirma o historiador Nachman Falbel, da USP [Universidade de São Paulo].

Disponível em: <https://mundoestranho.abril.com.br/historia/quem-eram-os-bobos-da-corte/>. Acesso em: 5 mar. 2020.

- **Idade Média:** período que se inicia no século V e vai até a metade do século XV.
- **plebeus:** homens do povo.
- **versejavam:** recitavam versos.

O retrato de Sebastián de Morra, de Diego Velázquez, cerca de 1644 (óleo sobre tela). Representa um bobo da corte espanhola do século XVII.

Detalhe de **Bobo da corte do século XIV. Ilustração para trajes e hábitos do povo da Inglaterra**, de Joseph Strutt, século XIV (gravura colorida).

Você já foi ao circo? Como você imagina a figura do bobo da corte em um reino? Seria muito parecida com a do palhaço dos dias atuais? Por quê? Converse com os colegas sobre o assunto.

Língua: usos e reflexão

Pontuação, entonação e expressividade

Atividade oral e escrita

Nesta unidade, os estudos tratam de texto teatral. Para encenar uma peça, um dos aspectos fundamentais é a entonação, que confere expressividade à voz na hora de ler ou interpretar o texto.

1 Releia o início do texto "O Rei de Quase-Tudo".

> **Rei Quase** — Preguiçosos! Vagabundos! Eu já estou acordado e vocês estão dormindo. É por isso que este reino não vai para frente. Ministros, guardas! (*sai*)
>
> **Bobo** — Preguiçosos! Vagabundos! Eu já estou acordado e vocês estão dormindo. É por isso que este reino não vai para frente. Ministros, guardas!

a) Observe que o Bobo repetiu a fala do Rei, assim que este saiu. Qual foi a provável intenção do Rei nessa fala?

☐ Alertar o povo sobre as doenças do reino.

☐ Chamar a atenção de todos.

☐ Irritar o bobo da corte a fim de que ele saísse do reino.

b) Ao repetir essa fala, o Bobo teve a mesma intenção do Rei? Explique.

_____
_____
_____

c) Que sinais de pontuação são empregados na fala repetida pelo Rei e pelo Bobo? _____

d) Treine a leitura das duas falas em voz alta. Que entonação dará a cada uma? Aguarde sua vez.

2 Preparem a leitura do trecho do texto teatral "O Rei de Quase-Tudo", ao qual foram acrescentadas, entre parênteses, indicações de como interpretar as falas. Não se esqueçam de que elas podem ser acompanhadas de gestos.

> **Bobo** (*sussurrando com medo*) — Diz isso para ele e você vai para a masmorra.
>
> **Ministro** (*sussurando com raiva*) — O pior é que na hora de receber os embaixadores todo mundo fica abrindo a boca de sono.
>
> **Bobo** (*com ironia, fazendo uma gozação com o Ministro*) — Diz isso para ele.
>
> **Ministro** (*sussurrando com temor de ser ouvido*) — Eu não! Eu não sou bobo.
>
> **Bobo** (*falando meio alto, com cara de tédio, como quem já está conformado com sua função*) — Já sei, eu é que tenho que dizer.
>
> **Ministro** (*afirmando com muita certeza, como se estivesse dando uma ordem*) — Isso mesmo. Você é o Bobo do Rei. Bobo pode dizer tudo e não acontece nada.
>
> **Bobo** (*com medo e expressão assustada*) — Você é que pensa. Eu é que levo palmada.
>
> **Ministro** (*com ironia, como quem não está se incomodando com o que possa acontecer com o Bobo*) — Mas palmada de rei não dói.

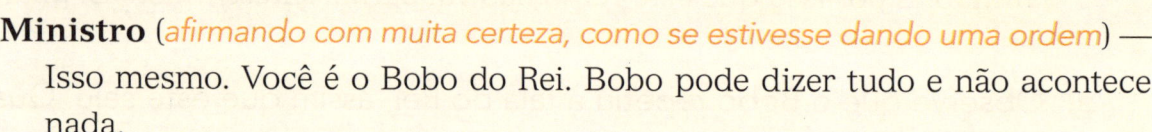

a) Leiam o trecho do jeito que vocês planejaram interpretar as indicações entre parênteses. Pensem que cada um pode representar a mesma indicação de forma diferente. Há, por exemplo, várias maneiras de expressar o sentimento de raiva. Esperem a professora chamar para que cada dupla faça a leitura.

b) Depois que as duplas tiverem apresentado suas interpretações, conversem sobre as leituras.

- O que estava indicado nos parênteses foi expresso pela entonação das falas?
- Quais foram as dificuldades encontradas ao interpretar um texto escrito por meio de entonação e de gestos expressivos?
- Os sinais de pontuação são suficientes para representar todas as entonações e intenções que temos ao dizer uma frase?

Vírgula e ponto e vírgula

1 Releia trechos do texto "O Rei de Quase-Tudo" observando os sinais de pontuação e responda às questões.

a) O que há antes da palavra **Majestade**? Circule.

> **Ministro** — Mas o que aconteceu, Majestade?

b) O que há depois da palavra **Majestade**? Circule.

> **Ministro** — Majestade, um pouco de paciência.

O termo **majestade** é um **vocativo**. Esse é o nome que damos a um termo que chama a atenção de alguém. Observe que o vocativo está separado por vírgula. Leia em voz alta para perceber como deve ser a entonação.

2 Reescreva as frases abaixo, empregando vírgula(s) para separar o vocativo.

a) Por favor Eduardo leve esta carta até o correio.

_____

_____

b) Pedro não fique aí parado, faça algo para o cão parar de latir!

_____

_____

c) Fique sossegada que estarei aí na hora marcada Carolina.

_____

_____

3 Juntos, respondam à seguinte questão: Como foi empregada a vírgula nos vocativos?

_____

_____

_____

4. Leia a tirinha a seguir.

Mauricio de Sousa. Turma da Mônica. **O Estado de S. Paulo**. São Paulo, p. D4, 20 mar. 2006.

a) Qual é o vocativo usado por Cebolinha? Circule-o na tirinha.

b) Cebolinha conseguiu o que queria? Explique com suas palavras.

_____

_____

5. Leia a piada a seguir.

> O Joãozinho vai reclamar para a professora:
> — Professora acho que não mereço zero!
> — Eu também acho Joãozinho mas foi a menor nota que encontrei.
> **Brasil**: almanaque de cultura popular, ano 11, n. 121, p. 34, maio 2009. (Adaptado.)

a) A professora e Joãozinho concordam em relação à nota que ele merece? Por quê?

_____

_____

b) Circule os vocativos das falas e empregue a vírgula onde for necessário.

6. Leiam o texto a seguir, se possível em voz alta.

> Adoro batatas!
> Batatas coradas,
> fritas, recheadas,
> cozidas, assadas.

Observem para que as vírgulas foram empregadas nesse trecho e, juntos, elaborem no caderno uma explicação para esse uso.

7 Releia em voz alta esta fala do Rei e perceba a entonação quando há o ponto final.

> **Rei Quase** — "Quase" por enquanto, senhora Rainha. Por enquanto.

Como você leria a frase se, no lugar do ponto final, estivesse o sinal de pontuação chamado **ponto e vírgula**? Para perceber a diferença, leia novamente a fala em voz alta. Depois, responda: Qual é a diferença, na fala, entre o ponto final e o ponto e vírgula?

_____

_____

8 Reescreva a fala a seguir e empregue o **ponto e vírgula** onde achar possível.

> **Periquita** — Quase não deu tempo de fazer o pão. Que correria.

_____

_____

Aspas, parênteses e reticências

1 Releiam em voz alta este trecho do texto teatral "O Rei de Quase-Tudo".

> **Ministro** — Está quase pronto, Majestade.
> **Rei Quase** — **Quase**, **quase**. Os cavalos estão atrelados?
> **Ministro** — Já vão acabar, já, já.
> **Rei Quase** — Chega de tanto "**quase**". Como é que se pode governar assim?

Observem que a palavra **quase** ora foi empregada sem aspas, ora foi colocada entre aspas. Qual é a provável intenção do uso das aspas nessa fala do Rei? Registrem no caderno.

2 Explique por que foram empregadas aspas na fala a seguir.

> **Rainha** — Vamos tomar café, senhor Rei de Quase-Tudo.
> **Rei Quase** — "Quase" por enquanto, senhora Rainha.

_____

_____

3. Voltem ao texto e pintem cinco ocorrências em que são empregados parênteses. Juntos, observem a finalidade deles no texto e registrem a seguir.

_____

_____

_____

4. Leia a frase a seguir e explique para que foram empregados os parênteses.

A Lua (satélite da Terra) ainda tem mistérios que atraem a curiosidade das pessoas.

_____

_____

5. Leia a tirinha a seguir.

Charles Schulz. **Snoopy está de volta**. Rio de Janeiro: Record, 1982. p. 13.

a) O que Minduim achou estranho?

_____

_____

b) Quem mudou a bola de lugar? Por quê?

_____

_____

c) Circule o sinal de reticências nos quadrinhos. Em seguida, leia em voz alta as falas de Minduim. Depois, assinale com um **X** as ideias que as reticências acrescentam à fala do personagem.

☐ raiva ☐ dúvida ☐ afirmação

☐ certeza ☐ explicação ☐ interrupção da fala

Hora de organizar o que estudamos

Complete com os nomes dos sinais de pontuação.

Sinais de pontuação

- Organizam as ideias e informações do texto
- Indicam
  - Expressividade
  - A intenção do autor sobre como pode ser lido o texto (pausas, entonação)

.	!	?	,	—	:	...	" "	( )	;
a)	b)	c)	d)	e)	f)	g)	h)	i)	j)

a) ______________________ f) ______________________

b) ______________________ g) ______________________

c) ______________________ h) ______________________

d) ______________________ i) ______________________

e) ______________________ j) ______________________

Interjeição

O texto teatral é sempre rico em palavras e em expressões que dão emoção e expressividade às falas. Releia a expressão destacada na fala da Rainha.

> **Rainha** — Meu Deus, não se pode dormir neste castelo?

Alberto De Stefano/Arquivo da editora

Observe que a expressão que a Rainha usa – **meu Deus** – indica a indignação dela por não poder dormir.

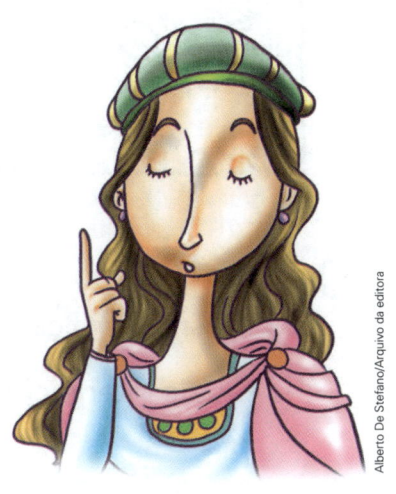

1 Leiam a tira a seguir.

Luis Fernando Verissimo. **O Estado de S. Paulo**. São Paulo, p. D12, 21 jun. 2009.

a) Copiem a seguir a expressão que indica:

- animação _____
- decepção _____

b) Observem que não há pontuação depois dessas expressões.

Reescreva-as pontuando adequadamente. _____

c) Conversem: O que dá o tom de humor à tirinha?

> Palavras que servem para expressar emoções e sensações – alívio, dor, dúvida, admiração, etc. – são chamadas de **interjeições**.
>
> Veja alguns exemplos: **ah, oh, oba, ufa, atenção, ai, ui, chi, ué, tomara, coragem, hum, hein, psiu, silêncio, puxa vida, cruz-credo, ora bolas**.

2 Agora, leia esta tirinha e sublinhe a interjeição que aparece.

Chris Browne. **Folha de S.Paulo**. São Paulo, p. E13, 23 maio. 2009.

a) No caderno, escreva uma frase usando essa interjeição. Tente reproduzir a mesma emoção ou sensação presente na fala do personagem da tirinha.

b) Quais interjeições poderiam ser usadas para responder a Hagar?

_____

Produção de texto

Texto teatral

Você sabe que um texto teatral é escrito para ser representado. Observou que o texto "O Rei de Quase-Tudo" contém: descrição do **cenário**; **falas** de cada personagem; **rubricas** e orientação quanto ao **vestuário**.

Agora será a sua vez de escrever o final para esse texto teatral. Antes, leia a primeira versão da história, ou seja, antes de ser feita a adaptação para o teatro.

O Rei de Quase-Tudo

O Rei de Quase-Tudo tinha quase tudo. Tinha terras, exércitos e tinha muito ouro.

Mas o Rei não estava satisfeito com o quase tudo. Ele queria tudo. Queria todas as terras. Queria todos os exércitos do mundo. E queria todo o ouro que ainda houvesse.

Assim, mandou os seus soldados à procura de tudo. E mais terras foram conquistadas. Outros exércitos foram dominados. Nos seus cofres já não cabia tanto ouro.

Mas o Rei ainda não tinha tudo. Continuava o Rei de Quase-Tudo.

Por isso ele quis mais: quis as flores, frutos e os pássaros; quis as estrelas e quis o Sol.

Flores e frutos e pássaros lhe foram trazidos. As estrelas foram aprisionadas e o Sol perdeu a liberdade.

Mas o Rei ainda não tinha tudo. Porque tendo as flores, não lhes podia prender a beleza e o perfume. Tendo os pássaros, não lhes podia prender o cantar. Tendo as estrelas, não lhes podia prender o brilho e tendo o Sol, não lhe podia prender a luz.

O Rei era ainda o Rei de Quase-Tudo.

E ficou triste.

Na sua tristeza saiu a caminhar pelos seus reinos. Mas os reinos eram agora muito feios. As flores e os frutos tinham sido colhidos. A noite não tinha estrelas e o dia não tinha Sol. E tristes como ele eram os seus súditos.

Então o Rei de Quase-Tudo não quis mais nada. Mandou que devolvessem as flores aos campos e que entregassem as terras conquistadas.

Mandou que plantassem árvores para que dessem frutos e que soltassem os pássaros. Mandou que distribuíssem as estrelas pelo céu e que libertassem o Sol.

O Rei ficou feliz. Na sua imensa alegria sentiu a paz. E sentindo a paz, o Rei viu que não era mais o Rei de Quase-Tudo. Ele agora tinha tudo.

Eliardo França. **O Rei de Quase-Tudo**.
Rio de Janeiro: Orientação Cultural, 1974. p. 1-24.

Produção escrita

Preparem-se para, com a orientação da professora, elaborar a parte do roteiro estipulada para a equipe de vocês: 1, 2 ou 3.

Divisão das cenas entre as equipes

1. Equipe 1: o Rei acumula posses – objetos, pessoas e elementos da natureza.
2. Equipe 2: o Rei sente a frustração de quem tem tudo, mas parece que falta algo. E o Rei de Quase-Tudo percebe que, em seu reino, faltam cores, sons, cheiros, brilho, etc.
3. Equipe 3: a transformação, com a devolução das coisas para os respectivos donos, e a felicidade de quem encontra a paz.

Planejamento das cenas

1. Como seria o cenário da parte da história pela qual vocês estão responsáveis? Que materiais poderiam ser usados para compor esse espaço?
2. Com quem o Rei iria atuar nessa parte da história?
3. Quais seriam as falas dos personagens?

Elaboração do texto

1. Descrevam o cenário em que se passam as cenas.
2. Definam personagens novos: suas características, seus gestos e movimentos.
3. Mantenham a coerência com o jeito de ser e agir dos personagens que já existiam no início da peça e que continuam a aparecer na cena.
4. Criem os diálogos entre esses personagens.
5. Redijam em prosa, intercalando ou não trechos em verso.

Revisão do texto

1. Façam a leitura teatralizada em grupo.
2. Verifiquem se o efeito produzido é o desejado.
3. Revejam a pontuação expressiva, a estrutura das frases, etc.
4. Verifiquem se há dúvidas quanto à escrita de alguma palavra, ao uso de travessão, à nomeação dos atores.

Leitura dramatizada das cenas

1. Apresentem uma leitura dramatizada. Ouçam, conforme a sequência da história, os outros textos das outras duas cenas.

2. Em seguida, com a ajuda da professora, avaliem se não houve quebra entre as sequências e se o efeito desejado foi produzido.

Encenação

Preparação

Para a montagem da peça teatral completa – começo, meio e fim –, providenciem:

- material para a confecção do cenário;
- material para a confecção de adereços para os personagens (máscaras, chapéus, etc.);
- algum instrumento sonoro ou fundo musical;
- material para produzir luz, cheiro, sombra, brilho, som, etc.;
- a distribuição de tarefas: quem participará como ator, sonoplasta, iluminador, diretor, auxiliar de palco, etc.

Organização da apresentação

1. Combinem local e data.
2. Decidam quem será convidado a assistir à representação, dependendo do espaço em que a peça será encenada: alunos da escola, pais ou responsáveis, turmas de outro período de aula, etc.
3. Providenciem convites a serem entregues antecipadamente.

Ensaio

Repassem falas, movimentos, gestos, sequência de entrada em cena, etc.

Apresentação da peça

Encenem a peça, prestando atenção no tom de voz e na expressividade em cena.

Avaliação da apresentação

Nesta etapa, o importante é perceber a receptividade da plateia – aplausos, comentários favoráveis ou desfavoráveis. Assim será possível verificar se a apresentação teatral atingiu seu principal objetivo: a interação dos atores com os espectadores.

Aí vem... texto teatral

Leiam agora o trecho de mais um texto teatral. Depois, em grupos, façam uma leitura em voz alta, dramatizada, das falas de cada personagem.

Eu chovo, tu choves, ele chove...

Personagens

Chuvisco (fantoche); Pingo; Chuveiro; Tia Nuvem; Galinha-d'Angola; Sereia; Ova de Peixe; Príncipe Elefântico; Ovo Bonifácio (objeto); Sol

Interpretados por seis atores em revezamento

Pingo — personagem fixo
Chuveiro — mesmo ator que faz Tia Nuvem
Galinha — mesma atriz que faz a Sereia
Ova de Peixe — mesma atriz que faz o Chuvisco

Cenário

Uma confusão de guarda-chuvas, nas cores azul, verde, lilás. Servem de biombos, cortinas, etc.

Surgem os atores, vestidos de trapos de plástico sobre malhas pretas. No início da peça, todos são pingos de chuva. Vão abrindo os guarda-chuvas, fazendo ruídos de pingos.

Os guarda-chuvas abertos simbolizam uma cortina de teatro que se abre, começando o espetáculo.

Ciranda do comecinho

(*Cantada por todos. Música de "Ciranda-cirandinha", em ritmo lento.*)

No caminho desta chuva... ploc!
muita história vai chover,
na ciranda-cirandinha... ploc!
tudo pode acontecer!

Quando eu chovo, ele chove,
quando chove, nós chovemos,
somos chuva, somos água,
pela nuvem choveremos!

O anel que tu me deste,
quando chove, se derrete,
o amor que tu me tinhas
era chuva de confete! (*Jogam papel picado.*)

Quando eu abro um guarda-chuva,
uma história vou chover,
quem quiser chover conosco
guarda-chuva deve ter!
Ploc! ploc! ploc! ploc!

(*Por baixo de um guarda-chuva, surge o fantoche Chuvisco.*)

Atores — Chuvisco chegou! Psiu! Psiu! Ploc! Chuvisco chegando é pingo-respingo molhando!

Ator — Bom dia, Chuvisco! Será que hoje vai chover?

Chuvisco — Psiu! Fale baixo. Psiu! Ui! Ui!

Atriz — O que foi que aconteceu, Chuvisco? O que é isto?

Chuvisco — Psiu! Ui! Ui! Ui! Ui! Ui... ai... ai! Ele está zangado! Psiu! Ele está zangadão!

Todos — Quem? Hein? Quem? Hein? Quem?

Chuvisco — O nosso Patrão! Está furioso! Calamidade! Calamidade!

Atriz — O que é calamidade, calamidade?

Chuvisco — (*Tremendo*) Não sei! Deve ser uma coisa horrível!

Ator — Já sei! Droga! Ele não vai deixar a gente chover hoje! Droga!

(*Sai, zangado*)

Chuvisco — Acho que o nosso Patrão mandou dizer que hoje ninguém tem licença para chover!

Todos — Ora! Ui! Ai! (*Choram*) Queremos chover! Queremos chover!

(*Surge o Sol. É um dos atores, segurando uma máscara brilhante e dourada. O Sol é feito de laranja e amarelo vibrantes. Os pingos se encolhem, com medo de secar.*)

Sol — Eu sou o Sol! Façam o favor de fechar o guarda-chuva. Hoje vai ser um lindo dia de sol! Um dia lindo de mim! Quer dizer: um lindo dia de sol... eu sou o Sol!

(*O Sol vai tomando o meio do palco, reluzindo pouco a pouco, dizendo "Ploc! Ploc! Ploc!". Os pingos vão sumindo, fugindo de cena. O Sol, muito orgulhoso, toma ares de cantor de ópera e começa a dançar e a cantar, com a mesma música de "Ciranda-cirandinha".*)

Sol

Ó ciranda-cirandinha

sou o Sol e vou solar

neste solo, vou solando,

na ciranda, cirandar!

Sou um sol de brincadeira

sol maior eu vou cantar

na ciranda-cirandeira

eu também quero brilhar!

O anel que tu me deste

no verão vira confete (*Joga brilhos*)

pois o sol é muito quente

e o verão tudo derrete!

(*Empunhando um guarda-chuva transparente, com um pingo de acrílico pendurado numa das extremidades de uma haste, surge Pingo de Chuva, meio medroso, meio tímido. É um pingo diferente dos demais, uma espécie igual, mas destacada.*)

Pingo — Ei! Senhor Sol!

Sol — O que é?

Pingo — O senhor poderia fazer o favor de ir embora, poderia?

Sol — Por quê? Quem é você?

Pingo — Eu sou o Pingo de Chuva. Eu preciso chover e, se fizer sol, eu não chovo... fico seco... sequinho... sabe?

Sol — Já que você pediu com tanto jeito, eu vou atender ao seu pedido... vou solar em outro lugar! (*Música de "Ciranda-cirandinha"*)

Sou um sol de brincadeira

sol maior eu vou cantar

mas se a chuva for de pingos

vou solar noutro lugar! (*Sai*)

Pingo — Obrigadinho, Senhor Sol! Até qualquer dia, hora ou lugar!

(*Surge Chuvisco, tremendo.*)

Chuvisco — Pingo de Chuva! O nosso Patr... rrrrrrrrr... Patrão está chegando! Ele não quer deixar a gente chover, hoje! Quem sabe, você, que é jeitoso, consegue a licença pra gente chover, hein?

Pingo — Eu?

Chuvisco — Você conseguiu fazer o Sol ir embora, não conseguiu?

Pingo — Mas o Sol não é nosso Patrão!

Chuvisco — Lá vem ele... ui... ui... peça a ele, sim?

Pingo — Ele está danado, hoje?

Chuvisco — Nosso Patrão Chuveiro está elétrico! Está danado, zangado e chato! Está trrrrrr... trovejante! Vou embora! Tchau! (*Sai*)

(*Surge um cartaz onde se lê: Tempo instável.*)

Pingo — Tempo instável? Tempo instável... sujeito a chuvas e trovoadas é coisa boa! Eu não tenho medo do nosso Patrão Chuveiro! Lá vem o Patrão Chuveiro, envolto em sua cortina de plástico!

(*Barulho de trovões. O barulho é feito à vista das crianças, para não assustar. Deve ser ridículo. Surge o Chuveiro. Vem envolto em uma cortina de plástico e traz uma escova na mão, em pose de rei.*)

Sylvia Orthof. **Eu chovo, tu choves, ele chove...** Rio de Janeiro: Objetiva, 2001. p. 15-25.

Palavras em jogo

Palavras terminadas em -ice ou -isse

1 Leiam a tirinha e, depois, respondam às questões.

Mauricio de Sousa. Disponível em: <http://turmadamonica.uol.com.br/tirinhas/index.php?a=20>. Acesso em: 28 mar. 2020.

a) Conversem: O que aconteceu para a cobra ter ficado tão nervosa?

b) Circulem no balão de fala a palavra que indica um verbo no tempo passado que se refere a uma ação da cobra.

c) Na frase a seguir, circulem a palavra que termina do mesmo modo.

A cobra não queria que Magali partisse levando tantas maçãs.

d) O que as palavras circuladas nos itens **b** e **c** têm em comum?

2 Leiam as palavras do quadro.

| menino | tolo | maluco | careta | chato |

Copiem, em cada item a seguir, a palavra correspondente do quadro. Observem o exemplo.

maluquice → maluco

a) tolice _____

b) caretice _____

c) chatice _____

d) meninice _____

3 Leia o trecho de um poema.

Minha sombra

De manhã a minha sombra
Com meu papagaio e o meu macaco
Começam a me **arremedar**.
E quando eu saio
A minha sombra vai comigo
Fazendo o que eu faço
Seguindo os meus passos.

Depois é meio-dia
E a minha sombra fica do tamanhinho
de quando eu era menino.
Depois é tardinha.
E a minha sombra tão comprida
Brinca de pernas de pau.

Minha sombra, eu só queria
Ter o humor que você tem,
Ter a sua meninice,
Ser igualzinho a você.
[...]

arremedar: imitar.

Jorge de Lima. **Novos poemas**. Rio de Janeiro: Lacerda, 1997. p. 24.

a) O que significa, no poema, **ter meninice**?

☐ Agir como uma sombra. ☐ Agir como um adulto.

☐ Agir como uma criança. ☐ Agir como um papagaio.

b) O que a palavra **meninice** indica?

☐ uma ação – verbo ☐ um nome – substantivo

☐ uma qualidade – adjetivo ☐ uma emoção – interjeição

4 Que outras palavras são escritas com a mesma terminação de **criancice**? Encontre-as e circule-as.

| partisse | fugisse | doidice | meninice | meiguice |
| fingisse | burrice | mentisse | pedisse | velhice |

a) Copie as palavras acima no quadro a seguir, colocando-as na coluna adequada.

-ice ou -isse?	
Palavras terminadas em -ice	**Palavras terminadas em -isse**

b) O que as palavras que você escreveu na segunda coluna do quadro têm em comum?

_____

5 Complete as frases com as palavras do quadro.

| risse | sumisse | fugisse | velhice | chatice | criancice |

a) Antes que o cachorro _____, eu resolvi fechar o portão.

b) Se você _____ da minha _____, eu ficaria sem graça.

c) Que _____ resolver esse problema!

d) Não quero falar sobre a _____.

e) Você sabia que ela me procuraria se eu _____.

6 Respondam às questões com base no que vocês perceberam na atividade anterior.

a) Quando se usa a terminação **-isse**?
_____

b) Quando se usa a terminação **-ice**?
_____

7 Complete os vocábulos abaixo com **-ice** ou **-isse** e escreva-os no quadro, na coluna adequada.

a) patet_____   d) rabug_____   g) part_____
b) color_____   e) fing_____   h) maluqu_____
c) burr_____   f) consegu_____

Palavras escritas com **-ice**	Palavras escritas com **-isse**

Assim também aprendo

Personagem esquisito

- Você viu que na representação teatral são os personagens que contam a história por meio de suas falas e ações.

Há personagens de vários tipos. Neste jogo, você e os colegas vão desenhar juntos personagens estranhos e engraçados. Caprichem!

1. Juntem-se em grupos de quatro alunos.

2. Dobrem uma folha de papel sulfite em quatro partes iguais, na horizontal, numerando cada parte: 1, 2, 3 e 4.

3. Na parte 1, um aluno desenha a cabeça e o pescoço do personagem (animal ou pessoa). Depois, dobra a parte em que está o desenho de modo que o próximo aluno não veja o que foi feito.

4. Na parte 2, outro aluno desenha o torso e os braços e procede do mesmo modo, sem mostrar seu desenho para o próximo aluno.

5. Na parte 3, o outro aluno desenha a cintura e as pernas, dobra e passa para o próximo colega.

6. Na parte 4, o último aluno desenha os pés e os sapatos do personagem.

7. Quando a última parte estiver completa, desdobrem o papel e revelem o personagem que vocês criaram.

8. Por fim, deem um nome ao personagem e organizem um "Mural dos personagens esquisitos" na sala de aula, para que todos conheçam as criações da turma.

O que estudamos

Autoavaliação

Faça um **X** na coluna que mostra como você se saiu nesta unidade.

Unidade 8		Avancei	Preciso estudar mais
Gênero	Leitura e interpretação de **texto teatral**		
	Linguagem e construção de texto teatral		
	Produção em grupo: escrita de texto teatral, leitura dramatizada e encenação		
Estudo sobre a língua	Entonação, pontuação e expressividade		
	Vocativo e interjeição		
	Palavras terminadas em -ice e -isse		
Oralidade	Participação nas atividades orais		

Sugestões de...

Livros

Pequena viagem pelo mundo do teatro, de Hildegard Feist, publicado pela editora Moderna.
Nesse livro, além de conhecer algumas das mais famosas peças de teatro do Ocidente e seus autores, você aprenderá as diversas etapas da criação de um espetáculo teatral. Leia e entenda mais sobre o mundo do teatro e sua história.

Pluft, o fantasminha e outras peças, de Maria Clara Machado, publicado pela editora Nova Fronteira.
Esse livro reúne cinco peças de Maria Clara Machado, grande autora de peças de teatro para o público infantil: **Pluft, o fantasminha**; **O rapto das cebolinhas**; **O Chapeuzinho Vermelho**; **O boi e o burro no caminho de Belém**; e **A coruja Sofia**. Na peça que dá nome ao livro, Pluft é um fantasminha doce e tímido que tem medo das pessoas, até que um dia ele conhece Maribel e ajuda a menina a se salvar.

Uso de dicionário e enciclopédia

Uso do dicionário (1)

Busca de palavras

1. Leia os versos do poema "Rotina".

Rotina

Todo dia é sempre assim
De manhã faço xixi
Na escola, a professora
Me pergunta o que eu li
Umas vezes leio um livro
Noutras vezes, um gibi.

Noutro dia é sempre assim
Me espreguiço ao acordar
O café, a escola, o almoço
A lição pra completar
E é sempre o mesmo papo
Quando a gente vai jantar

Noutro dia é tudo igual
Tomo banho de água fria
Na escola, Matemática
Português, Geografia
Mas se eu não fizesse isso
Já pensou que ruim seria?

César Obeid. **Criança poeta:** quadras, cordéis e limeriques.
São Paulo: Ed. do Brasil, 2013. p. 12-13.

Você já conhecia a palavra **rotina**? Se não, o que imagina que ela quer dizer? Converse com os colegas sobre isso para tentar deduzir o significado dessa palavra. Antes, vamos relembrar como se utiliza um dicionário:

- localize a parte que corresponde à letra inicial da palavra: no caso, a letra **R** de **rotina**;
- verifique as letras que se seguem ao **R** para localizar a palavra na página;
- leia o **verbete** correspondente à palavra.

> **Verbete** é o conjunto de informações explicativas sobre uma palavra em dicionários ou enciclopédias.

2 Observe, a seguir, a reprodução de uma página de dicionário, prestando atenção na organização dos elementos.

rotina – roxo

apresentação do trabalho para não deixar nenhuma informação de fora.); **3.** *Cin Teat Telev* texto que contém o enredo, as falas dos personagens, as descrições do cenário de uma obra a ser encenada.

rotina (ro.ti.na) *sf* **1.** Repetição periódica e regular das mesmas atividades (*Acordar cedo, assistir às aulas, fazer atividades físicas e depois voltar para casa faz parte da rotina do adolescente.*); **2.** *fig* hábito de fazer as coisas sempre da mesma maneira (*O nascimento de uma ninhada de dez cãezinhos quebrou a rotina da família.*); **3.** acontecimento comum, trivial (*Essas chuvas são rotina aqui na região.*); **4.** série de etapas a serem cumpridas para a realização de uma tarefa, de um trabalho (*Criei uma rotina que preciso seguir para dar conta de estudar todas as matérias antes das provas de fim de ano.*).

rotissaria (ro.tis.sa.ri.a) *sf* Estabelecimento comercial ou seção de mercado onde se vendem carnes, frios, queijos, massas etc. [Var não registrada oficialmente, mas em uso: **rotisseria**.]

roto (ro.to) (ô) *adj* **1.** Esfarrapado, rasgado ("[...] um par de coturnos velhos e imprestáveis. Um e outro tinham a sola rota [...]", Filosofia de um par de botas, Machado de Assis.); *sm* **2.** pessoa maltrapilha (*O roto falando do remendado...*).

rótula (ró.tu.la) *sf Anat V* **patela**.

rótulo (ró.tu.lo) *sm* **1.** Peça de papel ou outro material que contém dados e informações sobre o objeto ou o produto em que está fixada (*Antes de comprar o produto, verifique o prazo de validade inscrito no rótulo.*); **2.** *fig* qualificação arbitrária e superficial dada a algo ou alguém (*Só porque lançou um álbum com algumas baladas, o músico roqueiro agora recebeu o rótulo de cantor romântico.*).

roubada (rou.ba.da) *sf Bras pop Mq* **furada** (acep 2).

roubalheira (rou.ba.lhei.ra) *sf* **1.** Roubo de grandes proporções; **2.** roubo de bens públicos, de empresa ou instituição.

roubar (rou.bar) *vtd* e *vi* **1.** Pegar para si o que pertence a outra pessoa mediante violência verbal ou física (*O ladrão roubou minha carteira. Ele reabilitou-se, agora não rouba mais.*); *vtd* **2.** raptar (*A quadrilha que roubava crianças já está na prisão.*); **3.** conquistar parceiro de outra pessoa (*Renata foi acusada de roubar o namorado da amiga.*); **4.** fazer algo sem o consentimento de alguém (*Ronaldo aproveitou que Rita estava distraída e roubou-lhe um beijo.*); *vtd* e *vi* **5.** desrespeitar as regras de um jogo para levar vantagem ou dá-la a alguém (*O juiz ladrão roubou o nosso time marcando uma falta que não existiu. O jogo não valeu, pois descobriram que Roseli estava roubando.*). V conjug **amar**.

roubo (rou.bo) *sm* **1.** Ato ou resultado de roubar, de apoderar-se de maneira indevida de um bem alheio (*Rose foi à delegacia para fazer um boletim de ocorrência a fim de registrar o roubo de seu carro.*); **2.** rapto (*Uma ligação anônima denunciou o roubo do garoto à polícia.*); **3.** *fig* preço excessivo (*O que a loja está pedindo por essa jaqueta é um roubo!*).

rouco (rou.co) *adj* Diz-se de pessoa ou voz que apresenta rouquidão (*De tanto cantar junto com o resto do público durante o show, Rosi acabou ficando rouca.*).

round (ráund) *sm Ingl Esp* Cada uma das fases em que se dividem certas modalidades de luta, entre as quais é feita uma breve pausa; assalto. *Pl* **rounds**.

roupa (rou.pa) *sf* **1.** Nome comum a qualquer peça de vestuário; traje; **2.** tipo de vestuário próprio para cada ocasião (*roupa de festa; roupa de banho*); **3.** peça de tecido para uso doméstico (*roupa de cama; roupa de mesa*). *Roupa de baixo*: conjunto das peças íntimas do vestuário masculino e feminino (*ex calcinha, sutiã, cueca*). *Roupa íntima: Mq* **roupa de baixo**.

roupão (rou.pão) *sm* Peça de roupa comprida, de mangas longas, larga e confortável, geralmente confeccionada com tecido atoalhado, que se usa em casa sobre a roupa de dormir ou direto sobre o corpo após o banho. *Pl* **roupões**. *Sin* **robe**.

roupeiro (rou.pei.ro) *sm* **1.** Pessoa encarregada de guardar e conservar as roupas de [...]

rouquidão [...] estava gripado, impediu que os alunos entendessem direito o que ele estava falando.*). Pl* **rouquidões**.

rouxinol (rou.xi.nol) *sm Zool* Pássaro canoro [...]

rotina (ro.ti.na) *sf* **1.** Repetição periódica e regular das mesmas atividades (*Acordar cedo, assistir às aulas, fazer atividades físicas e depois voltar para casa faz parte da rotina do adolescente.*); **2.** *fig* hábito de fazer as coisas sempre da mesma maneira (*O nascimento de uma ninhada de dez cãezinhos quebrou a rotina da família.*); **3.** acontecimento comum, trivial (*Essas chuvas são rotina aqui na região.*); **4.** série de etapas a serem cumpridas para a realização de uma tarefa, de um trabalho (*Criei uma rotina que preciso seguir para dar conta de estudar todas as matérias antes das provas de fim de ano.*).

Palavras-guias: indicam a primeira e, às vezes, a última palavra da página do dicionário. Por meio da ordem alfabética, ajudam na localização das palavras no dicionário.

***sf*.:** abreviatura que indica a que classe de palavra o termo pertence: no caso, *substantivo feminino*.

***fig*.:** abreviatura que indica o uso da palavra em sentido figurado.

Divisão em sílabas da palavra, com destaque para a sílaba tônica.

Palavra de entrada do verbete.

Exemplo de uso.

Saraiva jovem: dicionário da língua portuguesa ilustrado. São Paulo: Saraiva, 2011. p. 1043.

3 Agora, leia com atenção o verbete correspondente à palavra **rotina**.

> **rotina** (ro.ti.na) *sf* **1.** Repetição periódica e regular das mesmas atividades (*Acordar cedo, assistir às aulas, fazer atividades físicas e depois voltar para casa faz parte da rotina do adolescente.*); **2.** *fig* hábito de fazer as coisas sempre da mesma maneira (*O nascimento de uma ninhada de dez cãezinhos quebrou a rotina da família.*); **3.** acontecimento comum, trivial (*Essas chuvas são rotina aqui na região.*); **4.** série de etapas a serem cumpridas para a realização de uma tarefa, de um trabalho (*Criei uma rotina que preciso seguir para dar conta de estudar todas as matérias antes das provas de fim de ano.*).

Se você fosse alterar o título do poema, que palavra(s) usaria no lugar sem mudar o sentido? Registre aqui.

_____

_____

4 Observe novamente a página do dicionário em que a palavra **rotina** foi localizada. Bem no alto da página, há duas palavras em destaque. Essas palavras são chamadas de **palavras-guias**.

> **rotina – roxo**
>
> apresentação do trabalho para não deixar nenhuma informação de fora.); **3.** *Cin Teat Telev* texto que contém o enredo, as falas dos personagens, as descrições do cenário de uma obra a ser encenada.
> **rotina** (ro.ti.na) *sf* **1.** Repetição periódica e regular das mesmas atividades (*Acordar cedo, assistir às aulas, fazer atividades físi-*
>
> levar vantagem ou dá-la a alguém (*O juiz ladrão roubou o nosso time marcando uma falta que não existiu. O jogo não valeu, pois descobriram que Roseli estava roubando.*). V conjug **amar**.
> **roubo** (rou.bo) *sm* **1.** Ato ou resultado de roubar, de apoderar-se de maneira indevida de um bem alheio (*Rose foi à delegacia para fa-*

Agora, complete o texto a seguir, sobre a função dessas palavras no dicionário.

Palavras-guias: indicam _____

_____ da página do dicionário,

ajudando na busca por _____.

Além de saber o significado de uma palavra, é importante conhecer sua classe gramatical. A classe gramatical indica se a palavra é um substantivo, um adjetivo, um verbo, etc.

Nos dicionários essas indicações aparecem **abreviadas**. As páginas iniciais dos dicionários apresentam uma lista com as abreviaturas e siglas usadas nos verbetes. Observe.

Abreviaturas e símbolos usados neste dicionário

adj.	adjetivo
adj. 2g.	adjetivo de dois gêneros*
adj. dem.	adjetivo demonstrativo
adj. indef.	adjetivo indefinido
adv.	advérbio
art. def.	artigo definido
art. indef.	artigo indefinido
conj.	conjunção
fem.	feminino
interj.	interjeição
loc. adv.	locução adverbial
loc. conj.	locução conjuntiva
loc. prep.	locução prepositiva
loc. s.	locução substantiva
loc. s. 2g.	locução substantiva de dois gêneros*
masc.	masculino
masc. e fem.	masculino e feminino
num.	numeral
obs.	observação
pl.	plural
prep.	preposição
pron. dem.	pronome demonstrativo
pron. indef.	pronome indefinido
pron. pess.	pronome pessoal
pron. poss.	pronome possessivo
pron. rel.	pronome relativo
s.	substantivo
s. 2g.	substantivo de dois gêneros*
s. fem.	substantivo feminino
s. masc.	substantivo masculino
v.	verbo
■ pl.	plural
♦ masc. e fem.	masculino e feminino
▲ sinônimo/antônimo	sinônimo/antônimo

* Masculino e feminino.

Maria Tereza Biderman. **Dicionário ilustrado de Português**. São Paulo: Ática, 2004. p. 11.

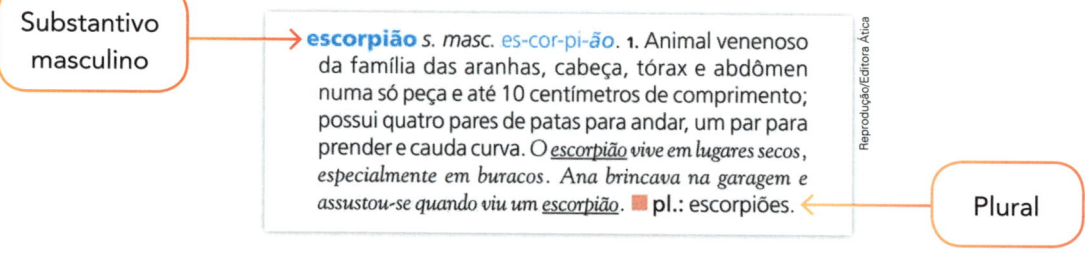

Substantivo masculino → **escorpião** s. masc. es-cor-pi-ão. 1. Animal venenoso da família das aranhas, cabeça, tórax e abdômen numa só peça e até 10 centímetros de comprimento; possui quatro pares de patas para andar, um par para prender e cauda curva. O escorpião vive em lugares secos, especialmente em buracos. Ana brincava na garagem e assustou-se quando viu um escorpião. ■ **pl.**: escorpiões. ← Plural

Uso do dicionário (2)

Busca de palavras

1 Leia o texto a seguir e responda às questões.

A onça

Isto se deu no Amazonas. Um homem chamado Tadeu andava pela mata, quando, de repente, deu com uma árvore tão grossa que quatro homens de mãos dadas não **abarcavam**. E o pau era oco no meio, formava uma espécie de poço a começar do encontro dos galhos, lá em cima. Mas havia uma **fenda** que dava para espiar lá dentro. E Tadeu viu, no fundo do oco do pau, o ninho de uma onça e dois filhotes brincando e rosnando. Como a onça não estava na toca (tinha saído para caçar comida), Tadeu resolveu apanhar os gatinhos e os levar para criar. Subiu pelo pau até a abertura e foi descendo pelo oco, agarrando num **cipó**. No meio do caminho o cipó rebentou e ele caiu em cheio na cova da onça.

E aí foi aquela agonia: o oco por dentro era liso, sem falha e, por mais que ele tentasse se agarrar ou saltar, era impossível. Acabou se sentando no chão, entre as duas oncinhas, sem saber o que fazer, com vontade de cair no choro.

E pior que a onça voltou, apareceu na fenda, **farejou** o estranho e veio ver o que acontecia com os filhotes. De um salto, a fera subiu no pau e veio baixando pela abertura das costas, primeiro o rabo, se agarrando com as unhas para não escorregar.

De repente, Tadeu teve uma ideia: quando o rabo da onça chegou ao seu alcance, agarrou-se nele e deu um berro com toda a força do peito:

— ONÇA!

Assombrada com o berro e sentindo-se presa, a onça armou um pulo para cima. E com ela subiu Tadeu, só lhe soltando o rabo quando tocou os pés no chão. A onça sumiu no mato como um **corisco**. O homem se benzeu, saiu correndo como um desesperado e nem sabe como conseguiu chegar no terreiro de casa.

Rachel de Queiroz. **Xerimbabo**.
Rio de Janeiro: José Olympio, 2002. p. 35-37.

a) A palavra **corisco**, que quer dizer "faísca elétrica", poderia estar localizada entre quais palavras-guias em uma página de dicionário? Não se esqueça de que você deve observar a ordem alfabética.

☐ **corcunda** e **coriza**

☐ **coragem** e **cordão**

☐ **cilada** e **combate**

b) Entre quais palavras abaixo se poderia encaixar o termo **fenda**? Pinte a primeira palavra e circule a segunda para mostrar.

feito   fênix   fedor

fervente   final

c) Faça o mesmo com a palavra **cipó**: entre quais palavras a seguir ela poderia estar? Pinte a primeira palavra e circule a segunda para mostrar.

cicatriz   cíclico   cinco

cínico   ciranda

2 Localize em um dicionário a palavra **abarcar** e responda às questões.

a) Quais são as palavras-guias da página em que ela está localizada?

_____

_____

b) Leia o verbete e responda: A que classe de palavra pertence o termo **abarcar**?

_____

c) Qual dos significados do verbete pode substituir essa palavra no texto?

_____

_____

3 Releia este trecho do texto "A onça".

> [...] E pior que a onça voltou, apareceu na fenda, **farejou** o estranho e veio ver o que acontecia com os filhotes. [...]

A palavra **farejou** é um verbo.

Vamos relembrar como transformamos uma forma verbal para poder encontrá-la no dicionário?

a) Passe a forma verbal **farejou** para o infinitivo.

_____

b) Escolha, entre os significados encontrados no dicionário para a forma verbal pesquisada, o mais adequado ao sentido do texto. Em seguida, reescreva a frase, fazendo as alterações necessárias.

_____
_____
_____
_____

Jogo com dicionário

Reúna-se com três colegas para realizar esta atividade.

a) A professora escolherá uma palavra que a turma não conheça e a dirá em voz alta. Em seguida, ela dirá a mesma palavra empregada em uma frase.

b) Cada grupo deverá escrever, em um pedaço de papel, o significado que considera que essa palavra tem.

c) Os papéis serão recolhidos e lidos em voz alta pela professora.

d) Cada grupo deverá localizar a palavra no dicionário e conferir qual dos grupos mais se aproximou do significado ideal para ela.

Uso do dicionário (3)

Verbete impresso e verbete digital

Um verbete apresenta informações sobre uma palavra nas enciclopédias e nos dicionários impressos (livros) ou digitais (acessados pela internet).

Veja a seguir duas apresentações do verbete **morcego**.

- Dicionário impresso

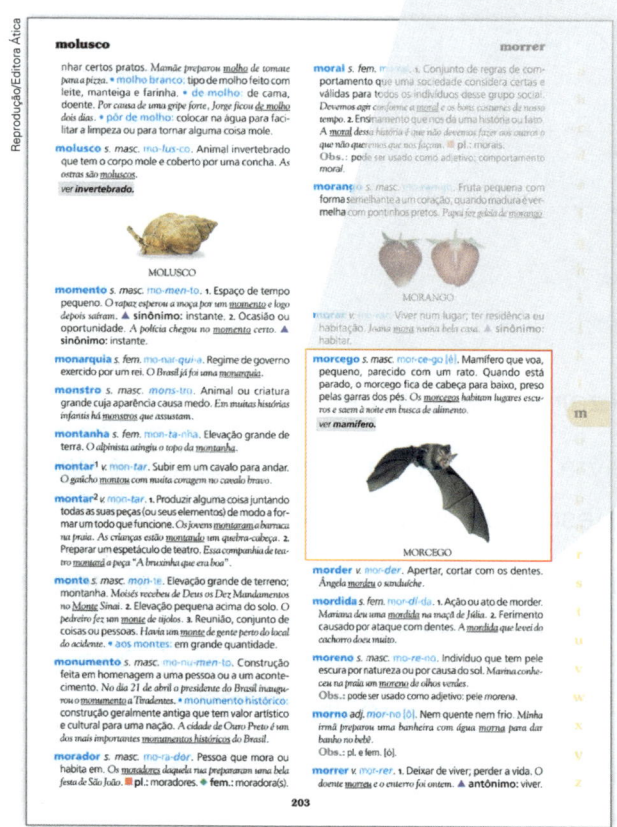

Maria Tereza Biderman. **Dicionário ilustrado de Português**. São Paulo: Ática, 2004. p. 203.

- **Dicionário digital**

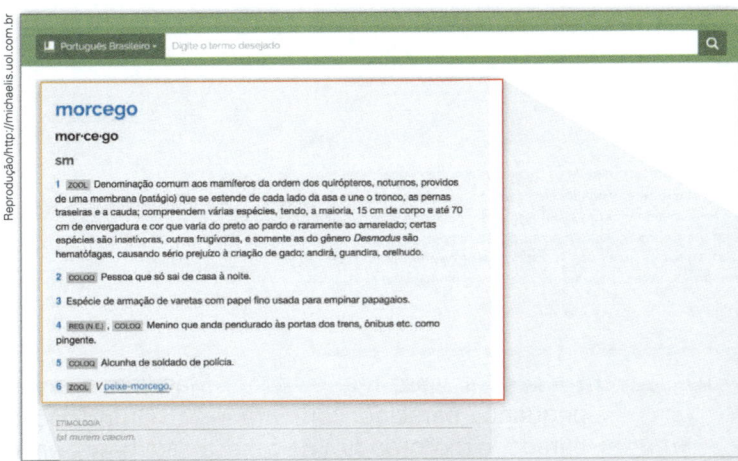
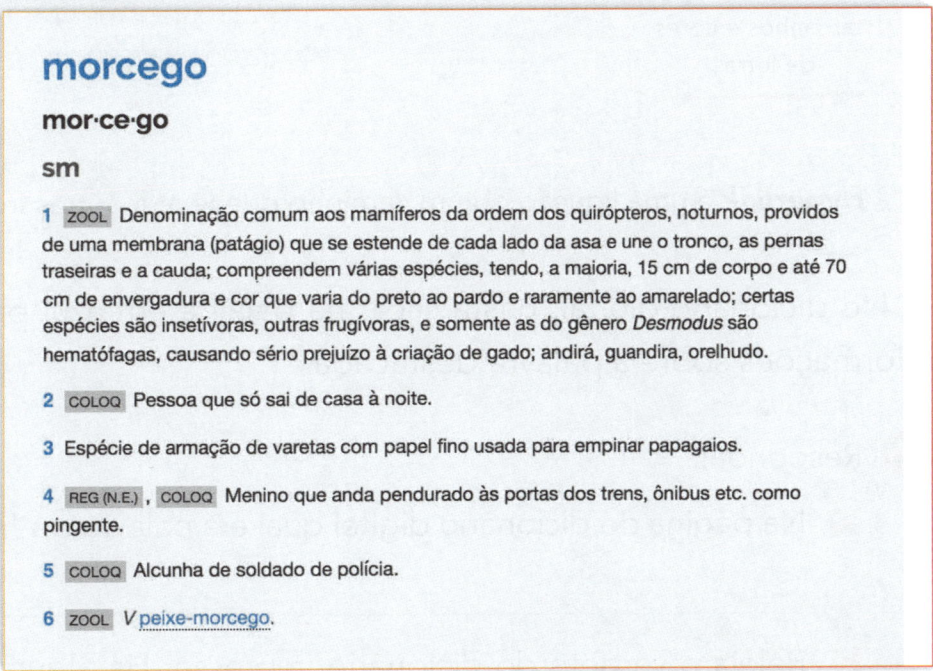

Disponível em: <http://michaelis.uol.com.br/busca?r=0&f=0&t=0&palavra=morcego>. Acesso em: 5 mar. 2020.

1 Assinale no quadro o que pode ser observado nas páginas desses dicionários.

	Dicionário impresso	Dicionário digital
Abreviaturas		
Divisão em sílabas		
Classe gramatical da palavra		
Palavras-guias		
Exemplos de uso em frases		

Vamos explorar algumas características do verbete do dicionário digital.

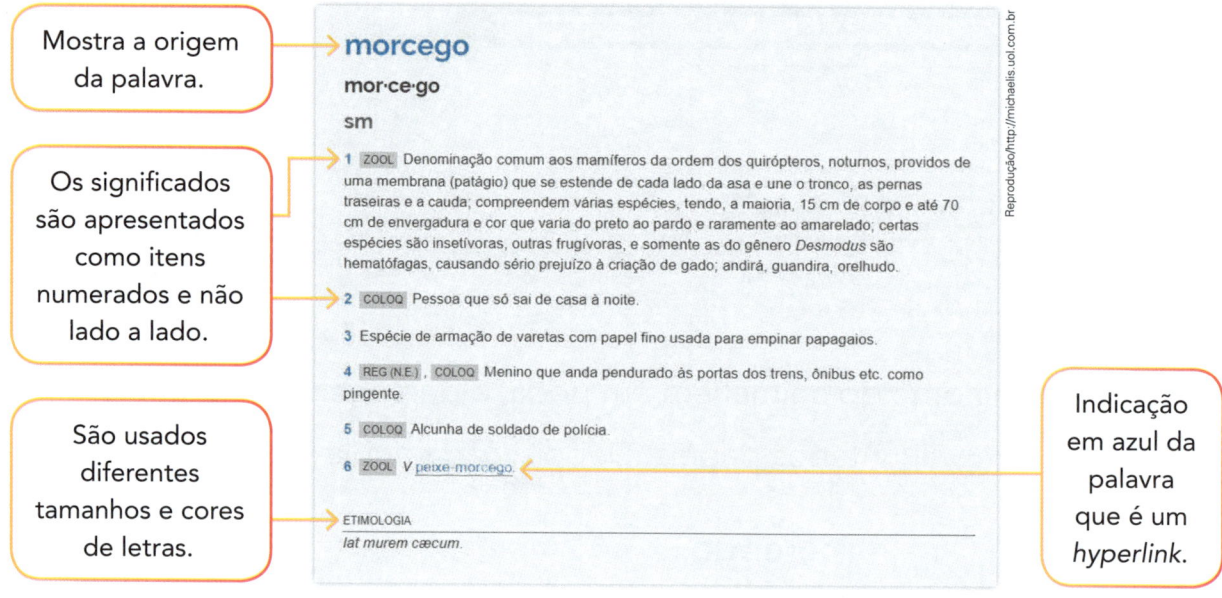

Mostra a origem da palavra.

Os significados são apresentados como itens numerados e não lado a lado.

São usados diferentes tamanhos e cores de letras.

Indicação em azul da palavra que é um *hyperlink*.

Hyperlink é uma ligação ou um caminho que leva a outras informações.

No dicionário digital, basta clicar na palavra em azul para acessarmos mais informações sobre a palavra destacada.

2 Responda:

a) Na página do dicionário digital qual é a palavra do *hyperlink*?

_____

b) Releia o verbete do dicionário impresso. Há alguma indicação para ter acesso a mais informações? Qual?

_____

_____

c) A quem se dirige o verbete do dicionário impresso? Justifique sua resposta.

_____

_____

_____

_____

284

Uso do dicionário (4)

Produção de verbete

Vocês vão produzir um verbete sobre um animal para um dicionário voltado ao público infantil.

Planejamento

1. Escolham um animal interessante e não muito conhecido.
2. Escrevam o nome do animal em um pedaço de papel.
3. A professora vai juntar os papéis. Depois, cada dupla vai sortear o nome de um animal.
4. Pesquisem informações sobre o animal sorteado por vocês em livros, enciclopédias ou na internet.
5. Selecionem as informações mais importantes e que definam o nome do animal escolhido. O verbete deve ser breve, pois é voltado ao público infantil.
6. Providenciem imagens do animal para ilustrar o verbete. Vocês também podem fazer desenhos dele.
7. Anotem a classe gramatical da palavra: substantivo, verbo, adjetivo, etc.
8. Façam a separação das sílabas da palavra.
9. Pensem em frases para exemplos de uso da palavra.

Escrita

1. Registrem a palavra e as indicações gramaticais dela.
2. Não se esqueçam de usar abreviaturas.
3. Escrevam a definição e, ao final, as frases que mostram exemplos de uso.
4. Se possível, indiquem uma palavra que acrescente informações sobre o animal.
5. Procurem usar diferentes tipos de letra (maiores e menores) e de cores.
6. Colem ilustrações, fotos ou desenhos do animal, para mostrar como ele é.

Revisão

1. Comparem o verbete escrito por vocês com os verbetes impresso e digital estudados nas páginas 282 e 283. Confiram se está completo.
2. Peçam a ajuda da professora para verificação da escrita das palavras.

Edição

1. O verbete que vocês produziram deve ser registrado em um retângulo feito com meia folha de papel sulfite e reunido ao verbete das outras duplas. Havendo possibilidade, vocês podem digitar e imprimir o verbete, com as imagens. Copiem um rascunho do verbete no espaço a seguir.

2. Coloquem os verbetes em ordem alfabética.
3. Colem os retângulos em folhas de papel grandes, de modo a compor um pequeno dicionário visual de animais.
4. Com a professora, organizem uma exposição do material na escola.

Projeto de leitura

Convite

Caro(a) leitor(a),

Você está no 5º ano do Ensino Fundamental. Já é um(a) competente leitor(a) e produtor(a) de textos. Lê histórias quando quer pôr a imaginação para funcionar; lê, escreve e guarda na memória poemas inteiros para se emocionar; sabe registrar suas memórias; consulta dicionários e enciclopédias em busca de conhecimento; lê e escreve mensagens para se comunicar com quem está distante e até mergulha em uma reportagem quando quer saber mais sobre o que foi noticiado.

Parabéns! Você está pronto(a) para participar de um projeto em que todas essas habilidades serão postas em jogo — ler, cantar, teatralizar, pesquisar e criar textos. Esse projeto vai estimular sua imaginação e sensibilidade e, sobretudo, servir de convite à interação com seus colegas, sua família, sua comunidade.

Vamos começar? É só entrar na roda e participar de todos os desafios propostos. O primeiro é muito fácil e gostoso: ler, ouvir e cantar! E os outros... descubra!

Boa leitura!

As autoras.

Texto 1

Oito anos

Por que você é Flamengo
E meu pai Botafogo?
O que significa
"impávido colosso"?

Por que os ossos doem
Enquanto a gente dorme?
Por que os dentes caem?
Por onde os filhos saem?

Por que os dedos murcham
Quando estou no banho?
Por que as ruas enchem
Quando está chovendo?

Quanto é mil trilhões
Vezes infinito?
Quem é Jesus Cristo?
Onde estão meus primos?

Well, well, well
Gabriel...
Well, well, well, well...

Por que o fogo queima?
Por que a Lua é branca?
Por que a Terra roda?
Por que deitar agora?

Por que as cobras matam?
Por que o vidro embaça?
Por que você se pinta?
Por que o tempo passa?

Por que que a gente espirra?
Por que as unhas crescem?
Por que o sangue corre?
Por que que a gente morre?

Do que é feita a nuvem?
Do que é feita a neve?
Como é que se escreve
Ré...vei...llon?
Well, well, well
Gabriel...

Dunga; Paula Toller. Intérprete: Adriana Calcanhotto.
Adriana Partimpim. Rio de Janeiro: BMG/Ariola, 2004.
1 CD. Faixa 2.

Texto 2

Perdido num labirinto

Essa encrenca aconteceu porque o pai do herói Teseu, que era rei de Atenas, tinha de pagar tributos (uma espécie de imposto) ao rei de Creta: todo ano ele deveria enviar sete moças e sete rapazes como prisioneiros para a Ilha de Creta. Lá, em um grande labirinto, vivia o Minotauro, monstro antropófago com corpo de homem e cabeça de touro. Quando o navio chegava, os 14 jovens eram presos no labirinto para servir de lanchinho ao monstro. Eles entravam lá, perdiam-se nos corredores e o Minotauro os devorava.

Teseu seguiu no navio que levava um novo grupo de jovens à Ilha de Creta. Chegando lá, foi aprisionado com os outros no tal labirinto. Mas aconteceu que a filha do rei de Creta, Ariadne, apaixonou-se por ele assim que o viu chegar à Ilha. Ela ensinou que, para sair do labirinto, era só andar pelos corredores desenrolando um novelo de linha. O herói fez como ela recomendou, achou o Minotauro no centro do labirinto e o matou após uma terrível luta. Depois, enrolou de novo a linha e chegou à saída, onde Ariadne o esperava.

O que esse mito nos ensina? Que, se entrarmos num labirinto, devemos sempre levar um novelo de linha. E que com um pouco de criatividade conseguimos solucionar até a encrenca mais perigosa. Não é?

Rosana Rios. **O livro das encrencas**. São Paulo: Ática, 2008. p. 55.

Bloco 1

Texto 1

Aranha

Toda charme, toda manha,
como um trapezista
equilibra-se a aranha,
verdadeira artista.

Ela nunca se assanha
mas às vezes despista
quando algo estranha.
Pegá-la? Desista.

Suavemente ganha
sua finíssima pista
e ali se emaranha
e perde-se de vista.

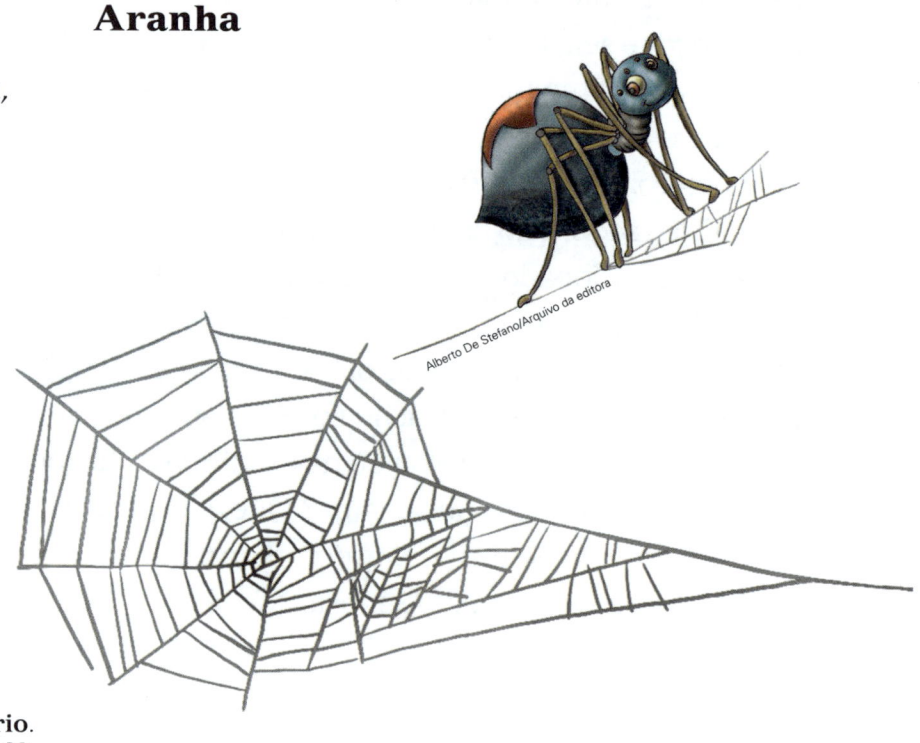

Otoniel S. Pereira. **Bichário**.
São Paulo: Formato, 2006. p. 20.

Texto 2

Aranhas

Que legal!

Algumas aranhas fazem teias novas todas as noites. Como são especialistas, demoram apenas uma hora!

A seda da aranha é mais fina que um fio de cabelo, mas é mais forte que um fio de aço da mesma grossura!

Por que as aranhas fazem teias?

Algumas aranhas usam armadilhas grudentas para capturar suas presas. Elas tecem finas teias, usando a seda produzida com a ajuda de glândulas especiais que têm no corpo. A seda é líquida dentro da aranha, mas fora de seu corpo se transforma num fio resistente. Quando um inseto fica preso na teia, a aranha percebe seus movimentos através de minúsculos pelos que tem nas patas, e corre para matá-lo.

Qual é o formato da teia da aranha?

As aranhas tecem suas teias arredondadas em áreas abertas, geralmente entre três galhos ou caules de flores. Algumas aranhas esperam por perto até que algum inseto fique preso. Outras seguram um fio de seda preso ao centro da teia, chamado linha de armadilha, e se escondem. Quando um inseto cai na teia, a linha vibra e a aranha parte para o ataque.

Onde vivem alguns filhotes de aranha?

Algumas aranhas não fazem teias para pegar outros animais, e sim usá-las como "viveiro" para proteger os filhotes. As aranhas cuidam de seus ovos até os filhotes estarem prontos para sair [...] Em geral, essas teias são tecidas em plantas ou arbustos.

Claire Llewellyn et al. **Como? Onde? Por quê?** Tradução de Carolina Coelho. São Paulo: Girassol, 2007. p. 22-23.

Bloco 2

Texto 1

Classificado poético

Perdi maleta cheia de nuvens
e de flores
maleta onde eu carregava
todos os meus amores embrulhados
em neblina.

Perdi essa maleta em alguma esquina
de algum sonho
e desde então eu ando tristonho
sem saber onde pôr as mãos.
Se andando pelas ruas
você encontrar a tal maleta
por favor me avise em pensamento
que eu largo tudo e vou correndo...

Roseana Murray. **Classificados poéticos**. 5. ed. Belo Horizonte: Miguilim, 1990. p. 27.

Texto 2

Perder coisas

De acordo com o dicionário, a palavra **perder** significa: deixar de ter, ficar sem a posse de algo, esquecer algo em lugar de que não se tem lembrança.

Podemos perder o apetite deixando de comer, perder dinheiro e ter prejuízo, perder o avião e não viajar, perder noites de sono ficando acordado ou simplesmente perder aquelas meias de que tanto gostamos por não nos lembrarmos em qual lugar do armário ou do guarda-roupa elas estão guardadas.

Imagine agora como era quando não existiam armários. [...]

Apesar de servirem a propósitos bem pacíficos, os armários verticais — como usamos hoje — foram criados para guardar espingardas. Inclusive, foi por causa da arma que o móvel se chamou armário. Só no século XX, com a necessidade de aproveitar o espaço no interior das casas, esse tipo de armário ganhou a popularidade que tem hoje e ganhou o nome guarda-roupa.

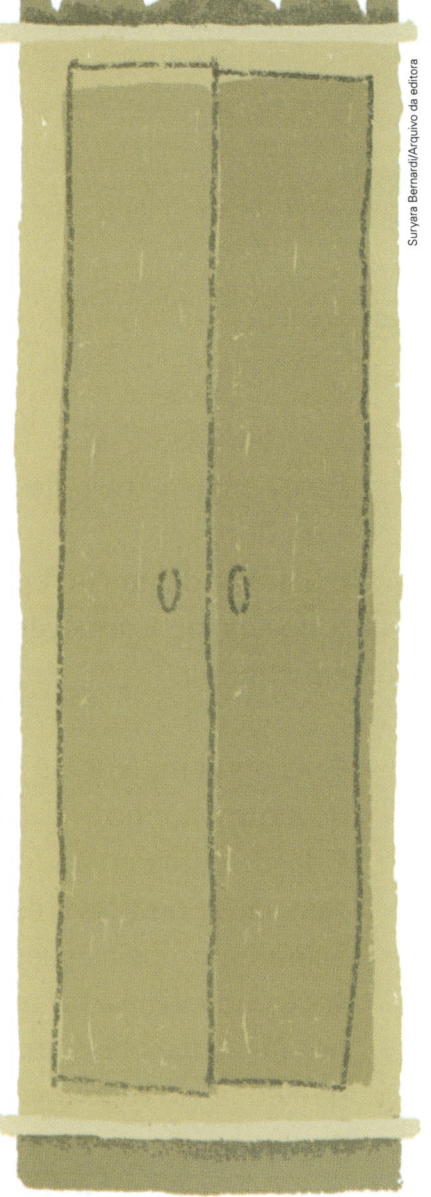

Casas comuns pareciam salões de festas até o século XVII. Elas quase não tinham divisões de cômodos e contavam com pouquíssimos móveis. E, muitas vezes, a falta de decoração nem era por falta de dinheiro, mas por não haver opções mesmo. Muitas das coisas que nos parecem importantíssimas hoje em dia, como armários, não tinham sido inventadas até então.

Roupas e objetos pessoais (que também não eram lá tão numerosos) eram guardados em cestos. No Brasil, também havia o costume de fazer cabides usando chifres de bois e pendurá-los na parede. Os vestidos e camisas ficavam expostos, como se fossem algum tipo de obra de arte. Só lá pelo ano 1800, os cestos foram substituídos por baús, que além de serem mais eficientes (protegiam os objetos da poeira, de acidentes e, claro, da vista dos visitantes mal-intencionados) também podiam servir como lugar para sentar. [...]

Bárbara Soalheiro. **Como fazíamos sem...**
São Paulo: Panda Books, 2006. p. 58-59.

Texto 3

Perder-se

[...] Perder objetos é ruim. Perder a si mesmo é bem pior. Vamos conferir alguns dos casos mais comuns:

Na praia

Em praias lotadas, é comum sairmos do mar e ver que estamos perdidos. E não adianta lembrar se estávamos perto de um carrinho de sorvete, porque eles ficam circulando. A melhor forma de não se perder na praia é marcar um ponto de referência imóvel: edifício, placa, posto de salva-vidas.

Usar como referência visual aquela garota linda de biquíni ou aquele surfista superatraente não resolverá seu problema, pois eles não têm obrigação de ficar plantados na areia para servir de "placa" para você.

No *shopping center*

Algumas pessoas se perdem nos *shopping centers*, especialmente nos que têm várias alas, andares confusos e corredores formando labirintos.

A Professora Atra nunca apreciou *shoppings*. Apesar de sábia, ela era um pouco paranoica: tinha a estranha ideia de que *shoppings* foram construídos com o objetivo de fazer as pessoas se tornarem consumidoras compulsivas, isto é, eles colocam muitas coisas legais num lugar só, para deixar quem vai lá com uma vontade enorme de comprar todas aquelas coisas legais.

Para não se perder no *shopping*, também é útil marcar um ponto de referência: a entrada, uma loja, placa, vitrine, aquela blusinha linda que você precisa comprar, aquele tênis maneiro que tem de ser seu. Ou, em vez de usar uma referência visual, usar uma olfativa: deixar-se guiar por um cheiro de sanduíche, pão de queijo ou doce. Nossa visão pode se enganar, mas, quando se trata de comida, a gente não se engana, não.

Agora, se você não quer perder de vista seus irmãos mais novos, dê a eles um balão de gás, para localizá-los facilmente no meio da bagunça.

No ônibus errado

Perder-se ao tomar ônibus errado é comum em cidades grandes. Algumas linhas têm nomes e números parecidos, o que causa enganos.

Se você e seus pais pegaram um ônibus e perceberam que ele vai para o lugar errado, podem pedir ao cobrador que lhes ensine onde pegar o certo, descer e procurar condução para um bairro que vocês conheçam. Uma opção é terem um ataque de pânico e começar a gritar dentro do ônibus. Vocês até vão chamar a atenção para seu problema, mas a família inteira pode também acabar no pronto-socorro ou na delegacia.

Rosana Rios. **O livro das encrencas**. São Paulo: Ática, 2008. p. 53-54.

Bloco 3

Texto 1

A mosca tonta

Eu sou a mosca
Que zumbe e zumbe
E pousa na louça
Da tua cozinha.
Voo, revoo,
Zuno que zuno
E desço no doce.
Melado? Melão?
E voo e zuno
E pouso no prato,
Recebo destrato
E voo, revoo,
Me afasto do fogo
E pouso na porta
Mexendo as patinhas.
Eu sou a mosca
Que zumbe e zumbe,
Não sabe se fica,
Não sabe se vai
E voa e zumbe
Sem mais direção
E cai na panela
Que ferve o feijão.

Sérgio Capparelli.
111 poemas para crianças.
Porto Alegre: L&PM, 2003. p. 42.

Texto 2

Um dia de mosquito

Com 3 500 espécies conhecidas no mundo, esses insetos seguem você pelo cheiro e pelo calor do corpo

Já ouvi falar de gente que teve um dia de cão — em bom português, um dia terrível (sabe-se lá o porquê da expressão). Mas nunca ouvi falar de quem teve um dia de mosquito! O que será que um mosquito faz? Será que dorme e acorda? O que come? Tem medo de quê? O que faz ao longo do dia?

Fomos investigar...

E descobrimos, por exemplo, que sonhos e pesadelos não fazem parte do cotidiano de um mosquito. Mas, como todo bicho, em alguma hora do dia, o mosquito tem um momento de repouso. E, claro, ele tem um momento para sair a mil por aí, em pleno voo.

O horário de maior atividade depende de mosquito para mosquito — e há cerca de 3 500 espécies conhecidas no mundo todo.

O *Culex*, por exemplo, é aquele chato que acorda você no meio da noite com o zum-zum-zum. Já o *Aedes* gosta de um fim de tarde.

E cada bicho mantém seus costumes mesmo se for colocado num local escuro por vários dias, ou seja, sem ver se é noite ou dia. É que o mosquito tem um "relógio" interno, que "diz" sempre que horas são.

Caça e petisco

Um mosquito tem cerca de dois milímetros de comprimento. Do ponto de vista dele, você é um gigante e tanto! O que isso significa? Se ele tivesse o seu tamanho, você teria o equivalente à altura do Corcovado, morro que é cartão-postal do Rio de Janeiro.

Mas, se você pensa que isso é assustador para ele, doce ilusão! Um mosquito teme muito mais uma aranha — que o enxerga como um delicioso petisco — do que gigantes como você.

Suryara Bernardi/Arquivo da editora

É que os humanos são vistos pelos mosquitos mais como... caça! Na verdade, só as fêmeas apreciam sangue humano. É do sangue que elas retiram nutrientes para fabricar seus ovos.

Os mosquitos machos preferem ter no cardápio néctar de flores e seivas de plantas (também apreciados pelas "mosquitas").

Quer saber mais sobre esses insetos? Leia as curiosidades a seguir para entender como eles vivem, voam e procriam.

Não enxergam cores

Mosquitos não enxergam cores. E seus olhos são diferentes dos nossos. Em geral, eles têm três olhos, compostos de diversos "pequenos olhos", os ocelos (têm um total de 4000 ocelos). A imagem vista pelos mosquitos tem menos resolução do que a do ser humano. É como uma fotografia em máquina digital, em que se percebem com menos definição os detalhes dos objetos e das pessoas.

Que fome de mosquito

Para quem acha que ter fome de leão é ser bom de prato, não conhece vida de mosquito: um *Aedes* fêmea, por exemplo, come numa só refeição o equivalente a duas a três vezes o seu peso. E ainda sai voando! Uma refeição dura cerca de um minuto. O mosquito tem várias estratégias para que sua presa não perceba que está sendo picada.

Ai, que picada

O mosquito fêmea come e cospe ao mesmo tempo. Isso pode parecer nojento, mas é o que garante uma boa refeição. E sabe como é a picada da fêmea? Ela insere na pele humana a probóscide (tromba), que tem dois tubos. O primeiro suga o alimento (sangue). Já o segundo injeta cuspe, que tem um coquetel de substâncias. Essas substâncias variam conforme a espécie do mosquito, mas elas têm os mesmos papéis. Algumas servem para anestesiar — como a anestesia do dentista. Isso faz com que a pessoa não sinta a picada e, portanto, não atrapalhe o bicho enquanto ele aproveita a deliciosa refeição.

Asas para que te quero

Um mosquito é capaz de voar distâncias bem mais longas, num ambiente hostil (desfavorável). Pesquisadores mostraram em laboratório que um mosquito pode voar até nove quilômetros — e levam cinco horas para fazer isso. Qual é a velocidade de voo? Algo entre 20 cm e 40 cm a cada segundo. Pegue seu relógio e uma fita métrica e veja o que isso significa!

Hora do descanso

Após a refeição, o mosquito fêmea precisa ir para um lugar com água para colocar seus ovos. Para isso, a fêmea é capaz de percorrer uma distância entre 100 metros e 200 metros por dia. Achar comida e um lugar para colocar os ovos são as tarefas mais estressantes na vida de um mosquito fêmea. Ou seja, se ela conseguiu fazer isso, pode acabar o dia aliviada.

Um dia = 2 anos

Em sua fase adulta, um mosquito vive em geral de um a dois meses. Em comparação ao tempo médio que as pessoas vivem, um dia de mosquito equivaleria a cerca de dois anos da sua vida. Já pensou: você acorda com nove anos e, quando vai dormir, já tem 11 anos?

Siga aquele cheiro!

Como os mosquitos não enxergam cores, são outros sentidos que guiam esses insetos na busca por uma deliciosa refeição (que pode ser você!). Os mosquitos localizam as pessoas sentindo o calor do corpo ou o cheiro. Eles sentem o CO_2 (dióxido de carbono), liberado pela respiração, ou o lactato, substância encontrada no suor humano. Já os anofelinos (mosquitos que transmitem a malária) sentem o cheiro de uma molécula encontrada... no chulé! Não é à toa que picam perto do pé.

Luisa Massarani; Pedro Lagerblad de Oliveira. **Folha de S.Paulo**. São Paulo, 30 maio 2009. Folhinha. p. 4-5.

Texto 3

Picada de mosquito

Pesquisadores descobrem por que os mosquitos se sentem atraídos pelo sangue humano

Você já se perguntou por que ele gosta tanto do nosso sangue? Pois um grupo de pesquisadores acaba de descobrir que a resposta está na sulcatona, substância produzida pela pele humana.

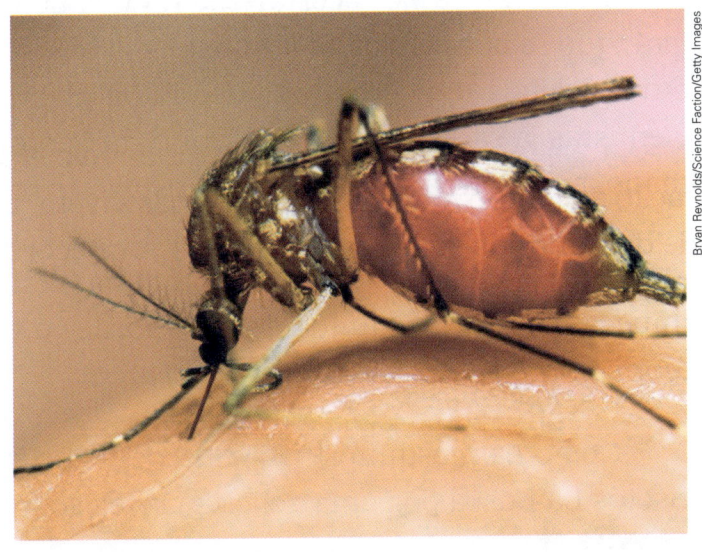

Antes de conhecer o estudo, saiba que um mosquito poderia sobreviver muito bem apenas sugando o néctar das flores e o suco das frutas. Acontece que as fêmeas só conseguem produzir ovos ao consumir nutrientes do sangue de outros animais e, por isso, são as únicas que picam. Inicialmente, a fêmea do *A. aegypti* não picava humanos, apenas outros animais. Tal inseto ainda vive em florestas da África, mas, a partir dele, surgiu uma subespécie que prefere sangue humano.

Para entender por que isso acontece, a equipe colocou em uma caixa mosquitos das florestas africanas, que picam apenas animais e não humanos, e exemplares de *A. aegypti* chamados domésticos, que preferem nosso sangue. Além disso, colocaram também um porquinho-da-índia e uma pessoa enfiou a mão por uma abertura da caixa, deixando a pele exposta aos dois tipos de mosquito.

Os pesquisadores perceberam que os mosquitos domésticos eram mais atraídos pela mão humana do que pelo porquinho-da-índia. Outro teste consistiu em colocar um ventilador atrás do humano e outro atrás do porquinho-da-índia. O vento empurrava o cheiro do corpo e da respiração desses animais até os mosquitos. Novamente, os mosquitos domésticos voavam em direção ao cheiro humano e os da floresta, ao cheiro do roedor.

Segundo a bióloga e coautora do estudo Carolyn McBride, da Universidade de Rockefeller, nos Estados Unidos, os mosquitos não são atraídos apenas pelo cheiro da pele, mas também por sua umidade e calor, além do dióxido de carbono liberado durante a respiração. "Todos os mamíferos liberam cheiro, calor e umidade pela pele, e dióxido de carbono pela respiração, mas apenas o cheiro permite que o mosquito da dengue diferencie humanos de outros animais.

A culpa é da sulcatona

Por fim, os pesquisadores analisaram as antenas do mosquito doméstico e do mosquito da floresta. Como a antena é o órgão responsável pelo olfato do inseto, a equipe acreditou que ali estaria a resposta para a preferência ou não de cada tipo de mosquito por sangue humano.

E não é que eles acertaram? É justamente na antena que está localizado o gene Or4, que se liga à sulcatona, substância exalada pela pele humana. Assim, o gene Or4 é quem ajuda o mosquito da dengue a identificar se há um humano por perto. "Os cientistas já sabiam que o mosquito da dengue era atraído pelo cheiro do corpo humano, mas não sabiam qual gene estava envolvido nisso", explica Carolyn.

Segundo a pesquisadora, quanto mais soubermos sobre os genes envolvidos na atração do *A. aegypti* pela pele humana, mais fácil será desenvolver repelentes que impeçam esses mosquitos de nos morder e transmitir doenças, como a dengue e a febre amarela.

Mariana Rocha. Revista **Ciência Hoje das Crianças**.
Disponível em: <http://chc.org.br/picada-de-mosquito/>. Acesso em: 5 mar. 2020.

Texto 4

Moscas e mosquitos nas expressões do dia a dia

Estas são algumas das expressões com **moscas** e **mosquitos** mais conhecidas e os seus significados:

- **Acertar na mosca**: acertar bem no alvo, adivinhar.
- **Ser uma mosca na sopa**: ser um problema, um incômodo.
- **Comer mosca**: ser enganado.
- **Ficar às moscas**: ficar abandonado, vazio, desocupado.

No ditado popular **em boca fechada não entra mosquito**, o alerta é para o falante ficar atento e, assim, não se comprometer ao dizer algo sem pensar.

Bloco 4

Texto 1

O Universo (Paráfrase)

A Lua:

Sou um pequeno mundo;
Movo-me, rolo e danço
Por este céu profundo;
Por sorte Deus me deu
Mover-me sem descanso,
Em torno de outro mundo,
Que inda é maior do que eu.

A Terra:

Eu sou esse outro mundo;
A Lua me acompanha,
Por este céu profundo...
Mas é destino meu
Rolar, assim tamanha,
Em torno de outro mundo,
Que inda é maior do que eu.

O Sol:

Eu sou esse outro mundo,
Eu sou o Sol ardente!
Dou luz ao céu profundo...
Porém, sou um pigmeu,
Que rola eternamente
Em torno de outro mundo,
Que inda é maior do que eu.

[...]

Olavo Bilac. Disponível em: <www.jornaldepoesia.jor.br/bilaci06.html>. Acesso em: 5 mar. 2020.

Suryara Bernardi/Arquivo da editora

301

Texto 2

Com o pé na Lua

[...] no dia 20 de julho de 1969, astronautas norte-americanos foram os primeiros homens a pisar na Lua. Naquele dia, uma história de ficção científica aconteceu de verdade. Neil A. Armstrong, um dos astronautas, resumiu o fato na célebre frase: "Um pequeno passo para o homem, um grande salto para a humanidade". Ele viajou na sonda espacial Apollo 11, que levou também Edwin E. Aldrin (conhecido como "Buzz") e Michael Collins.

O feito foi o destaque da chamada corrida espacial, disputada pelos Estados Unidos e pela então União Soviética (atual Rússia). Doze anos antes da chegada do homem à Lua, os dois países travaram uma disputa para conquistar o espaço. A largada foi dada com o lançamento do satélite soviético Sputnik, em outubro de 1957. Um mês depois, decolou o Sputnik 2.

Em seguida, os norte-americanos lançaram o satélite Explorer 1. Em 1969, eles chegaram à Lua.

Inspiração

A atração do homem pela Lua começou bem antes de a Nasa (agência espacial dos EUA) planejar conquistá-la. Povos como os gregos antigos e os chineses falavam da Lua em sua mitologia. O satélite também foi inspiração para o escritor Júlio Verne, no livro **Da Terra à Lua**, de 1865. Em 1902, Georges Méliès, um dos pioneiros do cinema, filmou **A viagem à Lua**. E a Lua e os seus mistérios inspiraram muito mais. Confira fatos e mitos do satélite.

Nasa quer voltar à Lua [...]

A última vez em que o homem pisou na Lua foi na missão da Apollo 17, em dezembro de 1972. Agora, [...] a Nasa voltou seus olhares e suas pesquisas para o satélite terrestre.

No dia 18 de junho deste ano [2009], a agência lançou duas sondas espaciais, a LRO e a Lcross, com o foguete Atlas 5. Eles devem analisar a Lua e procurar sinais de gelo e locais para o desembarque de astronautas.

A busca por gelo no satélite faz parte do plano de implantação de uma base lunar. Se há gelo — água na forma sólida —, é possível que também exista água na forma líquida. Ela poderia fornecer hidrogênio (usado como combustível) e oxigênio.

Essas sondas devem permanecer por cerca de um ano na órbita da Lua. [...]

Raio-X da Lua

[...]

- O diâmetro equatorial da Lua mede 3 474,8 km (cerca de um terço do diâmetro da Terra).
- Massa total da Lua: 74 sextilhões de kg (81 vezes menor que a da Terra).
- A temperatura na Lua é de 134 °C durante o dia e de –153 °C durante a noite.
- A Lua é o único satélite natural da Terra. Ela gira em torno do nosso planeta pela mesma razão que a Terra gira em torno do Sol: entre os corpos agem forças gravitacionais, que evitam que eles se distanciem.

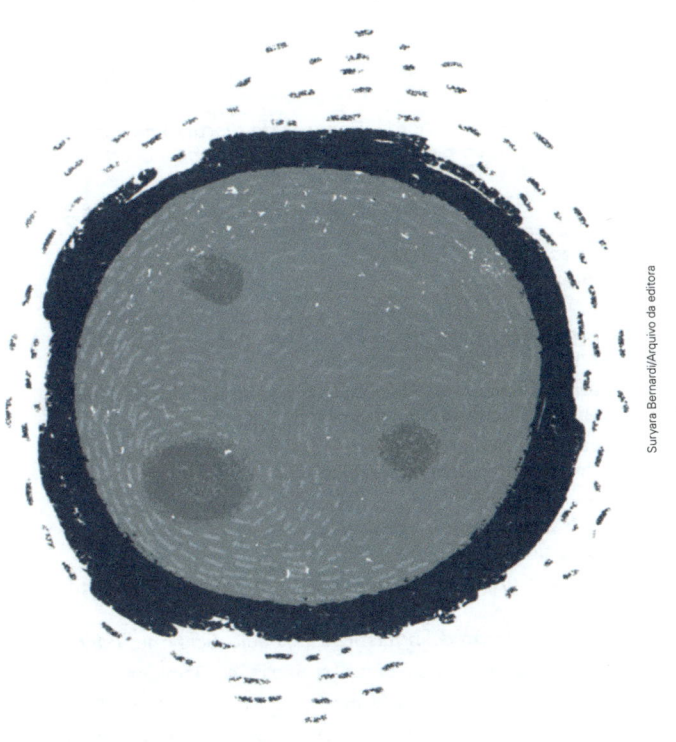

- Com exceção de Mercúrio e Vênus, todos os demais planetas do Sistema Solar possuem satélites — ou luas (com letra minúscula), como são conhecidas pelo público em geral. Enquanto Marte tem só dois satélites conhecidos, Júpiter possui pelo menos 63!
- A Lua e a Terra são formadas pela matéria que veio da nebulosa primordial (grande nuvem de gás e poeira que existia na região do Universo onde agora fica o Sistema Solar).
- A Lua tem fases porque não possui luz própria: ela só reflete a luz que recebe do Sol. Dependendo da posição em que estamos em relação ao Sol e à Lua, daqui vemos diferentes porções dela. E, dependendo da parte visível, temos as diferentes fases: cheia, quarto minguante, nova e quarto crescente.

Paula Thomaz. Com o pé na Lua. Folha de S.Paulo.
São Paulo, 18 jul. 2009. Folhinha. p. 4-5.

Bibliografia

BAGNO, Marcos. **Não é errado falar assim! Em defesa do português brasileiro**. São Paulo: Parábola, 2009.

_____. **O preconceito linguístico**. 2. ed. São Paulo: Loyola, 1999.

BAKHTIN, Mikhail. **Estética da criação verbal**. Tradução de Maria Ermantina G. Pereira. 2. ed. São Paulo: Martins Fontes, 1997.

BECHARA, Evanildo. **Moderna gramática portuguesa**. 38. ed. rev. e ampl. Rio de Janeiro: Nova Fronteira, 2015.

BERTIN, Terezinha Costa Hashimoto. **Linguagem e apropriação de conhecimentos: reencontrar o sujeito na relação com o conhecer**. Dissertação (Mestrado) – USP, São Paulo, 2000.

BORBA, Francisco da Silva. **Dicionário de usos do português do Brasil**. São Paulo: Ática, 2002.

BRANDÃO, Helena Nagamine (Coord.). **Gêneros do discurso na escola: mito, conto, cordel, discurso político, divulgação científica**. 3. ed. São Paulo: Cortez, 2002. v. 5. (Col. Aprender e ensinar com textos).

BRASIL. Ministério da Educação. Secretaria de Educação Básica. **Base Nacional Comum Curricular**. Brasília, 2018. Disponível em: <http://basenacionalcomum.mec.gov.br/images/BNCC_EI_EF_110518_versaofinal_site.pdf>. Acesso em: 31 jan. 2020.

BRASIL. Ministério da Educação. Secretaria de Educação Fundamental. **Ensino Fundamental de nove anos: orientações para a inclusão da criança de seis anos de idade**. Brasília, 2006.

_____. **Parâmetros Curriculares Nacionais: primeiro e segundo ciclos do Ensino Fundamental: Língua Portuguesa**. Brasília, 1997.

_____. **Parâmetros Curriculares Nacionais: terceiro e quarto ciclos do Ensino Fundamental: Língua Portuguesa**. Brasília, 1998.

_____. **Pró-letramento: programa de formação continuada de professores dos anos/séries iniciais do Ensino Fundamental: Alfabetização e Linguagem**. Brasília, 2007.

_____. **Referencial Curricular Nacional para a Educação Infantil**. Brasília, 1998. v. 1, 2 e 3.

CAGLIARI, L. C. **Alfabetização & linguística**. São Paulo: Scipione, 1989.

_____. **Alfabetizando sem o bá-bé-bi-bó-bu**. São Paulo: Scipione, 1998.

COLL, César et al. **Os conteúdos na reforma**. Porto Alegre: Artmed, 1998.

DIONÍSIO, Ângela P.; MACHADO, Anna R.; BEZERRA, Maria A. **Gêneros textuais e ensino**. 4. ed. Rio de Janeiro: Lucerna, 2005.

FÁVERO, Leonor Lopes et al. **Oralidade e escrita: perspectivas para o ensino da língua materna**. 3. ed. São Paulo: Cortez, 2002.

FAZENDA, Ivani (Org.). **Dicionário em construção**. São Paulo: Cortez, 2002.

FERREIRO, Emilia; TEBEROSKY, Ana. **Psicogênese da língua escrita**. Tradução de Diana Lichtenstein et al. Porto Alegre: Artmed, 1988.

HOFFMANN, Jussara; JANSSEN, Felipe da Silva; ESTEBAN, Maria Teresa (Org.). **Práticas avaliativas e aprendizagens significativas em diferentes áreas do currículo**. 6. ed. Porto Alegre: Mediação, 2008.

ILARI, Rodolfo. **Introdução à semântica: brincando com a gramática**. São Paulo: Contexto, 2001.

_____. **Introdução ao estudo do léxico: brincando com as palavras**. São Paulo: Contexto, 2002.

JUBRAN, Clélia S. (Org.). **A construção do texto falado**. São Paulo: Contexto, 2015.

KLEIMAN, Ângela. **Oficina de leitura: teoria e prática**. 6. ed. Campinas: Pontes, 1998.

_____. **Texto e leitor: aspectos cognitivos da leitura**. 6. ed. Campinas: Pontes, 1999.

_____; MORAES, Silvia E. **Leitura e interdisciplinaridade: tecendo redes nos projetos da escola**. Campinas: Mercado de Letras, 1999.

_____. (Org.). **Os significados do letramento: uma nova perspectiva sobre a prática social da escrita**. Campinas: Mercado de Letras, 1995.

KOCH, Ingedore Villaça. **A coesão textual**. 2. ed. São Paulo: Contexto, 1990.

_____. **Desvendando os segredos do texto**. São Paulo: Cortez, 2002.

_____. **Ler e escrever: estratégias de produção textual**. São Paulo: Contexto, 2009.

_____. **O texto e a construção dos sentidos**. São Paulo: Contexto, 1997.

_____; ELIAS, Vanda Maria. **Ler e compreender os sentidos do texto**. São Paulo: Contexto, 2006.

_____; TRAVAGLIA, Luiz C. **A coerência textual**. São Paulo: Contexto, 1990.

LAJOLO, Marisa. **Do mundo da leitura para a leitura do mundo**. 4. ed. São Paulo: Ática, 1999.

LEMLE, Miriam. **Guia teórico do alfabetizador**. 16. ed. rev. e atual. São Paulo: Ática, 2004.

LERNER, Délia. **Ler e escrever na escola**. Porto Alegre: Artmed, 2002.

MACHADO, Irene A. **Literatura e redação: os gêneros literários e a tradição oral**. São Paulo: Scipione, 1994.

MARCUSCHI, Luiz Antônio. **Da fala para a escrita: atividades de retextualização**. 8. ed. São Paulo: Cortez, 2007.

_____. **Produção textual, análise de gêneros e compreensão**. São Paulo: Parábola Editorial, 2008.

_____; DIONISIO, Ângela P. (Org.). **Fala e escrita**. Belo Horizonte: Autêntica, 2007.

MORAIS, Artur Gomes de. **Ortografia: ensinar e aprender**. 4. ed. São Paulo: Ática, 2000.

NEVES, Maria Helena de Moura. **Gramática de usos do português**. São Paulo: Ed. da Unesp, 2000.

_____; KASSEB-GALVÃO, Vânia Cristina (Org.). **Gramáticas contemporâneas do português: com a palavra, os autores**. São Paulo: Parábola Editorial, 2014.

ROJO, Roxane (Org.). **A prática da linguagem em sala de aula: praticando os PCNs**. São Paulo: Educ; Campinas: Mercado de Letras, 2000.

SCHNEUWLY, Bernard; DOLZ, Joaquim et al. **Gêneros orais e escritos na escola**. Tradução e organização de Roxane Rojo e Glaís Sales Cordeiro. Campinas: Mercado de Letras, 2004.

SMOLKA, Ana Luiza Bustamante. **A criança na fase inicial da escrita: a alfabetização como processo discursivo**. 8. ed. São Paulo: Cortez, 1999.

SOARES, Magda. **Alfabetização: a questão dos métodos**. São Paulo: Contexto, 2016.

_____. **Alfabetização e letramento**. São Paulo: Contexto, 2003.

_____. **Letramento: um tema em três gêneros**. 2. ed. Belo Horizonte: Autêntica, 2004.

SOLÉ, Isabel. **Estratégias de leitura**. Tradução de Cláudia Schilling. 6. ed. Porto Alegre: Artmed, 1998.

TEBEROSKY, Ana. **Aprendendo a escrever: perspectivas psicológicas e implicações educacionais**. Tradução de Cláudia Schilling. São Paulo: Ática, 2002.

TRAVAGLIA, Luiz Carlos. **Gramática e interação: uma proposta para o ensino de gramática no 1º e 2º graus**. 5. ed. São Paulo: Cortez, 1995.

VYGOTSKY, Lev S. **Pensamento e linguagem**. São Paulo: Martins Fontes, 1998.

WEISZ, Telma. As contribuições da psicogênese da língua escrita e algumas reflexões sobre a prática educativa da alfabetização. In: São Paulo. Secretaria da Educação, CENP. **Ciclo básico em jornada única: uma nova concepção de trabalho pedagógico**. São Paulo: FDE, 1988. v. 1.